新时代劳动教育通识课教材
“互联网＋新形态”一体化精品教材

大学生劳动教育

主　编　马凤祥　范　铁　张显慧
副主编　刘　艳　郭　靖　曾依静

燕山大学出版社
·秦皇岛·

图书在版编目(CIP)数据

大学生劳动教育/马凤祥,范铁,张显慧主编. -秦皇岛:燕山大学出版社,2022.5
ISBN 978-7-5761-0350-2

Ⅰ.①大… Ⅱ.①马… ②范… ③张… Ⅲ.①大学生-劳动教育 Ⅳ.①G40-015

中国版本图书馆 CIP 数据核字(2022)第073439号

大学生劳动教育

马凤祥 范 铁 张显慧 主编

出 版 人:陈 玉
责任编辑:朱红波　　**策划编辑**:朱红波
责任印制:吴 波　　**封面设计**:沐图品牌策划设计
出版发行:燕山大学出版社 YANSHAN UNIVERSITY PRESS　　**地　址**:河北省秦皇岛市河北大街西段438号
邮政编码:066004　　**电　话**:0335-8387555
印　刷:涿州汇美亿浓印刷有限公司　　**经　销**:全国新华书店

开　本:185mm×260mm　16开　　**印　张**:16
版　次:2022年5月第1版　　**印　次**:2022年5月第1次印刷
书　号:ISBN 978-7-5761-0350-2　　**字　数**:360千字
定　价:39.80元

Preface
前言

“民生在勤，勤则不匮。人生在勤，不索何获？”劳动创造了人类，创造了世界，更是我们幸福生活的源泉。从刀耕火种的原始农业时代，到现在的信息化时代，劳动创造美好生活的实质从来没有改变，改变的只是劳动的形式。然而，近年来学生中出现了不珍惜劳动成果、不想劳动、不会劳动的现象。他们大多没有意识到劳动的意义，轻视劳动，甚至不尊重普通劳动者，这对他们的成长成才非常不利。因此，劳动教育迫在眉睫。

2020 年 3 月 20 日，中共中央、国务院发布《关于全面加强新时代大中小学劳动教育的意见》（以下简称《意见》）。《意见》指出，劳动教育是国民教育体系的重要内容，是学生成长的必要途径，具有树德、增智、强体、育美的综合育人价值。实施劳动教育的重点是在系统地学习文化知识之外，有目的、有计划地组织学生参加日常生活劳动、生产劳动和服务性劳动，让学生动手实践、出力流汗，接受锻炼、磨炼意志，培养学生的正确的劳动价值观和良好的劳动品质。

为贯彻落实新时代党对劳动教育的新要求，配合劳动教育的开展，充分发挥劳动独特的育人作用，我们编写了《大学生劳动教育》。

本教材包括劳动教育“理论”篇、劳动教育“技能素养”篇、劳动实践“参与”篇三大部分，共十一章。第一篇劳动教育“理论”篇主要是阐释在新时代背景下该如何构建新时代职业院校劳动教育体系，讨论了该如何帮助学生树立正确的劳动价值观。第二篇劳动教育“技能素养”篇通过对校园保洁的要求、垃圾分类常识的普及以及劳动（保洁）工具功能与使用方法的教授培养学生的公民意识、参与意识、社会责任意识。第三篇劳动实践“参与”篇设置了丰富多样的实践活动，鼓励学生结合学科和专业积极开展实习实训、专业服务、社会实践、勤工助学等活动，引导学生创造性地解决问题，进而积累职业经验，提升就业创业能力。

本书不仅可以使学生深入理解劳动对人类历史发展的决定性作用，体悟劳动造就精彩人生的重要价值；还可以了解劳动形态的变迁，探讨不同劳动形态及其价值，形成尊重劳动、平等对待不同劳动者的价值观；同时，在对辛勤劳动、诚实劳动和创造性劳动的讨论中，明晰合格的劳动者应该追寻的品格，并探究如何通过自己的劳动赢得尊严、借助相关法律维护合法权益；此外，还可以让学生认识学校学习、社会实践、家务劳动的重要性，并在不同的劳动实践中学以致用，得到全面锻炼，为成为新时代合格的劳动者作好准备。

本教材由伊春职业学院的马凤祥、范铁、张显慧任主编，由伊春职业学院的刘艳、郭靖、黄河科技学院的曾依静任副主编，其中，马凤祥编写的第一章、第二章，范铁编写了第四章、第五章，张显慧编写了第六章、第七章，刘艳编写了第八章、第九章，郭靖编写了第十章、第十一章及附录，曾依静编写了第三章，最后由张显慧负责全书的统稿工作。

本书在编写过程中，参考和借鉴了劳动教育研究方面的文献资料、网络资源和相关的研究成果，在此向相关作者一并表示真诚的感谢！由于编者水平有限，加之编写时间仓促，书中不足乃至错漏之处在所难免，敬请广大专家、同行和学生批评指正，并对本书提出宝贵意见，帮助我们在修订中不断完善。

编者

2022 年 1 月

Contents 目录

劳动教育"理论"篇

劳动教育"技能素养"篇

劳动实践“参与”篇

劳动教育“理论”篇

第一章　新时代劳动教育的新境界

新时代，我们必须突破传统认识，去达到教育与生产劳动相结合的新境界，即新时代新的教育与新劳动、新创造进行新的结合。

人类的历史就是一部劳动的历史，从这个意义上说，人类的“第一个”历史活动，就是劳动。劳动创造了人类本身，也创造了光辉灿烂的人类文明。劳动是人类最基本的社会实践活动形式，是人的本质。马克思主义关于劳动的这些基本观点，正是我们在新时代进行劳动教育的思想基础。

学习目标

1. 了解劳动教育出现的时代背景。
2. 了解新时代劳动教育的内涵和特征。
3. 知道作为祖国将来建设者的自己该肩负怎样的使命。

第一节　劳动教育

劳动教育是新时代党对教育的新要求，是中国特色社会主义教育制度的重要内容。加强劳动教育，关系到亿万青少年的全面发展、健康成长，关系到国民综合素质的提升，关系到党和国家事业的兴旺发达，对培育和践行社会主义核心价值观、传承和弘扬中华民族优良传统、培养担当民族复兴大任的时代新人，具有重大意义。劳动教育具有鲜明的社会性，要求学生在面对真实的生活世界和职业世界时，以动手实践为主要方式，学会改造世界，并在改造世界的过程中塑造自己、提高自身素质。

一、劳动教育概述

（一）劳动教育的概念

劳动教育是当前教育领域的高频热词。最早将劳动教育列入教育内容，可追溯到蔡元培先生提出的“德、智、体、美、劳”五育并重的教育方针。然而在相当长的一个时期，劳动教育在政策中有体现，在实践中却往往被忽视，在学校中被弱化、在家庭中被软化、在社会中被淡化的现象不同程度地存在着，制约了以劳树德、以劳增智、以劳强体、以劳育美、以劳创新的育人实效的发挥。

劳动教育，顾名思义是“关于劳动的教育”，从组成要素来看，主要包括对劳动认识、劳动习惯、劳动技能、劳动情感、劳动品质培养等的教育；从内容的性质来看，可分为对生产技术劳动的教育、对社会公益劳动的教育以及对生活服务劳动的教育；从地位上看，劳动教育与德育、智育、美育、体育一样，是学生全面发展的重要组成部分。长久以来，人们对劳动教育的认识水平不高，认识层次还停留在“体力教育”“劳动改造教育”等陈旧的观念上，缺乏对劳动教育的正确认识。近年来，随着社会经济的持续发展，尤其是知识经济时代的到来，自媒体被广泛运用，人们的思想观念发生了巨大变化，人们对于劳动越来越不重视，时代的进步和社会的发展在召唤劳动教育的回归。

（二）劳动教育是马克思主义劳动观的重要内容

劳动是人类最基本、最普遍的活动形态，在人类文明进步和社会发展中发挥了十分重要的作用，从某种程度上说，人类的文明史就是一部劳动发展史。马克思主义认为，生产劳动是人区别于动物的根本特征，“当人开始生产自己的生活资料，即迈出由他们的肉体组织所决定的这一步的时候，人本身就开始把自己和动物区分开来”。劳动不仅发展着世界，还创造了人类，促进人的自由解放和全面发展。恩格斯认为：“劳动创造了人本身”，“生产劳动给每一个人提供全面发展和表现自己全部的即体力和脑力的能力的机会，这样，生产劳动就不再是奴役人的手段，而成了解放人的手段”。马克思把人的全面发展和自由个性阶段作为人类社会发展的最高阶段，指出“共产主义是以每一个个人的全面而自由的发展为基本原则的社会形式”。马克思主义认为，劳动是创造价值的唯一源泉，人民群众是物质财富和精神财富的创造者，教育要与生产劳动紧密结合。马克思指出：“未来教育对所有已满一定年龄的儿童来说，就是生产劳动同智育和体育的结合，它不仅是提高社会生产的一种方法，而且是造就全面发展的人的唯一方法。”由此可知，劳动教育是马克思主义劳动观和教育观的重要内容。

中国共产党作为马克思主义政党和中国工人阶级的先锋队，进一步丰富和发展了马克思主义劳动观。《中国共产党章程》是立党、治党、管党的总章程，在党的性质和宗旨、路线和纲领、指导思想和行动目标等内容中，突出了劳动的地位和作用，强调“中国共产党党员永远是劳动人民的普通一员”，“尊重劳动、尊重知识、尊重人才、尊重创造”，“依靠科技进步，提高劳动者素质”等。党的十八大以来，习近平总书记从实现“两个一百年”奋斗目标和中华民族伟大复兴的战略高度，先后就中国梦、劳模精神、劳动精神、工匠精神、劳动教育等发表了一系列重要论述，进一步传承和发展了马克思主义劳动观，开辟了21世纪马克思主义劳动教育思想的新境界。

二、劳动教育的意义

新时代大学生劳动教育肩负着重要的世界观培育功能。通过劳动教育，广大青年学生可以更加深刻地理解劳动的本质、价值和方式，认清劳动与社会发展的关系，以科学理性的态度对待劳动、劳动者、劳动方式。通过劳动教育，可以让青年学生在了解自然、认识世界的同时，也了解人民的疾苦及劳动在社会发展进程中的重大作用，加深广大青年学生对社会历史发展的理解，最终形成正确的新时代劳动价值观。

劳动观决定劳动态度，劳动态度影响劳动者的精神面貌。通过劳动教育，有助于大学生养成踏实、勤奋、严谨的劳动品质，使其在劳动实践中成长、成才。作为进入社会前的最后一站，大学的劳动教育课程可以帮助青年学生正本清源、反求诸己，思考如何才能紧跟时代、夯实基础、服务社会，真正成为社会主义事业的建设者和接班人。

（一）高校加强劳动教育，是坚持和发展马克思主义唯物史观、坚持和发展中国特色社会主义的客观需要

恩格斯曾指出："其实劳动和自然界一起才是财富的源泉，自然界提供劳动以材料，而劳动则把材料变为财富。但是，劳动还远不止如此。它是整个人类生活的第一个基本条件，而且达到这样的程度，以致我们在某种意义上必须说：劳动创造了人类本身。"强调劳动价值和劳动教育也是马克思主义唯物史观的核心内容和本质规定。马克思认为："生产劳动同智育和体育相结合，不仅是提高社会生产的一种方法，而且是造就全面发展的人的唯一方法。"列宁也曾指出："没有年轻一代的教育和生产劳动的结合，未来社会的理想是不能想象的。无论是脱离生产劳动的教学和教育，或是没有同时进行教学和教育的生产劳动，都不能达到现代技术水平和科学知识现状所要求的高度。"党的十八大以来，习近平总书记在多次重要讲话中围绕劳动、劳动者、劳模精神等内容进行深刻阐述，党的十九大报告又对劳动和劳动者作出了一系列重要论断，这些论述既继承和发展了马克思主义劳动思想，又勾勒出中国特色社会主义伟大事业的实践路径，构建了包含"实干兴邦"的劳动实践观、"崇尚劳动"的劳动价值观、"热爱劳动"的劳动教育观等内容的新时代中国特色社会主义劳动思想理论体系，成为习近平新时代中国特色社会主义思想的重要组成部分。可以说，勤奋劳动、诚实劳动、创造性劳动，是社会主义国家劳动者的鲜明特征。高校加强劳动教育，是新时代旗帜鲜明地坚持和发展马克思主义，坚持和发展中国特色社会主义的要求。

（二）劳动教育是实现中国梦的强大助推力量

劳动开创未来，奋斗实现梦想。劳动最核心的底蕴，是实干、奋斗。"劳动是推动人类社会进步的根本力量。我们说'空谈误国，实干兴邦'，实干首先就要脚踏实地劳动。"

"以劳动托起中国梦"，进行伟大斗争、建设伟大工程、推进伟大事业、实现伟大梦想，全面建成小康社会，进而建成富强、民主、文明、和谐、美丽的社会主义现代化强国，根本上要靠劳动者的辛勤劳动、诚实劳动和创造性劳动。回望共和国走过的历程，从站起来、富起来到强起来，无论多么大的辉煌，背后都是普通劳动者的艰辛劳动。正是在筚路蓝缕、胼手胝足与挥汗如雨的劳作中，我们托起了一个充满活力的现代中国；而要实现伟大复兴中国梦的宏大愿景，同样需要我们艰苦奋斗、不懈努力。大学生对劳动的认知，对待劳动的态度以及劳动习惯、劳动技能的培养，将决定着国家和民族的未来。随着物质生活条件的好转，一些大学生推崇享乐、贪图安逸、不愿意吃苦耐劳，这些涉世未深的年轻人大多喜欢把一些特殊案例看作他们的动力，比如之前的 Papi 酱和当下最火的李佳琦。然而，很多人只看到了别人光

鲜的一面,却没看到他们背后承担的各种风险和付出的艰辛。

通过劳动教育,可以培养我们形成正确的劳动价值观和良好的劳动品质,同时体会劳动创造美好生活、劳动不分贵贱,进而热爱劳动。而这些都将有助于我们接力奋斗,实现中华民族伟大复兴的中国梦。

在我国转变经济增长方式、做强实体经济、建设知识型技能型创新型劳动者大军的今天,高度重视劳动教育,是富国强民的大事,具有更加迫切的现实意义和历史意义。高校加强劳动教育,既能引导新时代大学生努力学习科学文化知识、练就过硬本领,又能教育大学生坚定理想信念、培育劳动情怀,自觉把人生理想、家庭幸福融入国家富强、民族复兴的伟业之中,建构个人与集体、个人梦与中国梦融合统一的发展共同体和命运共同体,最终推动在广大青年学生的接力奋斗中实现伟大复兴中国梦。

(三)实现高校立德树人根本任务的客观需要

我国高校肩负着培养社会主义建设者和接班人的重大任务,肩负着“为人民服务、为中国共产党治国理政服务、为巩固和发展中国特色社会主义制度服务、为改革开放和社会主义现代化建设服务”的神圣使命,培养的人才必须具备正确的世界观、人生观、价值观、事业观、审美观和劳动观,德、智、体、美、劳既有密切联系又有各自不同的功能,劳动教育是构建全面教育体系不可或缺的一环。对当代大学生加强劳动教育,倡导劳动最光荣、劳动最崇高、劳动最伟大、劳动最美丽的价值观念,必将使其崇尚劳动价值、追求劳动创造、尊重劳动主体,以辛勤劳动为荣、以好逸恶劳为耻,不断成长为有理想信念、有过硬本领、有责任担当的社会主义建设者和接班人,进一步营造劳动光荣的社会风尚和精益求精的敬业风气,从而做到“以劳树德、以劳增智、以劳强体、以劳育美、以劳创新,促进学生德、智、体、美、劳全面发展”。劳动教育应作为完善人才培养目标、支持德智体美教育的重要平台。加强劳动教育是中国特色高等教育的显著特点,是扎根中国大地办大学的本质要求。

(四)引领执行适应新时代要求的教育方针

培养建设者和接班人,必须认真贯彻教育方针。教育方针包括教育工作的指导思想、教育培养目标(教育目的)和实施途径三个部分,它是随着时代的发展变化而变化的,为一定的时代发展需要服务。但是,教育与生产劳动相结合这一内容始终没有变化。我国劳动教育源远流长,有着“耕读传家”的优良传统,“耕”指从事农业劳动,“读”即读书、学习,“耕读传家”体现了我国古代教育与生产劳动的简单结合。“教育与生产劳动相结合”作为党的教育方针的重要内容,经历了一个确立、调整、完善的发展历程。1949 年 9 月,新中国成立前夕,具有临时宪法性质的《中国人民政治协商会议共同纲领》,把“爱劳动”与“爱祖国”“爱人民”“爱科学”“爱护公共财物”,一并列为中华人民共和国全体国民的公德,但“教育与生产劳动相结合”还不是新民主主义社会时期我国教育方针的内容。随着社会主义改造的完成,我们党实现对社会主义教育的全面领导,把“教育与生产劳动相结合”作为基本原则写入党的教育方针。毛泽东同志十分重视劳动教育,1957 年在《关于正确处理人民内部矛盾的问题》中明确提出,“我们的教育方针,应该使受教育者在德育、智育、体育几方面都得到发展,成为有社会主义觉悟的、有文化的劳动者”。

党的十一届三中全会后，党和国家的工作重心转移到经济建设上来，确立以经济建设为中心的基本路线，要求教育为经济社会发展服务、为社会主义现代化建设服务，教育方针也在调整中完善。1995 年颁布的《中华人民共和国教育法》规定："教育必须为社会主义现代化建设服务，必须与生产劳动相结合，培养德、智、体等方面全面发展的社会主义建设者和接班人。"此后新时期教育方针不断发展完善，更加注重与生产劳动和社会实践相结合，党的十六大、十七大报告均提出"培养德、智、体、美全面发展的社会主义建设者和接班人"的目标，在"德、智、体"的基础上增加了"美"。

随着中国特色社会主义进入新时代，教育服务功能也发生了新变化，教育特别是高等教育要为人民服务、为中国共产党治国理政服务、为巩固和发展中国特色社会主义制度服务、为改革开放和社会主义现代化建设服务，赋予教育新的使命和内涵。2018 年 9 月，习近平总书记在全国教育大会上指出："要在学生中弘扬劳动精神，教育引导学生崇尚劳动、尊重劳动，懂得劳动最光荣、劳动最崇高、劳动最伟大、劳动最美丽的道理，长大后能够辛勤劳动、诚实劳动、创造性劳动"，并在阐释教育目标时首次完整提出"培养德、智、体、美、劳全面发展的社会主义建设者和接班人"，进一步凸显了劳动教育在新时代教育体系中的重要地位，推动新时代劳动教育回归初心、回归育人。

习近平总书记提出的"德、智、体、美、劳全面发展"的培养目标，把教育方针中的教育工作指导思想、培养途径和培养目标三部分和谐统一，这在我国教育史上是第一次，具有里程碑意义。

(五)劳动教育是人才培养之基

一代人有一代人的使命，一代人有一代人的担当。时代新人之"新"，在于新时代青少年担当民族复兴大任的新使命，这对青少年素质能力提出了新的更高要求——德、智、体、美、劳全面发展。劳动教育在教育体系中具有基础性、先导性、全局性的地位。劳动教育不仅可以让学生"苦其心志，劳其筋骨"，还具有树德、增智、强体、育美的综合育人作用，贯穿于并作用于其他四育，是学生成长成才的"必修课""基础课"。新时代是劳动者的时代、奋斗者的时代。当前我们比历史上任何时期都更接近中华民族伟大复兴的目标，同时比以往任何时候都更迫切需要提高广大劳动者素质，比以往任何时候都更迫切需要构建完善的劳动教育体系。

劳动教育是新时代中国特色社会主义教育制度的重要内容，对培养社会主义建设者和接班人具有战略意义。新时代中国特色社会主义事业需要德、智、体、美、劳全面发展的综合型人才，劳动教育是人才培养的基础之一。劳动教育致力于对人的劳动知识、劳动技术和劳动精神培养，有利于开发学生的劳动知识、劳动技能并引导创造性劳动，体现了德、智、体、美、劳综合素质相统一的原则。为此，我们应当积极创造条件深化产教融合，构建产学研联合培养机制，搭建多样化的劳动实践平台。鼓励青年学生深入工厂、农村等实践场所，积极参加各类社会实践活动，促进劳动教育学校阵地与社会实践基地、家庭社区阵地的衔接互动，使学生在参与科学研究与生产劳动中发挥聪明才智。

(六)劳动教育是素质教育之魂

"青年兴则国家兴，青年强则国家强。"青年学生综合素质的高低，影响着新时代中国特色社会主义事业的未来,因此加强青年学生素质教育是我们的必然选择。素质教育的本质是促进人的全面发展,而劳动教育可以使青年学生的综合素质得到全面提升。劳动教育能够以独特的魅力丰富素质教育的内涵,提升学生的思想道德素质,锻炼青年学生的意志,培养他们的实践能力,培养他们艰苦奋斗、持之以恒的品质。习近平总书记强调:“广大青年要牢记‘空谈误国、实干兴邦’,立足本职、埋头苦干,从自身做起,从点滴做起,用勤劳的双手、一流的业绩成就属于自己的人生精彩。”新时代中国特色社会主义建设需要一支综合素质高、劳动能力强的生力军,青年学生就是这支生力军中的主力军,因此加强青年学生劳动教育尤为重要。我们应当传承“格物致知”的中国传统教育理念,坚持“实践出真知”的原则,把劳动素养作为衡量学生全面发展的基本内容,将劳动教育融入课程体系,见诸课堂内、课堂外,激励青年学生靠双手实现梦想,树立用劳动创造人生价值的人生观和价值观。

(七)劳动教育是育人成才之根

青年学生是社会主义建设的接班人,他们的健康成长关系到党之大计、国之大计。2019年3月,习近平总书记在学校思想政治理论课教师座谈会上指出,“青少年阶段是人生的‘拔节孕穗期’,最需要精心引导和栽培”。为此,在对青年学生的教育过程中,让青年学生亲身体验劳动过程,形成良好的劳动观念和劳动习惯,是培养青年学生独立生活能力乃至锻造人才的重要途径。当前,针对青年学生中出现的不珍惜劳动成果、不想劳动、不会劳动的现象,我们应从思想认识、情感态度、能力习惯三个方面强化劳动教育,使青年学生养成马克思主义劳动观,在劳动教育中融入和贯穿中华优秀传统文化,让“劳模精神”“工匠精神”等传统文化中的劳动精神特质进校园、进课堂。通过学习在抗疫救灾等重大事件中的典型人物先进事迹,使青年学生牢固树立劳动最光荣、劳动最崇高、劳动最伟大、劳动最美丽的观念,养成勤俭、奋斗、创新、奉献的劳动精神,形成良好的劳动习惯,深化对各种劳动的认同和热爱。

1.高校加强劳动教育,是当代青年成长为有理想、有本领、有担当的新时代大学生的客观需要

一个时期以来,由于受我国传统文化观念中“劳心者治人,劳力者治于人”“万般皆下品,唯有读书高”等观念的影响,由于投机主义、享乐主义、拜金主义等思潮的冲击,也由于一些独生子女大学生长期处于“饭来张口、衣来伸手”的成长环境,使得不珍惜劳动成果、不想劳动、不会劳动的现象在少数大学生中存在。有的大学生崇尚享乐安逸、一夜成名,有的以自我为中心、不善协作,有的劳动观念淡漠、劳动能力欠缺、动手能力不足,有的消费超前、大手大脚、攀比享乐,有的逃课睡觉、应付功课、抄袭作弊,有的吃不起苦、受不起累、缺乏创业能力,有的就业后追求不切实际的薪酬待遇、频繁跳槽,有的形成了脑力劳动和体力劳动、生产劳动完全不相干、甚至鄙视后者的潜意识。解决上述问题的对策,只能是加强大学生的劳动教育。高校加强劳动教育,有利于大学生通过在课堂教学、自身学习、实验实践等教育环节上付出大量劳动,将自己打造成为高等教育优质产品;有利于大学生在挥洒汗水中塑造坚强的心理素质,在顽强拼搏中磨炼自己的意志,从而获得受益终生的宝贵精神财富;有利于大学生形成自主多元积极向上的就业创业观,在国家社会需要与个人价值实现、专业学习与岗位匹配等方面找到平衡;有利于大学生不断强化新时代的劳动责任感、使命感和荣誉感,锻造辛勤劳动、诚实劳动、创造性劳动的劳动品格,感悟劳动带来的尊严感、崇高感和幸福感。

2. 高校加强劳动教育，是强国富民、建设高素质劳动者大军的重要举措

改革开放四十多年来，我国经济社会发展取得了巨大成就，这种成就是改革红利、自然资源红利、人口红利、国际贸易投资环境红利等综合贡献的结果。当前，我国同时面临"人口红利"逐渐消失、资源和环境约束不断强化、投资和出口增速放缓、传统发展动力不断减弱等发展瓶颈。转变发展方式、优化经济结构、转换增长动力、跨越"中等收入陷阱"，必须拥有一支爱劳动、能劳动、会劳动的劳动者大军。新时代加强劳动教育，有利于培育一支高素质的产业工人队伍和大量的"能工巧匠""大国工匠"，为"中国速度"向"中国质量"转变、"中国制造"向"中国创造"转变、制造大国向制造强国转变提供人力支撑、智力支撑和创新支撑。

（八）劳动教育是实现创新教育的重要途径

习近平总书记指出："创新是一个民族进步的灵魂，是一个国家兴旺发达的不竭源泉，也是中华民族最深沉的民族禀赋"；"青年是社会上最富活力、最具创造性的群体，理应走在创新创造前列"。创新，是引领发展的第一动力。古往今来，热衷于创新和发明的工匠们，一直是世界科技进步的重要推动力量。比如，汉唐以来的耕犁、龙骨水车、水磨，木工祖师鲁班在劳动中发明的锯子、曲尺、墨斗，桥梁专家李春建造的拱形赵州桥，等等。新时代应不断创新劳动教育形式，以劳树德、以劳增智、以劳健体、以劳育美、以劳创新。通过劳动教育，使广大青年懂得要有敢为人先的锐气，勇于解放思想、实事求是、与时俱进，树立在继承前人的基础上超越前人的雄心壮志。教育青年学生要懂得新发明、新创造、新产品是科学家、工程技术人员独创性思维的辉煌成果，凝聚着人们集体智慧的结晶。借此，开阔学生的知识视野，激发青年学生的创新精神，提高他们的实践能力。

总而言之，劳动教育的核心价值是以"劳"促全。培养时代新人，必须把劳动教育摆在更加突出的位置，建立完善体现时代特征的劳动教育体系，以劳促进德、智、体、美全面发展、协同育人，这既是对马克思主义教育思想的继承和发展，也是对新时代中国特色社会主义教育制度的坚持和完善。

故事欣赏

武汉数万年轻志愿者，汇成一道光照亮阴霾下的城市

在这场无声的战"疫"中，武汉的年轻志愿者团队发挥了巨大的作用。他们有的由市区团组织招募而来，有的是自发组织，默默无闻，用爱坚守，汇聚成一道光芒，照亮阴霾下的城市。

他们以青春的力量努力扛起这座山。

这里没有公司老总，没有法人老板，只有并肩作战的武汉人

我叫刘杨，今年32岁，是一名建筑工程师建造师。1月23号，封城当天我加入志愿者队伍。

主要负责接送医护工作者通勤、工作餐配送，定点医院和社区办事处防护物资的配送。

我并不害怕，只是对武汉封城这件事情感到震惊，也非常非常难过，作为土生土长的武汉人，30多年了没有见过武汉以这样一种阵势来对抗一场战"疫"。

想到曾经熟悉的街道正经历一场浩劫，内心无法平复，因为这是我的家，我想这也是每一个武汉伢的心理状态吧。

我的家家（方言，姥姥的意思）是老武汉人，用武汉话说叫“讲胃口滴时候到了”。封城那天晚上，我老婆说她朋友圈里面好多学生家长是医生、护士，交通工具一停他们上下班通勤成了大问题，于是她说：“你跑哈子撒，发挥点年轻人奋劲，为社会作点贡献！”就这样我加入了志愿者队伍。

在志愿服务时，接送过医生、护士，为社区、医院送过物资，送过餐，我印象最深刻的不是哪一个人哪一件事，而是一种状态，一种精神。

送过护士小姐姐去上班，她们有的直接拖着行李箱去医院，说就直接在医院住下，来回跑太费事；

有自带自行车，说麻烦您把我送去，我今天下夜班一点半也叫不到车的，你们也辛苦，太晚了我就自己骑车回（关键是武汉封城头几天都是雨天），为的是不占用过多的资源；

还有的医院对接人在调休的凌晨3点钟接到我们送物资的电话，会马上从家里爬起来到医院等我们……

太多太多的事情，但是每个人都没有一句抱怨，这是我看到的不一样的武汉，不一样的担当。

目前我加入的志愿者的团队有守护医者汉口解放区、抗疫志愿者联盟、武汉志愿者救援车队，人数分别是74、176、81，基本年龄都在30～45岁。

机制简单灵活，却能够形成强大的作战力量，从接到物资，搜集信息，接单、制单、派单都由后勤调度统一分配。

按区域如硚口、江汉、江岸、武昌、洪山区等，按用途分类，如防护物资类、供需食品类等，制成表格分发到微信群里，由相应区域内的接单司机接单后，进行配送，配送完成后进行反馈，上传送达图片、视频等，接收方的签字确认，这是一套完整流程。

与此同时，各个团队对配送志愿者的防护工作及防护措施也相当重视和到位，集中领取防护装备，建立志愿者安全防护培训群，视频线上教学防护装备的正确穿戴方式，出车前的防护情况都有人跟踪落实，工作状态基本形成良性循环运行机制。

团队群里面有很多人都不认识，都没有见过面，就算见面了也都只看得到眼睛，但是眼睛也是心灵的窗户嘛，我们都把窗户打开见到彼此。

这里没有公司老总，没有法人老板，只有并肩作战的武汉年轻人。

希望疫情过后，大家能够在一起“大口吃肉，大口喝酒”，能够为我们在城市危难之际一起做的事情感到自豪。

武汉，加油！我们要一起看到“待到山花烂漫时，她在丛中笑”的武汉。

全国都在支援武汉，我们也要争一口气

我叫ROBIN，32岁，住武汉汉阳，主要负责热线电话的接听、捐赠物资的清点、仓库搬运。

1月31日晚在朋友圈看到征集志愿者的消息，我均符合条件，立即咨询后报送基本信息，待审核，晚上10点接到通知，第二天集合。

这个时候，我们必须挺身而出。全国上下源源不断地输送物资、医疗人员援助武汉，作为武汉人，我们自己也要争一口气，贡献自己的一份力量，做一点力所能及的事。

疫情形势严峻，还是会担心有风险，也没敢给家人讲，只是向特别亲密的朋友说要干一件有意义的事去了。

仓库入库物资清点、录入登记都是纯手工的，不少志愿者们已经累得瘫坐在板凳上了。

最让我感动的是，贵州遵义的同胞连夜开车到武汉，凌晨4点多钟到仓库大门，一直等仓库人员卸货，直到8点我接到他电话问："我等了很久了，困死了，有没有人帮忙卸货啊？"

我得知他的车牌、具体位置和物资大小后，立马联系搬运工人卸货，事后他再次来电说谢谢，反倒是我愧疚，我们能做的微乎其微，做得不好还寒了同胞的心。

还有河南南阳的一位女士自驾送来5吨消毒水，原来她是做餐饮行业的，消毒水是仓库里年前备存给餐厅消毒的。她和家人一起自驾过来，高速走不了就走小路，硬是一路开到了仓库，真的特别感谢这些有爱心的同胞们。

志愿者是临时组队，前后参与20人左右，虽然没有志愿者名称，但我们群名特别有劲，"武汉战役"。

志愿者们彼此都不认识，多是住在周边的年轻人，大家按排班表轮流到岗，工作中灵活调配，相互配合，彼此就是战友，共克时艰。

疫情结束后想陪女儿去上海迪士尼。

也希望我们所有人在疫情过后不仅仅要庆幸"劫后余生"，还要总结反思，从政府的治理能力、媒体怎么发挥好舆论监督作用、普通民众要加深对病毒的认识等，防止灾难再发生。

三、劳动教育的目标

针对一些青少年中出现的不珍惜劳动成果、不想劳动、不会劳动的现象，《意见》从思想认识、情感态度、能力习惯三个方面面向全体学生提出了劳动教育目标，突出强调劳动教育的思想性；强调理解和形成马克思主义劳动观，牢固树立劳动最光荣、劳动最崇高、劳动最伟大、劳动最美丽的观念；体会劳动创造美好生活，体认劳动不分贵贱，热爱劳动，尊重普通劳动者，培养勤俭、奋斗、创新、奉献的劳动精神；具备满足生存发展需要的基本劳动能力，形成良好的劳动习惯。

知识链接

《意见》出台的背景

劳动教育是中国特色社会主义教育制度的重要内容，对于培养社会主义建设者和接班人具有重要战略意义。《意见》出台主要有以下两个方面背景。

一是贯彻落实新时代党对劳动教育的新要求。2018年9月，习近平总书记在全国教育大会上明确提出将劳动教育纳入社会主义建设者和接班人的总体要求，必须构建大中小学劳动教育体系，全面落实党的教育方针。

二是劳动育人功能亟待加强。劳动教育被淡化、弱化，一些青少年中出现不珍惜劳动成果、不想劳动、不会劳动的现象，与社会主义建设者和接班人的培养要求有较大差距。全党全社会必须高度重视，切实加强大中小学劳动教育。

四、新时代如何做好劳动教育

（一）新时代呼唤劳动教育，是对劳动教育本质认识的回归

它既有马克思主义“教劳结合”思想的引领，又传承了“耕读传家久”的传统，还具有鲜明的时代特征，强调教育要与科学技术为基础的劳动相结合、书本知识和实践经验的结合，培养学生的专业精神、职业精神、劳动精神。

把劳动教育纳入人才培养全过程，必须坚持以习近平新时代中国特色社会主义思想为指导，全面贯彻党的教育方针，从立德树人的高度来思考体系建构，突出传承性、制度性、操作性和时代性。

（二）突出传承性，弘扬中华优秀传统劳动文化

中华民族始终将勤勉劳作视为社稷之基和生活之本，崇尚“天道酬勤”“民生在勤，勤则不匮”等理念。加强新时代劳动教育，必须坚持在继承传统中创新发展，推动中华优秀传统文化中劳动思想的现代转化，在劳动教育中融入社会主义核心价值观，培育敬业奉献精神。

（三）突出制度性，完善劳动教育的制度建构

“仁圣之本，在乎制度而已。”构建大中小幼相互贯通，职业教育与普通教育、校内教育与校外教育有机衔接的教育机制，突出制度的刚性，明确各主体的责任，建立评价、督导、激励机制等一系列制度建构。教育行政管理部门是劳动教育管理的主体，要依法治教，依法监督、管理、规范劳动教育实施机构的教育活动；学校是劳动教育实施主体，必须在劳动教育的课程设置、开展劳动教育评价、建立劳动教育档案等方面起到主导作用；社会和家庭有配合实施劳动教育的责任与义务，是配合学校劳动教育实施的主体；学生直接参与劳动，是接受劳动教育的主体，在不同年龄阶段必须接受相应的劳动教育；教育管理部门要建立切实可行的评价机制，把学生的劳动素养纳入学校综合考评机制，探索建立考评结果全方位使用的激励机制。

（四）突出操作性，建立系统科学的操作体系

可在国民教育体系各阶段中设置劳育科目和课程，针对大中小幼不同阶段，制定科学的劳育大纲，编写切实可行的劳育教材，对家务劳动、班务劳动、校务劳动、公益劳动、简单生产劳动、技术性劳动和工艺劳动等劳育内容进行科学的编排。探索建立专兼职结合的劳动教育教师队伍，广开渠道，开门办学，聘请能工巧匠、专业技术人员担任兼职教师。设置劳育的专门教室或场所，配齐相关设备，并在校外设立综合实践基地。

（五）突出时代性，与时俱进推进劳动教育

积极与物联网、云计算、大数据、人工智能等新技术相衔接，不断创新劳动教育形式，运用人工智能技术搭建网络空间、虚拟环境教育情景，鼓励学生运用多元学科知识，开展创造性劳动。与新产业、新业态、新技术相呼应，挖掘劳动教育新内涵。与德智体美相结合，通过

劳育,达到在劳力上劳心的效果,最终实现道德的提升、智慧的增长、体质的强健、美感的涵养,从而更加彰显劳动教育的综合育人价值。

探讨与分析

你喜欢劳动吗?平时在生活中你劳动的机会多吗?你希望在劳动教育中"邂逅"怎样的劳动形式?

第二节 新时代劳动教育的内涵、特征与价值

中共中央、国务院印发《关于全面加强新时代大中小学劳动教育的意见》(简称《意见》),要求"把劳动教育纳入人才培养全过程,贯通大中小学各学段,贯穿家庭、学校、社会各方面,与德育、智育、体育、美育相融合",为全面加强新时代劳动教育提供了根本遵循。

一、新时代劳动教育的内涵

劳动教育是一个动态、发展的概念,其内涵随着时代的变化而不断丰富、发展和完善。

(一)新时代劳动教育体现了社会主义办学方向

马克思主义认为,劳动创造了世界,劳动创造了历史,劳动创造了人本身。新时代劳动教育是社会主义教育的重要内容,是我国教育体系不可缺少的一部分,是学校教育教学工作的重要一环。针对当前一些青少年不珍惜劳动成果、不想劳动、不会劳动,劳动教育正在被软化、弱化的现象,《意见》明确了劳动教育的定位,指出"劳动教育是中国特色社会主义教育制度的重要内容",要"以习近平新时代中国特色社会主义思想为指导",引导学生理解和形成马克思主义劳动观。

(二)新时代劳动教育坚持综合育人理念

新时代劳动教育立足于人的整体性,融合多学科知识,对人、社会和自然进行整合,将理论知识有机融入现实社会,对学生健全人格发展起着重要作用。但是,一段时期以来,劳动的独特育人价值在一定程度上被忽视。《意见》充分肯定劳动教育"具有树德、增智、强体、育美的综合育人价值",要求全党全社会必须高度重视,"坚持立德树人""把劳动教育贯穿于人才培养的全过程"。

(三)新时代劳动教育强调教育与劳动相结合

教育与劳动相结合是马克思主义教育的基本思想,也是我国《教育法》规定的明确要求。然而,由于应试教育的惯性作用,教育与劳动分离,导致一些学生身心发展失衡,不能健康成长。因此,《意见》强调劳动教育重点是要让学生在系统的文化知识学习之外有目的、有计划地参加劳动实践,出力流汗,实现知行合一,获得身心全面发展。

（四）新时代劳动教育兼顾传统劳动和新型劳动

当今社会，劳动仍然是人类社会赖以生存和发展的基础。掌握必备的劳动知识和技能，树立正确的劳动观念，不仅有利于促进学生的全面发展，还有利于提升学生将来的生存能力和生活质量。另外，随着时代的发展，劳动的构成更加复杂多元，现代化、信息化、智能化的劳动内容不断增加。因此，《意见》强调要以日常生活劳动、生产劳动和服务性劳动为主，特别强调要"结合产业新业态、劳动新形态，注重选择新型服务性劳动的内容"。

（五）新时代劳动教育关注劳动素养的培养

传统劳动教育主要侧重教授学生与劳动有关的知识、技能、方法等，而忽视劳动价值观、劳动精神、劳动思维等更深层次素养的培养，容易导致"有劳动无教育"的现象，难以使学生养成终身热爱劳动、尊重劳动的良好品质。新时代劳动教育突破传统劳动教育局限，着眼于学生的终身幸福和全面发展，以培养学生劳动素养为核心，对"劳动精神面貌、劳动价值取向和劳动技能水平"进行全面建构。

寄语

劳动的崇高道德意义还在于，一个人能在劳动的物质成果中体现他的智慧、技艺、对事业的无私热爱和把自己的经验传授给同志的志愿。

——苏霍姆林斯基

劳动一日，可得一夜的安眠；勤劳一生，可得幸福的长眠。

——达·芬奇

二、新时代劳动教育的特征

新时代劳动教育作为中国特色社会主义教育制度的重要内容，在目标定位、内容体系、实施途径、落实方式、保障机制等方面进行了系统的设计和规划，形成了一个全员、全方位、全过程育人的劳动教育新格局。

（一）加强纵向衔接，大中小学一体化系统设计

近年来，各地和大中小学贯彻落实党的教育方针，在实践育人方面取得了一定成效。但是，劳动教育缺乏系统性、连续性和稳定性，教育目标不明确、内容陈旧、形式单一等问题比较突出。新时代劳动教育坚持目标导向和问题导向，注意不同阶段劳动教育的渐进性，对大中小学各学段贯通设计，体现出系统性、科学性、时代性的特点。

在培养目标上，新时代劳动教育深度挖掘劳动教育独特的育人价值，构建进阶式一体化目标体系。《意见》规定，小学低年级要注重劳动意识启蒙，小学中高年级要注重劳动习惯养成，初中要注重劳动知识、技能的掌握，高中要注重丰富职业体验，中等职业学校要培养工匠精神和热爱劳动的态度，高等学校要注重创新创业，在课程体系上，统一将劳动教育纳入中小学国家课程方案和职业院校、普通高校的人才培养体系，整体构建"综合性、实践性、开放性、针对性的劳动教育课程体系"；在内容设置上，各学段有共同要求，同时又各有侧重，根据学生特点科学确定各阶段的课程内容；在劳动教育方式上，将知识、技能、观念、品格等劳动

教育各要素综合贯穿于各个学段，针对不同学段学生身心发育特点分层递进、螺旋上升，同时，强化考评和保障机制，切实为劳动教育提供政策支撑。

（二）促进横向贯通，独立设课与学科渗透教学有机结合

课程是落实教育目标的有效载体。在我国现有的课程体系中，德、智、体、美、劳教育发展不平衡、不全面，劳动教育课程地位较为弱势。劳动教育课时经常被挪用，课程地位明显不足。一些学校存在一定的认识偏差，要么将劳动教育等同于一般性活动，只注重活动体验而忽视劳动素养培养；要么过分强调知识灌输，缺乏与实践的融合，现状不容乐观。新时代加强劳动教育，需要明确劳动教育的课程地位，确保底线要求，开齐开足劳动教育课。

《意见》指出，要优化学校课程设置，在大中小学设立劳动教育必修课程，规定中小学每周不少于 1 课时，职业院校劳动专题教育不少于 16 学时，普通高校本科阶段不少于 32 学时，并开展劳动周、劳动月等以集体劳动为主的劳动教育。劳动教育具有综合性、开放性、实践性的特点，应在其他学科教学中有机融入劳动教育内容。新时期加强劳动教育课程建设，坚持独立设课与学科渗透相结合，打破学科之间、课堂内外、校园内外的边界，创新课程形态，完善劳动教育课程体系，充分实现课程育人的功能。

（三）拓宽实施渠道，强化家庭、学校、社会综合实施

由于对劳动教育的独特育人价值认识不足，当前的劳动教育还存在片面依赖学校的倾向，家庭、社会在劳动教育中的作用尚未充分发挥。由于应试教育的精英化倾向，一些家长过分关注孩子的学业成绩，包办家务或是雇人代劳。社会上不劳而获、贪图享乐、崇尚暴富的思想有所蔓延。这些情况导致劳动教育在学校中被弱化，在家庭中被软化，在社会中被淡化。一些学生轻视劳动、不会劳动、不珍惜劳动成果、不尊重普通劳动者的现象时有出现。

新时代劳动教育积极构建家庭、学校、社会的责任链条，压实各主体责任，强调要以学校为主阵地，统筹协调家庭和社会各方的资源，拓宽劳动教育渠道。其中，家庭在劳动教育中起基础作用，家庭通过日常生活中的劳动实践、生活技能展示、节假日社会劳动等鼓励孩子积极动手，掌握必要的家务劳动和生活技能，树立崇尚劳动的优良家风，引导孩子从小养成热爱劳动的好习惯；学校在劳动教育中起主导作用，应加强劳动教育课程建设，集中与分散结合灵活安排，培养学生形成马克思主义劳动观，掌握必要的劳动技能；社会在劳动教育中起支持作用，政府、企业和社会团体应充分利用自有资源，通过开放实践场所、增加劳动体验等方式为学生参加多种多样的劳动教育提供保障。各方主体相互补充，积极引导学生参与家务劳动、生产劳动、公益劳动、实习实训等劳动实践，努力画好劳动教育同心圆，形成齐抓共管、多方协同的劳动教育育人合力。

（四）深化产教融合，创新劳动教育模式

劳动教育的具身性在一定程度上决定着劳动教育质量。反观当前的劳动教育现状，各地、各学校劳动教育形式较为单调，课堂内以教师系统讲授劳动理论知识为主，课外校外劳动实践来源有限、类型相对单一，大多是来自社区、传统手工业或机械制造业中的传统劳动项目，与学生生活实际关联不够紧密，吸引力不够强大，尚不能充分调动学生主动参与劳动的热情。

新时代劳动教育深入推进大中小学与企业之间在劳动教育方面的融合，着力解决劳动教育缺抓手、缺载体、缺场景的突出问题，满足学生多样化劳动实践需求。《意见》明确提出要“深化产教融合，改进劳动教育方式”，倡导通过共享、联建、创建等方式多措并举拓宽劳动教育实践场所，深度挖掘现代企业劳动教育新元素，创新体制机制深化劳动教育实践课程，使劳动教育与新产业、新业态、新技术紧密结合，为学生在现代企业中参与劳动体验、实习实训搭建平台，使学生在具体劳动实践中领悟劳动在社会发展中的作用，树立正确劳动观念，激发创新意识，为未来的职业生涯作一定储备，提升劳动教育的时代性和针对性。

（五）依据各地实际，因地制宜常态实施

新时代，党和国家高度重视劳动教育，从国家发展战略高度提出统一要求，增强劳动教育的规范性和计划性。但由于我国各地经济状况、教育水平发展不一，仅靠国家的统一管理较难实现劳动教育的落细、落小、落实，各地、各学校应积极转变观念，结合自身实际丰富劳动教育实施路径。

《意见》明确要求各地、各学校应结合当地自然、经济、文化等方面的条件，充分挖掘自身可利用的资源，宜工则工、宜农则农，因地制宜大胆探索多元化的劳动实践项目。比如，农村地区可以安排一些学农实践基地，城镇地区可以确认一批企事业单位和社会机构为学生提供劳动实践场所，学校可以完善劳动实践教室、实训基地建设，高等学校可以结合自身专业优势形成稳定的实习和劳动实践基地。

知识链接

劳　动　节

国际劳动节又称“五一国际劳动节”“国际示威游行日”，是世界上80多个国家的全国性节日，定在每年的5月1日。它是全世界劳动人民共同拥有的节日。

1889年7月，由恩格斯领导的第二国际在巴黎举行代表大会。会议通过决议，规定1890年5月1日国际劳动者举行游行，并决定把5月1日这一天定为国际劳动节。在我国中央人民政府政务院于1949年12月作出决定，将5月1日确定为劳动节。1989年后，国务院基本上每5年表彰一次全国劳动模范和先进工作者，每次表彰3000人左右。

1999年9月18日，国务院发布《国务院关于修改〈全国年节及纪念日放假办法〉的决定》，第一次修订了1949年12月23日政务院发布的《全国年节及纪念日放假办法》，将每年春节、“五一”和国庆节法定节日加上调休，全国放假7天，形成了3个“黄金周”。

2007年12月14日，国务院第二次修订《全国年节及纪念日放假办法》，将春节的放假起始时间由农历年正月初一调整为除夕；“五一”由7天调整为3天，减少4天；清明、端午、中秋增设为法定节假日，各放假3天。“五一黄金周”也将成为历史。2008年起，“五一黄金周”变为“五一”3天小长假。

三、新时代劳动教育的价值

习近平总书记在全国教育大会上强调，把立德树人融入高校课堂、教育教学、实践教育各环节，明确把“劳动教育”与“德智体美”教育一起纳入“全面发展”的教育理论中，提出“培养德、智、体、美、劳全面发展的社会主义建设者和接班人”。这些重要论述表明劳动教育是立德树人的基本内容，是高校立身之本、生存之基。目前在德育、智育、体育、美育、劳育体系中，劳动教育仍是短板，加强劳动教育是适应新时代的更高水平的劳动教育体系、落实立德树人任务、培养德智体美劳全面发展的人才的迫切需要。因此，加强劳动教育，这是培养有理想、有本领、有担当的社会主义建设者和接班人的客观要求，是全面贯彻党的教育方针、实现立德树人根本任务的现实需要。

（一）行思结合实现以劳树德

劳动教育对于立德树人、促进学生全面发展具有不可替代的作用。劳动教育可以促进学生形成勤俭节约、踏实肯干、意志坚定、团结协作的优良品质，使之成为有大爱、大德、大情怀的人。品德修养不是一蹴而就的事，需要在长期的社会实践中、在日常生活的点点滴滴中踏踏实实地磨炼养成。劳动教育对于青少年践行社会主义核心价值观、传承中华优秀传统文化、实现中华民族伟大复兴的中国梦具有重要意义。

要通过劳动教育使学生在劳动实践中形成独立自主、勤劳俭朴、艰苦奋斗的高贵品质，在参加劳动实践中增强学生的自信心，形成乐观向上的积极品质，让学生体认劳动精神、锤炼品格和磨炼意志，使“劳动最光荣、劳动最崇高、劳动最伟大、劳动最美丽”的价值观根植于心。

（二）手脑并用实现以劳增智

劳动增智指的是通过劳动授予其系统的科学文化知识、技能，发展其智力和与学习有关的非智力因素。智力指人的智慧能力，它可以表现为观察力、注意力、记忆力、思维能力和想象能力等各种能力的综合，也可以理解为一种系统处理和信息加工的综合心理能力。与学习有关的非智力因素主要包括学习的情绪状态和学习动机。

坚持以劳增智，正如陶铸（无产阶级革命家、国务院原副总理）所言：劳动是一切知识的源泉，通过增加大中小学生的劳动教育，增长见识，丰富劳动知识与劳动技能，培养学生抽象思维能力，促进智力发展。通过劳动一方面可以帮助学生更加深刻地理解课堂上教授的理论、概念、方法等知识，为这些知识提供真实情景的体验场所，体会其中的真理和美好；同时也为这些知识的运用提供了实践机会，通过劳动实践把所学知识利用起来，实现学以致用，使所学知识得到内化和升华。知识的掌握是一个多次往复的过程，通过劳动实现了理论与实践的结合应用。劳动实践帮助学生奠定理论研究，也为学习理论活动提供底层的逻辑，这将使得学习认知更加深刻，思维更加深化，实现了知识往复循环，形成了一次完整的知识构建，使得学习效果更加夯实。

劳动增智的决定性因素在于将劳动与智力活动结合。例如要培育大颗粒的小麦，则需要研究植物的生命活动对相关条件的依赖性，如土壤的微生物条件、泥土深层的湿度保持、土壤在播种前的休整、种子的生长力等。又如学习加工木料和金属、制作机器和机器模型、设计新型收割机和搅拌机等活动，都可以了解相关知识，获得相关智力的增长。

（三）“具身”体验实现以劳强体

苏霍姆林斯基认为，每一个人都离不开劳动，劳动有助于增强体质，让人拥有健康的体魄。劳动能改善睡眠，使人身强体壮。劳动教育可以从身心两方面促进学生的发展，其中最基本的就是促进学生的生理健康，起到强身健体的作用。在参加劳动教育的过程中，可以让肌肉骨骼得到锻炼发展，增大肺活量，促进心脏的发展。通过劳动也可以调节脑力活动，促进学生脑部神经系统的发展，有利于消除繁重学习带来的压力和负担，对学生的心理健康有重要的促进作用。

当下太多学生沉迷于电脑和手机游戏，长期保持同一畸形姿势，导致骨骼关节变形，视力下降。而劳动能使他们抬头远望，舒展身姿，有利于身体生长发育。在乌申斯基（俄罗斯教育心理学的奠基人）看来，劳动不仅能给肉体带来健康，同时还能给心灵带来充实与宁静。

需要注意的是，并不是所有劳动一开始都能给人带来强体的效果。如果所选劳动严重超出了自身负荷，那么将会给身体机能造成严重的危害。所以，在选择所要进行的项目劳动时一定要根据自身实际情况出发，做到真正的循序渐进、以劳强体。

（四）动静齐驱实现以劳育美

在整个教育体系中，劳动教育是一切教育的基础，美育是一切教育的最高境界。人类的审美感受产生于劳动，因为人类的劳动是一种合目的与合规律的审美活动，劳动实践创造着美，提供了美感的来源，是最能体现人的本质和审美精神的实践活动。

劳动教育有利于加强和改进学校美育，形成以劳育美、以美育人、以文化人的育人模式，促进学生树立“劳动最光荣、劳动最崇高、劳动最伟大、劳动最美丽”的劳动审美观，让青少年学生在劳动创造中形成发现美、体验美、鉴赏美、创造美的意识和能力，从而提高学生的审美能力和人文素养。

劳动创造了美，劳动创造了美好生活。劳动本身就是美德，劳动本身也是美的表现，劳动成果创造美。在参加劳动的过程中，不仅能获得知识技能，同时也能在劳动中广泛地接受美、感受美和体验美。加强劳动有助于我们亲身体验劳动之美，增强审美能力，培养审美情怀，从而实现以劳育美的作用。

在进行劳动时，要有意识地以审美的眼光开展劳动、审视自己的劳动成果。当我们将劳动去“任务化”，添“审美化”时，也就是劳动教育真正到来之时。这是因为人在通过劳动认识世界的同时也在创造美，从而确立起对劳动、创造和认识的美感，这时才能达到劳动与情感和审美教育的统一。创造劳动的美，是一个完整的教育领域。

（五）劳动创新

劳动创新是指通过人的脑力劳动萌发出技术、知识、思维的革新，从而高效提升劳动效率、产生出超值社会财富或成果的劳动。劳动创新具有阶段性发展、超越同质劳动等特点。

劳动是理论知识的真实情境的探索，需要我们参与其中，运用自身的主观能动性去综合所学知识和认知去解决各种问题，完成各项任务。劳动能促进我们的手脑结合，促进大脑发育，促进创新创造智慧。劳动可以极大地刺激我们对知识的渴求，促进创新精神的形成。

探讨与分析

从小，我们就被教育“劳动最光荣”，而事实也是如此，人生犹如一块田，当你去劳动、去耕耘了,才能明白收获的背后是汗水和付出,心里的那份甜才会由此翻倍。有人说劳动教育的目的是培养学生动手的能力,只要掌握一定的劳动技能就可以了,但是,也有人不认同这种观点,认为劳动教育的目的是培养学生创造性的劳动。

你认为上面的两种观点哪个更恰当。

请结合自己的体验或者见闻谈谈理想的劳动教育应达到的目的。

第三节　新时代劳动教育的使命

新时代大学生劳动教育,不仅承载着劳动育人、劳动创新的时代任务,更承载着砥砺大学生公共服务精神的教化功能。大道之行,天下为公。毛泽东同志曾指出,劳动英雄和模范工作者“有三种长处,起了三个作用”,即带头作用、骨干作用和桥梁作用。

习近平总书记在全国教育大会上指出,培养什么人,是教育的首要问题,要培养德、智、体、美、劳全面发展的社会主义建设者和接班人,培养一代又一代拥护中国共产党领导和我国社会主义制度、立志为中国特色社会主义奋斗终身的有用人才。

新时代新形势,改革开放和社会主义现代化建设、促进人的全面发展和社会全面进步对教育和学习提出了新的更高的要求。尊重劳动、尊重知识、尊重人才、尊重创造,是党和国家的长期方针,把广大中小学生培养成德智体美劳全面发展的社会主义事业建设者和接班人,是我国教育方针长期坚持的目标。在这样的大背景下,习近平总书记从党和国家事业发展的高度,突出强调弘扬劳动精神,尤其是将劳动作为人才培养的重要内容之一,列入全面发展的要素,直接关系到教育培养什么人的百年大计。

新时代大学生劳动教育有助于培养大学生勤俭、奋斗、创新、奉献的劳动精神;培养他们服务社会、服务他人的奉献情怀和服务意识,培养他们通过劳动实践磨炼意志、砥砺品格,进而实现人生价值的能力,最终通过劳动培养大学生成为为人民服务的骨干。

一、准确把握新时代劳动教育的育人导向

(一)培养担当民族复兴大任的时代新人的战略导向

战略导向是人才培养的根本,也是劳动教育的出发点。劳动教育是中国特色社会主义教育制度的重要内容,直接决定着社会主义建设者和接班人的劳动精神面貌、劳动价值取向和劳动技能水平。在 2018 年全国教育大会上,习近平总书记立足新的历史方位和时代使命,将劳动教育纳入党的教育方针,明确提出,“要努力构建德、智、体、美、劳全面培养的教育体系”“培养德、智、体、美、劳全面发展的社会主义建设者和接班人”。《意见》以此为根本遵循,提出“坚持党的领导,围绕培养担当民族复兴大任的时代新人,着力提升学生综合素质,促进学生全面发展、健康成长”,凸显了基于国家前途和民族未来育人的战略意义。当前劳动教育尚存在被淡化、弱化和软化的倾向,部分青少年存在不珍惜劳动成果、不想劳动、不会

劳动的现象,这与“时代新人”的培养目标有较大差距。为此,新时代劳动教育必须坚持党的领导,坚持以习近平新时代中国特色社会主义思想为指导,把劳动教育纳入人才培养全过程,贯通大中小学各学段,贯穿家庭、学校、社会各方面,遵循教育规律,创新体制机制,注重教育实效,实现知行合一,达到立德树人的根本目标。

寄语

在我们的社会中,劳动不仅是经济的范畴,而且是道德的范畴。

——马卡连柯

劳动最大的益处还在于道德和精神上的发展。这种精神发展是由和谐的劳动产生的,它应当构成无产阶级社会公民区别于资产阶级社会公民的那种人的特质。

——马卡连柯

劳动受人推崇。为社会服务是很受人赞赏的道德理想。

——杜威

(二)强化报效国家和奉献社会的实践导向

实践导向是人类把握外部世界的总线索,也是劳动教育的基本逻辑和归宿。《意见》在育人原则中以“报效国家、奉献社会”为落脚点,明确了新时代劳动教育的实践导向。首先,要引导广大青少年辛勤劳动、诚实劳动和创造性劳动,增强报效国家和奉献社会的能力。勤劳是中华民族的传统美德,在物质生活条件日益富足的今天,劳动教育仍需培养青少年吃苦耐劳、艰苦奋斗的劳动品质;诚实是为人之根本,习近平总书记指出,“人世间的美好梦想,只有通过诚实劳动才能实现;发展中的各种难题,只有通过诚实劳动才能破解”,劳动教育要强化诚实合法劳动意识;创新创造是引领发展的第一动力,当前中国经济正处于爬坡越坎、实现从“中国制造”向“中国创造”的产业转型升级的关键阶段,劳动教育也要适应产业新业态、劳动新形态的变化,着重培育青少年创新创业能力,推动建设知识型、技术型、创新型劳动大军。其次,要培育青少年公共服务意识,强化中华民族共同体的家国情怀。在劳动教育中要注重鼓励学生利用知识、技能、工具、设备等为他人和社会提供服务,使其在公益劳动、志愿服务中强化社会责任,增强奉献意识,特别要注重挖掘在这次全民抗疫中涌现出来的英雄模范人物,大力宣传他们的感人事迹,引导学生在重大疫情、灾害面前,与人民同呼吸、与祖国共命运、与时代齐奋进。

寄语

劳动是社会中每个人不可避免的义务。

——卢梭

体力劳动是防止一切社会病毒的伟大的消毒剂。

——马克思

完善的新人应该是在劳动之中和为了劳动而培养起来的。

——欧文

二、引导学生树立正确的劳动价值观

《意见》强调，要“把准劳动教育价值取向，引导学生树立正确的劳动观”。劳动是人类生存的基础，也是社会关系形成与发展的前提，更是人自身发展的决定性要素。劳动是财富的源泉，也是幸福的源泉，这是马克思主义劳动观的基本原理。尽管新时代人类劳动形态发生了较大变化，但马克思主义劳动观的基本原理并没有变。

党的十八大以来，习近平总书记多次阐释劳动的时代意义，倡导人民以辛勤劳动托举中国梦。这既传承了中华民族“功崇惟志，业广惟勤”的传统美德，也进一步彰显了新时代的马克思主义劳动观。中国特色社会主义迈进新时代，社会的主要矛盾已经由“人民日益增长的物质文化需要同落后的社会生产之间的矛盾”转变为“人民日益增长的美好生活需要和不平衡、不充分的发展之间的矛盾”。无论是“物质文化需要”还是“美好生活需要”，都需要每一个劳动者以“辛勤劳动”来获取。正所谓，“民生在勤，勤则不匮”。

随着社会的发展、科技的进步以及生活水平的提高，资本、知识、技术、信息在生产生活中的力量不断凸显，人们的劳动观念发生了很大变化。部分青年对劳动的理解出现偏差，好逸恶劳、渴望不劳而获、盲目消费、商品拜物教等现象出现。为了应对这些问题，劳动教育应着重引导个体树立正确的劳动价值观。一方面，基于马克思的劳动价值理论，帮助青年理解劳动是财富的源泉，认可“按劳分配”原则，摒弃好逸恶劳、不劳而获的不良思想。另一方面，站在人类社会历史发展的宏观高度以及个体成长成才的微观视角，帮助青年理解劳动在推动历史发展和帮助个体圆梦上所发挥的重要作用，从而尊重劳动、辛勤劳动。

故事欣赏

彭德怀在家乡参加劳动的故事

湖南省湘潭县乌石镇乌石村，淅淅秋雨落在一座寻常农家小院。老宅前，柑子树和柚子树硕果累累。这里是彭德怀故居，这两棵树是他1961年回乡时亲手栽种的。

1958年12月，彭德怀回到阔别32年的故乡进行农村调查。为了便于了解群众的真实情况，他没有住招待所，而是住进自己的旧居彭家围子。

当晚，公社和大队干部谈到粮食大丰收。他立即同干部们步行数里来到田边，打着手电筒，蹲下身来，细数着蔸禾上有多少株稻秆，每个穗上大约有多少颗稻谷，计算着每亩地的产量。

1961年冬天，彭德怀第二次回乡开展农村调查，仍是住在旧居。30多天里，他踏遍故乡的山山水水，在堂屋里接待来访干部群众2000多人。通过细致深入的调查，他拟写了5份农村调查材料，交党中央参考。他认为：“我们当干部的，办事一定要实事求是，不能搞浮夸。”

下面这个故事就发生在他回老家调查时。

彭德怀回到了故乡，他看到童年时代就十分熟悉的家乡山水，看到阔别多年的父老乡亲，感到格外亲切，回想到在战争年代，乡亲们跟着党闹革命，抛头颅、洒热血，承受了极大的牺牲，终于盼来了全国的解放和革命的胜利。想到这里彭德怀不由得感慨："是呵，苦了多年的乡亲们，该过上好日子了。"彭德怀来到了响塘区南谷公社的陈蒲大队调查。午饭的时间到了，彭德怀没有到公共食堂去吃大锅饭，而是撇开随从人员，独自一人来到离食堂不远的贺老伯家里。刚跨进屋，迎面扑来阵阵烟雾，只见贺老伯正蹲在灶下烧火做饭。彭德怀关切地凑上去问："老伯，为什么不到食堂去吃饭?"老伯没好气地说："有什么饭吃！只因彭德怀要来调查，大队才开食堂饭的，还要工分高的人才有的吃。我不去凑这个热闹，真是打肿脸充胖子！"彭德怀一听，话出有因，顺手将锅盖揭开，只见锅里蒸的是糠粑粑。彭德怀抓起糠粑粑就吃，那粗糙、苦涩的糠直刺喉头，确实难以咽下去，他的心痛了，眼窝里充满了泪花。

回到故居，彭德怀召开了社员大会，他说："我是讨过饭的，是饿怕了的，可那是旧社会，现在，我们当家做了主人，我们应该抓紧时间开荒种粮，生产自救，把穷队变成富队，不应该再有人饿肚皮了，我这次回来是当社员的，队上要安排我出工，不安排的话，我就邀请婆婆姥姥上山砍柴去。"说干就干，从那以后彭德怀就与社员一起参加集体劳动，他特别提倡开田，在工余时间还动员侄儿一道去开田。侄儿望着两鬓斑白的伯伯劝道："您老人家年纪一大把了，还开什么田呢?"彭德怀风趣地回答："年老骨头枯，正好做功夫！别说我年老，做起事来，还可以跟你们小青年比一比呢！"说完就捋起衣袖，用他那曾指挥过千军万马的手，挥锄猛干起来，像个标准的老农。在彭德怀的带动下，家乡一块块新田被开发出来，种上了绿油油的庄稼。彭德怀欢欢喜喜地与乡亲们一道收棉花、种麦子，撒下了无数的汗珠。他说："从今年起，我每年回来参加劳动一个月，别的重活干不了，帮生产队看牛，看湖鸭。如果不能回来就交一百元到队上。"就这样，彭德怀在家乡立了个不计劳动报酬的特殊社员的"户头"。

三、塑造诚实劳动的社会风气

诚实劳动是劳动者的内在道德要求。在中国传统文化中，"君子爱财，取之有道"，强调以"道"获"利"。步入新时代，在经济全球化、信息化、网络化的市场经济环境中，在物质主义与利己主义涌现的社会背景下，以"道"获"利"的伦理规范正在接受时代的拷问。在这个背景下，诚实劳动的理念和规范是新时代所必须倡导和落实的。那么何为新时代的诚实劳动？在本质上，诚实劳动强调的是劳动者积极实干，而不是投机取巧；表现在社会关系上，即要求坚守公平正义，反对损公肥私、损人利己；在经济形态上，诚实劳动反对资本欺诈，反对违法乱纪，特别是在虚拟经济时代，反对网络诈骗；在人与自然的关系上，诚实劳动要求绿色发展，不以牺牲生态为代价换取经济发展；在社会文化培育上，诚实劳动意在实现"人人为我，我为人人"的文化形态，使每一个劳动者都具备劳动自觉和劳动获得感。

在新的时代背景中，劳动教育的定位和内涵都呈现出许多新特点。但是无论如何变化，作为劳动的内在道德要求，诚实劳动是任何经济形态下经济发展的核心要求。因此，塑造诚实劳动的社会风气，是时代赋予劳动教育的重任。具体而言，在劳动教育理念上，应帮助个体理解诚实劳动的重要性，引导其树立诚实劳动的道德理念；在劳动教育内容上，应着重深化个体对"劳动与资本""劳动者的权益""劳动法"等内容的认识；在劳动教育方式上，重在创设劳动市场环境，使个体在实际参与中将劳动认知转化为具体的劳动行为体验。

四、培养锻炼青年一代的创新能力

创造性劳动是发展社会主义生产力的更高劳动形态。创造性劳动是解放生产力、发展生产力的必然要求,在人类社会历史的发展中占据重要地位。在宏观层面上,创造性劳动是人类解放的关键一步。因为创造性劳动使人类不断超越奴役劳动和谋生劳动,走向体面劳动和自由劳动。在微观层面上,创造性劳动是现代经济演变的主要动力。根据马克思主义经济学理论,通过技术进步来缩短必要劳动时间,是经济增长的重要途径。当前,我国正在进行社会主义市场经济改革,为了克服人口红利减少带来的劳动力优势下降的问题,实现经济的高质量发展,我国必须加快建设创新型国家,这需要大力发展创新性劳动,提高社会生产力。

《意见》强调劳动教育要"适应科技发展和产业变革,针对劳动新形态,注重新兴技术支撑和社会服务新变化"。新时代,信息技术、大数据、人工智能等不断影响着劳动人民的生产生活。在社会的劳动时间、劳动工具、劳动形式等都发生了革命性变化的背景下,利用时代机遇锻炼青年一代的创新能力,是劳动教育的重要使命。一方面,要立足于数字革命时代对劳动者提出的新要求,构建青年一代的核心劳动素养,涉及劳动精神、劳动技能、劳动习惯、劳动思维等内容。另一方面,要以实现社会和经济的可持续发展为价值目标,整合多领域知识与技能,将人工智能、数字技术、劳动规范、职业实践、经济发展规律等相关内容纳入劳动课程,引导青年实现知识的融会贯通,为实践创造性劳动作好充分准备。

当代劳动教育担负着培育时代新人的历史使命,为此,各级学校要以新时代"劳动观"为指导,深入贯彻落实《意见》,引导学生树立辛勤劳动、诚实劳动、创造性劳动的理念,让劳动最光荣、劳动最崇高、劳动最伟大、劳动最美丽的观念蔚然成风。

探讨与分析

劳动教育需要我们手脑并用、心手相生。掌握一定的劳动技能固然重要,不过,更为重要的是,通过创造性劳动教育,可以让我们因取得劳动成果而感到满足、愉悦,体验到劳动的价值感和存在感,切实感受劳动不仅光荣,还能让人获得幸福,能让身心获得全面发展。

你认同上述观点吗?请结合自己的体验或见闻谈谈理想的劳动教育应达到怎样的目的。

第四节　新时代劳动教育的新担当、新境界、新要求

新时代,我们必须突破传统认识,去达到教育与生产劳动相结合的新境界,即新时代新的教育与新劳动、新创造进行新的结合。

一部人类的历史就是一部劳动的历史,从这个意义上说,人类的"第一个"历史活动,就是劳动。劳动创造了人类本身,也创造了光辉灿烂的人类文明,劳动创造了一切。劳动是人

类最基本的社会实践活动形式，是人的本质。马克思主义关于劳动的这些基本观点，正是我们在新时代进行劳动教育的思想基础。

一、体现时代特征

新时代的劳动教育，应具有新时代的特点。

（一）弘扬劳动精神

让勤俭、奋斗、创新、奉献成为时代主旋律。新时代劳动教育不只关注学生做了什么，更重要的是让他们在动手实践、出力流汗中埋下崇尚劳动的种子，在接受锻炼、磨炼意志中涵养不懈奋斗的精神。

（二）融合科学技术

当前，人类生产工具和劳动形态发生深刻变化，"当代工人不仅要有力量，还要有智慧、有技术、能发明、会创新，以实际行动奏响时代主旋律"。因此，劳动教育不仅要继承行之有效的传统方式，而且要开展信息化和工业4.0时代的新探索。积极与物联网、云计算、大数据、人工智能等新技术相衔接，不断创新劳动教育形式，运用人工智能技术搭建网络空间、虚拟环境教育情景，鼓励学生运用多元学科知识，开展创造性劳动。与新产业、新业态、新技术相呼应，挖掘劳动教育新内涵。与德智体美相结合，通过劳育，达到在劳力上劳心的效果，最终实现道德的提升、智慧的增长、体质的强健、美感的涵养，从而更加彰显劳动教育的综合育人价值。

（三）提倡手脑并用

劳动教育诚然突出体力劳动，但并非只干不思，即不仅应让学生"双脚扎进泥土里"，还要"头脑跟上新时代"。在劳动教育中，要鼓励学生手脑并用，灵活掌握、融会贯通各类知识和技巧，主动运用所学知识理解与解决问题，并作出基于证据的解释。

（四）激发创新潜力

比占有知识更重要的是拥抱智慧，只有让学生在体验和尝试中摆脱重复和机械，他们才能成为有感情、能创造的人。劳动教育要重视学生自身发展需求，尊重学生的自主选择，让他们大胆研学、实践，使他们的创造潜力得到激发。

寄语

劳动可以使我们摆脱三大灾祸：寂寞、恶习、贫困。

——歌德

未来将属于两种人：思想的人和劳动的人。实际上这两种人是一种人，因为思想也是劳动。

——雨果

二、新时代劳动教育的新担当、新要求、新使命

劳动教育是中国特色社会主义教育制度的重要内容，直接决定社会主义建设者和接班

人的劳动精神面貌、劳动价值取向和劳动技能水平。《关于全面加强新时代大中小学劳动教育的意见》从根本上抓住了人才培养的薄弱环节，劳动教育为高职院校赋予了新担当，提出了新要求，增强了新使命。

（一）新担当

劳动是职业的内涵。劳动，本指创造物质或精神财富的活动，是需要"用力用心"的活动。劳动需要付诸行动，劳动之后还需要产生成果；劳动是能实现自我价值的行为，而不是单纯的对于财富或物质的获取；劳动教育不是摆摆形式，而是要养成劳动的意识和习惯，养成创造的愿望。

随着传统社会向现代社会发展，劳动教育中"劳动性"日益弱化，即由学徒"教育"到学校的学生"教育"，由谋生技能的拜师学艺，到组织化、规范化的职前准备教育，功能的演化决定了现代劳动教育的性质变化。因此，现代劳动教育的指向首先是劳动精神的培养，然后才是劳动技能的习得。

高职教育就是要让学生通过主动的学习、训练，来获得某种职业或生产劳动所需要的专业知识、专门技能和基本职业道德素养的教育，是为未来的劳动作准备，同时也在"职业劳动"的实践训练过程中成长。"工学结合、顶岗实习"是高职劳动教育的基本形式，"校企合作"是高职劳动教育的实践载体，"现代学徒制"是高职劳动教育实践的有效途径，"做中学"是高职劳动教育习惯养成和心理意识积淀的过程化培育。高职教育的特性，决定了高职劳动教育必须具有"高"要求——高素质和高技能。劳动的性质不分等级，但技能有高低，高职劳动教育就是要培养大国工匠、能工巧匠，培养一大批技能大师服务新基建，打造新动能。

（二）新要求

1. 劳动观，要有新理解

人工智能、大数据、物联网等技术，改变了世界的生产和生活形式，劳动的对象变了，劳动的工具、方式、技术也变了。新时代的劳动者将是知识型劳动者，他们的劳动需要新知识，需要运用智能化工具，而不再是体力劳动的翻版。劳动训练、实践和技能也表现出相应的新形式，不再是千百年以来的手把手传授。劳动出现的新形式，促使人们形成劳动新观念，高职教育要适应劳动新方法和职业新生态，创造"新的"劳动教育。

2. 劳动教育的表现形态，要有新设计

劳动教育要通过具体的课程、活动来实现，新时代的高职劳动教育要把劳动的新特色容纳进去。劳动课程要用一些新"趣味"、新的劳动"吸引力"去改变学生不想劳动、不会劳动的心理惯性；要把劳动这个理念带进教学大纲之中，而不是简单地增加一部分内容，要让学习者在学的过程中感觉"动"起来，进而成为习惯。

3. 劳动教育的方法，要有新创意

必须摆正劳动教育的位置，劳动是教育的一个"部分"，而不只是一个"内容"；"内容"可以选择，"部分"不可或缺，缺少了就是"残缺"。高职劳动教育要将新的劳动技能融于职业教育的技术性里，用新的劳动技能的"美"，让学生从劳动中感受到快乐、感觉到收获，达到"劳，勤也"的目的。

延伸阅读

中共中央　国务院《关于全面加强新时代大中小学劳动教育的意见》

为构建德智体美劳全面培养的教育体系，现就加强新时代大中小学劳动教育提出如下意见。

一、充分认识新时代培养社会主义建设者和接班人对加强劳动教育的新要求

（一）重大意义。劳动教育是中国特色社会主义教育制度的重要内容，直接决定社会主义建设者和接班人的劳动精神面貌、劳动价值取向和劳动技能水平。长期以来，各地区和学校坚持教育与生产劳动相结合，在实践育人方面取得了一定成效。同时也要看到，近年来一些青少年中出现了不珍惜劳动成果、不想劳动、不会劳动的现象，劳动的独特育人价值在一定程度上被忽视，劳动教育正被淡化、弱化。对此，全党全社会必须高度重视，采取有效措施切实加强劳动教育。

（二）指导思想。以习近平新时代中国特色社会主义思想为指导，全面贯彻党的教育方针，落实全国教育大会精神，坚持立德树人，坚持培育和践行社会主义核心价值观，把劳动教育纳入人才培养全过程，贯通大中小学各学段，贯穿家庭、学校、社会各方面，与德育、智育、体育、美育相融合，紧密结合经济社会发展变化和学生生活实际，积极探索具有中国特色的劳动教育模式，创新体制机制，注重教育实效，实现知行合一，促进学生形成正确的世界观、人生观、价值观。

（三）基本原则

——把握育人导向。坚持党的领导，围绕培养担当民族复兴大任的时代新人，着力提升学生综合素质，促进学生全面发展、健康成长。把准劳动教育价值取向，引导学生树立正确的劳动观，崇尚劳动、尊重劳动，增强对劳动人民的感情，报效国家，奉献社会。

——遵循教育规律。符合学生年龄特点，以体力劳动为主，注意手脑并用、安全适度，强化实践体验，让学生亲历劳动过程，提升育人实效性。

——体现时代特征。适应科技发展和产业变革，针对劳动新形态，注重新兴技术支撑和社会服务新变化。深化产教融合，改进劳动教育方式。强化诚实合法劳动意识，培养科学精神，提高创造性劳动能力。

——强化综合实施。加强政府统筹，拓宽劳动教育途径，整合家庭、学校、社会各方面力量。家庭劳动教育要日常化，学校劳动教育要规范化，社会劳动教育要多样化，形成协同育人格局。

——坚持因地制宜。根据各地区和学校实际，结合当地在自然、经济、文化等方面条件，充分挖掘行业企业、职业院校等可利用资源，宜工则工、宜农则农，采取多种方式开展劳动教育，避免“一刀切”。

二、全面构建体现时代特征的劳动教育体系

（四）把握劳动教育基本内涵。劳动教育是国民教育体系的重要内容，是学生成长的必要途径，具有树德、增智、强体、育美的综合育人价值。实施劳动教育重点是在系统的文化知识学习之外，有目的、有计划地组织学生参加日常生活劳动、生产劳动和服务性劳动，让学生

动手实践、出力流汗，接受锻炼、磨炼意志，培养学生正确劳动价值观和良好劳动品质。

（五）明确劳动教育总体目标。通过劳动教育，使学生能够理解和形成马克思主义劳动观，牢固树立劳动最光荣、劳动最崇高、劳动最伟大、劳动最美丽的观念；体会劳动创造美好生活，体认劳动不分贵贱，热爱劳动，尊重普通劳动者，培养勤俭、奋斗、创新、奉献的劳动精神；具备满足生存发展需要的基本劳动能力，形成良好劳动习惯。

（六）设置劳动教育课程。整体优化学校课程设置，将劳动教育纳入中小学国家课程方案和职业院校、普通高等学校人才培养方案，形成具有综合性、实践性、开放性、针对性的劳动教育课程体系。

根据各学段特点，在大中小学设立劳动教育必修课程，系统加强劳动教育。中小学劳动教育课每周不少于1课时，学校要对学生每天课外校外劳动时间作出规定。职业院校以实习实训课为主要载体开展劳动教育，其中劳动精神、劳模精神、工匠精神专题教育不少于16学时。普通高等学校要明确劳动教育主要依托课程，其中本科阶段不少于32学时。除劳动教育必修课程外，其他课程结合学科、专业特点，有机融入劳动教育内容。大中小学每学年设立劳动周，可在学年内或寒暑假自主安排，以集体劳动为主。高等学校也可安排劳动月，集中落实各学年劳动周要求。

根据需要编写劳动实践指导手册，明确教学目标、活动设计、工具使用、考核评价、安全保护等劳动教育要求。

（七）确定劳动教育内容要求。根据教育目标，针对不同学段、类型学生特点，以日常生活劳动、生产劳动和服务性劳动为主要内容开展劳动教育。结合产业新业态、劳动新形态，注重选择新型服务性劳动的内容。

小学低年级要注重围绕劳动意识的启蒙，让学生学习日常生活自理，感知劳动乐趣，知道人人都要劳动。小学中高年级要注重围绕卫生、劳动习惯养成，让学生做好个人清洁卫生，主动分担家务，适当参加校内外公益劳动，学会与他人合作劳动，体会到劳动光荣。初中要注重围绕增加劳动知识、技能，加强家政学习，开展社区服务，适当参加生产劳动，使学生初步养成认真负责、吃苦耐劳的品质和职业意识。普通高中要注重围绕丰富职业体验，开展服务性劳动、参加生产劳动，使学生熟练掌握一定劳动技能，理解劳动创造价值，具有劳动自立意识和主动服务他人、服务社会的情怀。中等职业学校重点是结合专业人才培养，增强学生职业荣誉感，提高职业技能水平，培育学生精益求精的工匠精神和爱岗敬业的劳动态度。高等学校要注重围绕创新创业，结合学科和专业积极开展实习实训、专业服务、社会实践、勤工助学等，重视新知识、新技术、新工艺、新方法应用，创造性地解决实际问题，使学生增强诚实劳动意识，积累职业经验，提升就业创业能力，树立正确择业观，具有到艰苦地区和行业工作的奋斗精神，懂得空谈误国、实干兴邦的深刻道理；注重培育公共服务意识，使学生具有面对重大疫情、灾害等危机主动作为的奉献精神。

（八）健全劳动素养评价制度。将劳动素养纳入学生综合素质评价体系，制定评价标准，建立激励机制，组织开展劳动技能和劳动成果展示、劳动竞赛等活动，全面客观记录课内外劳动过程和结果，加强实际劳动技能和价值体认情况的考核。建立公示、审核制度，确保记录真实可靠。把劳动素养评价结果作为衡量学生全面发展情况的重要内容，作为评优评先的重要参考和毕业依据，作为高一级学校录取的重要参考或依据。

三、广泛开展劳动教育实践活动

（九）家庭要发挥在劳动教育中的基础作用。注重抓住衣食住行等日常生活中的劳动实践机会，鼓励孩子自觉参与、自己动手，随时随地、坚持不懈地进行劳动，掌握洗衣做饭等必要的家务劳动技能，每年有针对性地学会1至2项生活技能。鼓励学校（家委会）和社区等组织开展学生生活技能展示活动。学生参加家务劳动和掌握生活技能的情况要按年度记入学生综合素质档案。鼓励孩子利用节假日参加各种社会劳动。家庭要树立崇尚劳动的良好家风，家长要通过日常生活的言传身教、潜移默化，让孩子养成从小爱劳动的好习惯。

（十）学校要发挥在劳动教育中的主导作用。学校要切实承担劳动教育主体责任，明确实施机构和人员，开齐开足劳动教育课程，不得挤占、挪用劳动实践时间。明确学校劳动教育要求，着重引导学生形成马克思主义劳动观，系统学习掌握必要的劳动技能。根据学生身体发育情况，科学设计课内外劳动项目，采取灵活多样形式，激发学生劳动的内在需求和动力。统筹安排课内外时间，可采用集中与分散相结合的方式。组织实施好劳动周，小学低中年级以校园劳动为主，小学高年级和中学可适当走向社会、参与集中劳动，高等学校要组织学生走向社会、以校外劳动锻炼为主。

（十一）社会要发挥在劳动教育中的支持作用。充分利用社会各方面资源，为劳动教育提供必要保障。各级政府部门要积极协调和引导企业公司、工厂农场等组织履行社会责任，开放实践场所，支持学校组织学生参加力所能及的生产劳动、参与新型服务性劳动，使学生与普通劳动者一起经历劳动过程。鼓励高新企业为学生体验现代科技条件下劳动实践新形态、新方式提供支持。工会、共青团、妇联等群团组织以及各类公益基金会、社会福利组织要组织动员相关力量、搭建活动平台，共同支持学生深入城乡社区、福利院和公共场所等参加志愿服务，开展公益劳动，参与社区治理。

四、着力提升劳动教育支撑保障能力

（十二）多渠道拓展实践场所。大力拓展实践场所，满足各级各类学校多样化劳动实践需求。充分利用现有综合实践基地、青少年校外活动场所、职业院校和普通高等学校劳动实践场所，建立健全开放共享机制。农村地区可安排相应土地、山林、草场等作为学农实践基地，城镇地区可确认一批企事业单位和社会机构，作为学生参加生产劳动、服务性劳动的实践场所。建立以县为主、政府统筹规划配置中小学（含中等职业学校）劳动教育资源的机制。进一步完善学校建设标准，学校逐步建好配齐劳动实践教室、实训基地。高等学校要充分发挥自身专业优势和服务社会功能，建立相对稳定的实习和劳动实践基地。

（十三）多举措加强人才队伍建设。采取多种措施，建立专兼职相结合的劳动教育师资队伍。根据学校劳动教育需要，为学校配备必要的专任教师。高等学校要加强劳动教育师资培养，有条件的师范院校开设劳动教育相关专业。设立劳模工作室、技能大师工作室、荣誉教师岗位等，聘请相关行业专业人士担任劳动实践指导教师。把劳动教育纳入教师培训内容，开展全员培训，强化每位教师的劳动意识、劳动观念，提升实施劳动教育的自觉性，对承担劳动教育课程的教师进行专项培训，提高劳动教育专业化水平。建立健全劳动教育教师工作考核体系，分类完善评价标准。

（十四）健全经费投入机制。各地区要统筹中央补助资金和自有财力，多种形式筹措资金，加快建设校内劳动教育场所和校外劳动教育实践基地，加强学校劳动教育设施标准化建设，建立学校劳动教育器材、耗材补充机制。学校可按照规定统筹安排公用经费等资金开展劳动教育。可采取政府购买服务方式，吸引社会力量提供劳动教育服务。

（十五）多方面强化安全保障。各地区要建立政府负责、社会协同、有关部门共同参与的安全管控机制。建立政府、学校、家庭、社会共同参与的劳动教育风险分散机制，鼓励购买劳动教育相关保险，保障劳动教育正常开展。各学校要加强对师生的劳动安全教育，强化劳动风险意识，建立健全安全教育与管理并重的劳动安全保障体系。科学评估劳动实践活动的安全风险，认真排查、清除学生劳动实践中的各种隐患特别是辐射、疾病传染等，在场所设施选择、材料选用、工具设备和防护用品使用、活动流程等方面制定安全、科学的操作规范，强化对劳动过程每个岗位的管理，明确各方责任，防患于未然。制定劳动实践活动风险防控预案，完善应急与事故处理机制。

五、切实加强劳动教育的组织实施

（十六）加强组织领导。在党委统一领导下，各级政府要把劳动教育摆上重要议事日程，出台相关政策措施，切实解决劳动教育实施过程中的重大问题，做好督促落实。省级政府要加强劳动教育工作的统筹协调，明确市地级、县级政府及有关部门加强劳动教育的职责，推动建立全面实施劳动教育的长效机制。

（十七）强化督导检查。把劳动教育纳入教育督导体系，完善督导办法。对地方各级政府和有关部门保障劳动教育情况以及学校组织实施劳动教育情况进行督导，督导结果向社会公开，同时作为衡量区域教育质量和水平的重要指标，作为对被督导部门和学校及其主要负责人考核奖惩的依据。开展劳动教育质量监测，强化反馈和指导。

（十八）加强宣传引导。引导家长树立正确劳动观念，支持配合学校开展劳动教育。加强劳动教育科学研究，宣传推广劳动教育典型经验。积极宣传企事业单位和社会机构提供劳动教育服务的先进事迹。注重挖掘在抗疫救灾等重大事件中涌现出来的典型人物和事迹，大力宣传不畏艰难、百折不挠、敢于担当的高尚品格。鼓励和支持创作更多以歌颂普通劳动者为主题的优秀作品，大力宣传辛勤劳动、诚实劳动、创造性劳动的典型人物和事迹，弘扬劳动光荣、创造伟大的主旋律，旗帜鲜明地反对一切不劳而获、贪图享乐、崇尚暴富的错误观念，营造全社会关心和支持劳动教育的良好氛围。

实践活动

我为“劳动教育课程的开展”献计献策

一直以来，我国的劳动教育课程都集中在小学阶段，而事实上，高职院校和高校的学生作为直接面向劳动、直接对接职业的劳动后备军，比中小学生更迫切地需要带着全面系统的劳动素养走上工作岗位。

作为新时代的大学生，你对“劳动教育课程的开展”有哪些建议？请认真阅读中共中央国务院《关于全面加强新时代大中小学劳动教育的意见》，然后利用互联网进行辅助，写一篇不少于 800 字的意见报告。

【过程记录】

报告的关键点：

我的写作思路：

我的观点：

【结果评价】

教师可以参照下表对学生的报告进行评估。

评价标准	评分细则	分值	分数小计	教师评价
报告完整	顺利完成并上交完整的意见报告	20 分		
理论性	用事实材料阐明观点	15 分		
	引用符合客观事实的结论	15 分		
语言简洁	有叙有议，叙议结合	15 分		
	逻辑清晰，观点鲜明	15 分		
	语言简洁流畅	10 分		
	善用修辞手法，可读性强	10 分		

第二章　全面构建新时代职业院校劳动教育体系

在2018年全国教育大会上，习近平总书记在讲话中提到，“要在学生中弘扬劳动精神，教育引导学生崇尚劳动、尊重劳动，懂得劳动最光荣、劳动最崇高、劳动最伟大、劳动最美丽的道理，长大后能够辛勤劳动、诚实劳动、创造性劳动”。习近平总书记关于劳动教育的重要论述重申了劳动教育的意义，为新时代劳动教育的发展点明了方向，也为我们在高职学校开展劳动教育提供了重要的指导作用。

《意见》，提出将劳动教育纳入学生必修课程、将劳动素养纳入综合素质评价体系等若干重要举措。对于作为一种教育类型的职业教育来说，《意见》为全面构建新时代职业院校劳动教育体系奠定了制度基础。

学习目标

1. 了解劳动教育的意义，明确劳动教育目标。
2. 懂得劳动的伟大意义。
3. 认识接受劳动教育的重要性和必要性。

第一节　全面构建新时代职业院校劳动教育体系

劳动是促进社会发展之动力。劳动是人成长所需之课堂。我国古人既有“一屋不扫，何以扫天下”之问，也有“一室之不治，何以天下家国为”之训。中华民族有热爱劳动、尊崇劳动、勤奋劳动之优良传统。毫不夸张地说，正是在一代代劳动者的共同努力下，才创造了中华民族辉煌的历史，书写了伟大祖国灿烂的篇章。

一、充分认识加强新时代职业院校劳动教育的重要意义

马克思主义认为，劳动是指人们为了实现自身全面自由发展而进行的有目的、有意识的活动，劳动创造了人本身和对象世界，唯物史观正是“在劳动发展史中找到了理解全部社会史的锁钥”。习近平总书记从马克思主义劳动观和唯物史观出发，指出“劳动是人类的本质

活动,劳动光荣、创造伟大是对人类文明进步规律的重要诠释”。其中,“尊敬劳动模范”“弘扬工匠精神”“建设知识型、技能型、创新型劳动者大军”等重要论述包含着对劳动价值的科学阐发。《国家职业教育改革实施方案》进一步贯彻深化了这些重要论述,提出新时代职业教育人才培养目标在于着力培养高素质劳动者和技术技能人才。从这些重要论述和文件精神来看,劳动教育是职业教育的应有之义,并体现在职业教育的全过程之中。

劳动教育与职业教育密不可分,并同德育、智育、体育、美育相辅相成、有机联系。可以说,离开了劳动就不可能有真正的职业教育,甚至可以说职业教育是最完整的劳动教育。职业院校通过劳动实践培育学生的劳动精神、提高学生的技术技能,较为全面地发挥了新时代劳动教育树德、增智、强体、育美的综合育人作用。

(一)劳动教育是提升学生综合素质的重要途径

“实践是检验真理的唯一标准。”通过劳动教育,让学生在劳动实践中,检验书本上的理论知识,培养学生的岗位意识、责任意识、合作意识、奉献意识,促进学生形成良好的行为习惯,提升综合素质,以实现学生发展与社会需求的全面链接。

(二)劳动教育是职业院校实现人才培养目标的内在需要

高职教育首要的人才培养目标是为社会经济发展提供优秀的高技术劳动者。由此可见,劳动教育的地位不可或缺。实践出真知,劳动教育能让学生把理论知识和劳动实践有效结合,在实践中获取更高的劳动技能。

(三)劳动教育是加强高职学生思想政治教育的实践过程

劳动教育也是思想政治教育的重要内容和有效途径。学生通过劳动实践,在思想方面更加务实、勤勉、热爱生活。劳动体验与知识转化能给学生积极的影响,能让学生更加熟练运用马克思主义理论知识,分析解决生活和工作中遇到的问题,提升学生思想政治素质。

二、全面落实加强新时代职业院校劳动教育的重要任务

从总体要求上看,《意见》将劳动教育的基本内涵定位为国民教育体系的重要内容,明确劳动教育的总体目标是使学生能够理解和形成马克思主义劳动观,具备满足生存发展需要的基本劳动能力,形成良好劳动习惯。

(一)从整体上优化职业院校劳动教育课程设置,确定劳动教育内容要求

在课程设置上,《意见》指出职业院校以实习实训课为主要载体开展劳动教育,并专门对以劳动精神、劳模精神、工匠精神为内容的专题教学,进行了不少于16学时的量化规定。除劳动教育必修课程外,其他课程须结合学科、专业特点有机融入劳动教育内容,同时对每学年设立劳动周、劳动月的举措予以制度性安排,并要求通过编写劳动实践指导手册的形式,对这些制度性安排进行细化,对包括劳动教育教学目标、活动设计、工具使用、考核评价、安全保护等任务目标予以明确。在劳动教育内容要求上,《意见》分别以中职与高职为层次进行了区分:高职学校要在提高学生职业技能水平的同时,更加注重对劳动态度与职业精神的培养,即培育学生精益求精的工匠精神和爱岗敬业的劳动态度;高职学校要注重围绕创新创业,结合学科和专业特点,结合产业新业态与劳动新形态,开展包括实习实训、专业服务、社

会实践、勤工助学等在内的劳动教育。总体上，明确职业院校劳动教育的新内容和新要求，目的是培养学生创造性地解决实际问题，提升他们的就业创业能力与职业经验，使其在面对重大疫情、灾害等危机局面时，能够具备主动作为、实干奉献的责任担当意识与公共服务意识，养成艰苦奋斗、实干兴邦的职业素质。

（二）广泛开展劳动教育实践活动

《意见》以家庭、学校和社会三个维度的作用发挥为内容，明确了职业院校劳动教育实践活动的载体和方式。其中，在高职教育阶段的劳动教育实践活动，强调社会支持作用的发挥，倡导劳动教育中劳动素质的养成，鼓励开展包括社区劳动、家务劳动、志愿劳动、服务劳动等形式在内的普遍劳动教育，不仅从文化知识更从技术技能方面对学生进行素质塑造，使他们感受劳动环境与劳动成果，丰富劳动教育体验，促进职业精神的养成，使掌握生活必要劳动技能成为基本素质，增强其自身和全社会对劳动教育的认同感。

（三）健全劳动素养评价制度

《意见》明确要求，将劳动素养纳入学生综合素质评价体系，制定评价标准，建立激励机制。职业教育类型中的劳动教育需要生产实践和专业技能相结合，所要解决的关键问题是如何提升劳动者的技能水平和劳动效率并将其有效反映出来，这无疑是一项需要指标指引与质量监测的评价活动。劳动素养评价制度的健全，为制定体现职业院校劳动教育特色的评价体系与质量标准提供了依据。职业院校要组织开展劳动技能和劳动成果展示、劳动竞赛等活动，全面客观地记录课内外劳动过程和结果，通过公示、审核制度，加强实际劳动技能和价值体认情况的考核，把劳动素养评价结果作为衡量学生全面发展情况的重要指标。

知识链接

劳动精神的三个层次

习近平总书记对在学生中弘扬劳动精神的讲话主要有三个层次：一是积极引导，努力让学生崇尚劳动、尊重劳动，对劳动有端正的态度；二是持续教育，让学生懂得劳动最光荣、劳动最崇高、劳动最伟大、劳动最美丽的道理，对劳动有正确的认识；三是大力提倡，让学生长大后能辛勤劳动、诚实劳动、创造性劳动，为党、国家和人民作出更大的贡献，对劳动有具体的行动。

三、新时代职业院校校务劳动的主要范围

（一）教学楼

主要包括楼内各教室和走廊、楼梯、露台、休闲场所、公共卫生间及周边等区域。

（二）实训楼

主要包括楼内各实验实训室、走廊、楼梯、露台、休闲场所、公共卫生间及周边等区域。

（三）活动中心和图书馆

主要包括活动中心和图书馆各活动室、藏书室、阅览室、走廊、礼堂、露台、报告厅、休闲

场所、公共卫生间,以及各类办公室、资料室及周边等区域。

(四)师生公寓

主要包括公寓各楼内走廊、楼梯、露台、值班室、休闲场所、庭院内及周边等区域。

(五)道路、广场

道路主要包括校内各机动车主、次干道,人行道和小道等。广场主要有集会广场、休闲广场、运动场、停车场、各种球类场等区域。

(六)食堂、车库

主要包括校园所有食堂和餐厅、地下人防设施和地下停车场及周边等区域。

(七)校内绿化地、生态园等

主要包括校园内各区域的绿化地、绿化林、校园湖(池)、果树园、生态园及校园周边等绿化区域。

(八)校园其他有关区域等

校园总体上说有上述主要区域,而这些区域内的清扫卫生、整理物品、优化环境等工作,一般可以安排学生通过基础劳动教育与实践课、师生的义务劳动、校园文明创建或者志愿者活动完成。

故事欣赏

苗俭:坚守在航天领域的数控"巾帼英雄"

苗俭是上海市2012年技能大师工作室中唯一的女性。作为铣工和加工中心操作工双工种高级技师,经苗俭亲手生产制造出运载火箭、战术武器和载人飞船等关键零部件超过上千余件。苗俭在航天世界中,不断超越自我,成为航天领域里一道亮丽的风景线。

坚守在航天一线的女技师

苗俭多年来从事的工作是卫星、火箭、导弹、飞船和航天飞行器等产品零组件的加工,产品精度要求高、任务急、难度大,容不得一点误差和失败。而航天技术在全世界属于战略级保密技术,没有国外成熟技术和经验可以引进。从铣工到数控机床,再到工艺编程,上海女孩苗俭在这个许多男性都不能想象的钢铁制造世界里,深深潜修了17年,她的高超技艺代表着不断更新换代的最先进的航天加工技术,她和很多男工人一样亲手操作几百公斤重的超大零件,搬重达几十公斤的机床压板、垫块、工装夹具等,她练就极强的站功以应对每天长达近十小时的站立式工作。车间环境非常恶劣,天冷的时候,摸着设备,是冰冷的铁,天热时穿着短袖,被飞出来带着热量的铁屑,一烫一个泡。

这一切即使对于男技师来说都是对体能、毅力、技能莫大的挑战,更何况是女技师。但苗俭是一个认准目标就会咬住不放的人,凭着对机械加工的极致执着和不懈坚持,凭着极致的刻苦耐劳的精神、刻苦钻研的毅力以及超强的学习能力,练就复杂数控机床的操作能力和精湛技艺,担当重任、开创性地攻克了多个技术难关。

1995年,技校毕业的苗俭成为分配老大难,女生是被许多工厂以招三个男生搭一个女生的方式搭配进去的，幸运的是后来苗俭成为唯一招进航天803所的铣工女工。而后，苗俭在学习和机加工中找到了兴趣。最初的十年，苗俭为自己制订过两个五年计划，瞄准的都是提高技术等级、提升学历等目标。有了明确的目标，有了为之奋斗的方向，她在十年间，拿到了上海机电职工大学"数控应用技术"专业大专文凭，提交了入党申请书，取得数控高级工职称，获得同济大学机械专业本科学历。那些年中，她在许多周末的清晨5点都是在赶往学校的路上。

2005年，苗俭的身体出了状况，严重的腰椎间盘突出和骨质增生，让她几乎站不起来，领导和家人都很担心，但她还是拒绝了从一线退下来的要求："我喜欢操纵数控设备、融为一体的默契感觉，我跟它感情深厚，没有人能接手这台设备，让我再带几个徒弟吧！"就凭着这种不放弃和坚持到底的精神，苗俭又挺过来了。

技能竞赛中展现实力

中国航天技术的高速发展对她的技能不断提出高标准、高要求，让她坚持不懈地进行一次又一次自我突破和全面提升，更给她提供了施展才华和超越自己的航天大舞台。对此，苗俭一直心怀一份深深的感恩，而她的耐心细致、平和坚持使她在机加工中有着她独特的优势。

在国家航天重点工程某型号重要部件的设计工装中，苗俭让高精度复合变曲面不锈钢翼板的五点动平衡重量误差从2克减小到1克，产品合格率从10%提高到100%。而她多年来克服了女生对于软件的弱项，学习软件编程操作，掌握CAD、CAM等多种软件，开发运用多款软件系统，解决了国家航天"高新工程"中大型件的高精度加工，完成了"导弹翼板""频率综合器盒体"等复杂产品的机械加工，其中难度较大的大型件就有百余项。

除了攻关上的成就感，让苗俭一直最有自我超越激励的是参加各种全国性的技能大赛。1998年在航天八院高级铣工比武，年仅21岁的她获得了高级铣工第一名，而与她PK的是一位50多岁的老技师。本来抱着试试看的苗俭这才发现原来自己在技能方面竟如此有天赋，此后越是大型竞赛，苗俭的潜力和技能就越发挥得淋漓尽致。

2009年，航天803所组队代表上海市参加全国第三届职工职业技能大赛加工中心操作工决赛，所里投入了大量的财力和精力，各方的期望和压力都很大，在松江进行的封闭式集中训练中，每天早上的体能训练，白天8小时技能训练，晚上的业务知识、理论训练，苗俭的腰不好，不能睡软床，便天天睡在床板上，早上起来和其他同事一样训练、跑步。比赛时抽签抽到西门子系统，对所有人都是全新考验，苗俭主动请缨："我来承担这个工作。"通过短短一个月勤学苦练，她的团队在比赛中获得优异成绩。"她的心理素质很好，很自信，在各种平台上通过各种比武把自己最好的展现出来，做到极致。"人力资源部部长钱锡全看着苗俭一路走来。

搭建强吸引力的圈子

苗俭的工作室以先进数控加工专业为主要方向，麾下汇集高技能人才、工艺技术人员等方面的14名航天技术型男性能手，承担着我国航天星、箭、弹、船、器控制系统的精密机械加工任务，进行着航天领域的各种技术攻关、竞赛比武和带徒传技。这支平均年龄不到40岁的团队，正是航天机加工技术技能人才的黄金年龄。

工作室实行首席技师负责制，苗俭作为负责人，主持开展工作室各项工作。在曾经的上司、而今工作室负责生产管理的秦文津眼中，苗俭多年来一直是静水流深、柔软包容、稳健信任的师妹，以她的坚毅、智慧和钻研成为全国技能高手，又以她的亲和力、很强的沟通能力以及出色的领导能力，成为航天领域的巾帼英雄。他说："苗俭是很全面的复合型技能管理人才，除了一线，她在管理岗位也做得很好，做导师可以成为完美的师傅。她在各方面都很投入、很坚持，可以很快地适应和转换角色。"

而今的工作室汇集了所里来自各个生产一线的技能能手，其中不乏和她一样曾获全国技术能手等荣誉的高手，工作室并非行政部门，没有行政权力，苗俭以个人的影响力和领导力凝聚和吸引着男技师们各显神通："我不是领导，我是要让大家觉得这是一个很好的圈子，让大家都愿意往里钻。"

在她的带领下，工作室开展了卫星铸件支架多位旋转式装夹等工艺攻关项目，并把 Studer 数控磨床非圆磨削软件应用、侧压夹具的研究与制造、复合加工后残余应力对精密零件尺寸影响的探讨等攻关项目撰写成论文，积极起到技术积累和推广的作用。另外，工作室按计划正在紧锣密鼓地开展星环式多孔位膨胀夹紧装置研磨工装、薄壁复杂结构件精密加工技术研究等 7 项攻关项目的研发任务。

四、新时代职业院校劳动教育的实施手段

新时代劳动教育在实施"日常生活劳动、生产劳动和服务性劳动"三类劳动教育的同时，还需要突出倡导三种劳动表现：辛勤劳动、诚实劳动、创造性劳动。特别是提高学生创造性劳动能力，更具有鲜明的时代特征。这也是新时代劳动教育的重点、难点、创新点和增长点。同时要大力发扬三种精神：劳动精神、劳模精神、工匠精神。开展新时代劳动教育要注重消除长期存在的歧视体力劳动的偏见，要防止长期存在的对劳动教育泛化、虚化、窄化、矮化、简单化等消极思想意识的干扰和不良影响。全社会需要充分认识开展劳动教育的国家战略意义，形成广泛共识，推进劳动教育科学化、规范化、精准化建设。

（一）因地制宜

因地制宜很重要。首先是根据学校的特色，接受教育的社区、地方的不同去设计。中国立体化的国情决定了不能用一种要求推动工作，一把尺子衡量效果。不同区域的学校，比如农村、城乡接合部以及城市内部学校应当根据实际情况因地制宜。各地各校应当结合当地的自然、经济、文化等情况，充分挖掘可利用的资源，宜工则工、宜农则农，采取多种形式开展劳动教育。可以积极利用五一劳动节、植树节、校园劳动节、地方农民节、丰收节、非遗传承节、传统手工艺比赛等活动，营造良好健康、文明进步的劳动文化氛围。

（二）根据教育类型的不同有区别

职业学校的特殊性在于有专门关于工匠精神的课，有大量见习实习的机会，可以天天进行劳动教育，所以要跟普通学校有所区别。对已有的劳动教育场所、设备、器材、耗材、教材都要用起来，在实践中完善，在实践中充实。

（三）理论和实践相结合

1. 理论教授

（1）让学生认识开展劳动教育的必要性，能重视劳动、尊重劳动、尊重劳动者、懂得劳动的伟大意义。

（2）塑造劳动楷模形象，通过榜样的力量引导学生践行以"诚"待劳，以实干实现自我价值。

（3）让学生感悟自身的变化与成长，理解辛勤劳动对于丰富和发展自我的重要性，激发学生在未来学习生活中努力奋进、自主追求与实现梦想的勇气。

2. 劳动实践活动

（1）培养学生的劳动意识与劳动技能，让学生在实践活动中亲身体验劳动，感受劳动的魅力，明白劳动对于追求幸福生活的重要性。

（2）围绕创新创业，使学生学会创造性地解决问题，树立正确的择业观，懂得空谈误国、实干兴邦的道理。

（3）引导学生在家庭生活中主动劳动，记录过程，体会劳动的意义。

（4）利用各种竞赛形式激发学生参与劳动的积极性。

（四）强化综合实施

劳动教育涉及方方面面，要想取得切实成效，须进行系统、整体的思考和设计。从纵向上看，要根据学生年龄特点，把小学、中学、大学各学段的劳动教育贯通起来，处理好学期之间、学年之间、学段之间活动内容的有机衔接，要求逐渐提高，内容不断丰富，实现层层递进、螺旋式上升。从横向上看，要促进劳动教育与德育、智育、体育、美育相融合，体现德智体美劳全面发展。职业院校在抓好职业技术教育的同时，强化劳动精神、劳模精神、工匠精神教育，让学生增强职业荣誉感。

（五）遵循教育规律

劳动教育有规律，不能人云亦云。一要坚持适当适度。根据学生年龄特征、性别差异、身体状况等特点，选择合适的劳动项目和内容。要结合不同年龄段孩子身心发展的规律和特点，开展相应劳动教育。二要坚持有机融入。探索劳动教育在各种教育、教学活动中的渗透方式，有效发挥课程教学、社会实践、学校文化的劳动教育功能，让学生在日常学习生活中形成劳动光荣、劳动伟大的正确观念。三要坚持循序渐进。劳动可以分为家务劳动、手工劳动、生产劳动、社会公益劳动等类型。从可行性角度看，可从日常生活劳动教育入手，随着他们年龄的增长，逐步向服务性劳动教育和生产劳动教育拓展，夯实学生成长的基石。

寄语

正是在改造对象世界中，人才能真正地证明自己是类存在物。

对社会主义的人来说，整个所谓世界历史不外是人通过人的劳动而诞生的过程。

——马克思《1844 年经济学哲学手稿》

劳动教育与职业教育密不可分，并同德育、智育、体育、美育相辅相成、有机联系。可以说，离开了劳动就不可能有真正的职业教育，甚至可以说职业教育是最完整的劳动教育。经过多年实践育人的积累，职业院校拥有开展劳动教育最为丰富的实践操作资源与师资教学优势，不论从人才培养方案、劳动课程设置、教学组织方式、校园文化建设等育人形式上看，还是从校企合作、产教融合对劳动理论与实践资源的整合来讲，职业院校通过劳动实践培育学生的劳动精神、提高学生的技术技能，较为全面地发挥了新时代劳动教育树德、增智、强体、育美的综合育人作用。同时也要看到，劳动教育在职业院校中还需要进一步明确和强化，不能简单地用技术技能培养代替劳动教育，而应当通过专门的劳动课程让学生知道劳动的价值和意义，进而提高学习技术技能的自觉性。

第二节　在职业院校开展劳动教育的优势

一、高职院校劳动教育现状

（一）劳动教育认知缺位，组织统筹不力

劳动教育是促进每一个受教育者对劳动意识的内在自觉、劳动情感的自主生发和对劳动价值的自主建构，是高职院校落实立德树人根本任务的重要途径。但目前仍有个别学校决策者主体责任不明确，对劳动教育的本质及内涵认识肤浅，没有树立具有时代特征的劳动教育理念，也没有站在劳动教育如何更好地全面落实党的教育方针、融入校园文化和纳入人才培养方案的顶层设计高度去认识，没有把劳动教育与时代特征、人才培养方案、学校办学特色、专业特点深度融合，只把它作为一种“体力劳动”，认为组织学生开展一些简单的卫生打扫、宿舍内务、义务劳动就是劳动教育，更遑论基于顶层设计不断完善劳动育人课程体系建设。

同时，认知缺位与高职院校的快速扩张，又导致劳动教育组织统筹不力。近年来，各高职院校办学规模增长快速，学校劳动教育的师资、场所、设施等客观条件已无法适应当代大学生开展创造性劳动教育的需求，而校企合作过程中普通的、一线的劳动岗位因企业不信任、学校怕担责、学生没兴趣，真正能提供大量劳动岗位的企业少之又少。造成学校劳动教育组织形式、教育手段、教育内容单一化，甚至表现为劳动教育主要以班级为单位在校内进行一些简单的如打扫教室、捡垃圾、清扫路面等劳动。有调查显示，劳动课中“扫落叶”和“拔杂草”的比例高达91.4%和89%。

（二）劳动教育核心不明，情感缺失严重

弘扬劳动精神、加强劳动教育，是培养学生德智体美劳全面发展的重要因素之一。高职院校劳动教育的核心价值是培养新时代学生“敬业、精益、专注、创新”的工匠精神，但追求“短、平、快”的近代工业理念又时刻冲击着他们的灵魂。当职业教育忽视培养受教育者精益求精的职业精神，以及企业需要的开拓、创造、求新的进取文化，学生缺少长远的就业远见并

忽视专注工匠精神的塑造，只注重眼前利益而放弃专业技能细琢，实际上是对劳动教育核心的迷茫、劳动教育价值观的忽视。目前高素质劳动者和技术技能型人才短缺，其重要原因是高职教育核心不明，劳动教育没有在教育教学中得到应有的重视。

另外，高职学生中劳动创造幸福、劳动成就梦想、劳动促成伟大的情感价值缺失严重。在当前应试教育的社会环境下，人们关注的是升学和就业，学生从小就接受“重智育轻劳育”观念，社会仍缺乏从小引导、培养学生在劳动创造中成就梦想、创新灵感、获得幸福感的氛围，不珍惜劳动成果、不想劳动、不会劳动的现象时有出现，社会中好逸恶劳、不尊重劳动者甚至歧视劳动者的现象在青年学生群体中屡见不鲜。据调查，“大学生劳动的观念”比较薄弱和非常薄弱的占比高达65.93%，在培养技能型人才的高职学生中也存在拈轻怕重、好逸恶劳等不良风气，劳动情感缺失较为严重。

（三）劳动教育文化氛围淡薄，以文化人效能差

劳动教育的文化氛围是指社会、学校已形成共识的劳动观念、态度、情感在主流社会传统、校园文化中的精神格调，显现的是劳动教育元素在社会、校园中可视或不可视的文化标识、人文景观、舆论宣传、知识传承等载体中展现的劳动价值观、劳动情感态度和劳动伦理品德。同时，社会精英阶层的价值观引领、校园内师生的生活方式与行为方式等所展现的劳动价值观，应能让学生在潜移默化中树立劳动光荣、热爱劳动的观念。但目前社会层面对劳动创造价值的认识不够充分，各高职院校传统文化中劳动创造价值的知识传承力不足，劳动教育在宣传载体中引导力小、板块少，在各类文体、社团活动中也较少触及劳动教育；学校劳动教育的氛围较淡薄，以文化人、以劳育人的效能仍有待提升；劳动教育缺少与现代劳动，如新媒体时代的“脑力劳动”、人工智能时代的“情绪劳动”相结合，劳动创造性和新鲜感难以激发学生兴趣和热情，导致学生参与积极性低，抵触心理、逃避现象严重。

（四）劳动教育评价手段单一，参与动力不足

在学校层面，在针对高职院校的各类教育教学质量评估体系中，劳动教育评价不受重视，鲜有涵盖劳动课程落实情况、劳动实践基地建设和劳动开出率、创造校内外劳动实践条件以及开展劳动实践活动质量的评价体系，因而无法得到学校决策层的足够重视。在教师层面，目前高职院校普遍缺乏专职的劳动教育教师，企业兼职劳动实践指导教师队伍建设因机制问题难以实现。劳动教育大部分由辅导员或实训教师兼任，在劳动教育素养、组织能力和实施手段上与新时代劳动教育的要求还有差距，而学校对劳动教师的评价和职业提升预留空间上也并不充分，无法调动其积极性；从机制上调动基础课和专业课教师参与劳动教育，全员参与全程聚力的校内劳动教育框架构建滞后，让劳动教育成为课程思政内容之一的氛围尚没有形成，建立科学合理的蕴含劳动教育因素的教师评价体系还有待探索。在学生层面，作为高职学校的主要教育对象，高职学生在劳动教育方面存在着很多不足。第一，劳动意识淡薄。对于劳动教育的思想认识不到位，大部分学生对劳动的理解有偏差，认为劳动又苦又累，怕丢面子，没有认识到劳动对自我身心发展的帮助。第二，缺乏劳动积极性。有的学生虽然能够认识到劳动的重要性，但疏于对自我的管理，在面对劳动机会时，往往不能够积极应对。第三，不珍惜劳动成果。一些学生的责任心不强，没有考虑到公共环境利益与

个人权利的关系，随意地破坏环境，不尊重劳动成果。

寄语

我知道什么是劳动：劳动是世界上一切欢乐和一切美好事情的源泉。

——高尔基

我们世界上最美好的东西，都是由劳动、由人的聪明的手创造出来的。

——高尔基

二、在高职学校开展劳动教育的优势

（一）形式上，可以依托高职教育丰富的劳动教育资源，不断拓展“通过劳动”的教育手段

1. 不断挖掘高职教育中蕴含的丰富的劳动教育资源

从寝室的内务整理、校园的环境卫生与物业维护、志愿服务等传统的劳动教育资源，到高职教育大量的专业实验、实习、实训等课程劳动资源，再到与企业合作进行的企业见习、企业顶岗实习等实践型劳动教育资源，高职院校可以不断挖掘和充分调用这些丰富的劳动教育资源，从而为实现人才培养目标服务。

2. 深刻认识理解职业教育“做中学”教学理念对劳动教育的方法论价值

职业教育是一种类型的教育，它的显著特征就是产教融合、校企合作、工学结合。职业教育“工学结合”的教育理念在教学方法上的具体应用就是“做中学、学中做”。这也是马克思提出的“教育与生产劳动相结合”在职业教育中的生动实践。许多伟大的教育家也将劳动教育理解为将儿童生活与社会生产实际相结合进行的“做中学”的活动。黄炎培提出了“双手万能、手脑并用”的教育思想，杜威则倡导“做中学，学中做，学做统一”，陶行知把劳动教育称为“在劳力上劳心”的教育实践活动。陶行知说：“劳动教育的目的就在于谋手脑相长，以增进自立之能力，获得事物之真知及了解劳动者之甘苦。”可见，作为职业教育基本教学方法的“做中学、学中做”与劳动教育无论在理念上还是方法上都有很大的契合。深入研究、广泛应用职业教育“做中学”的教学方法，必将为劳动教育提供最有价值的方法论支撑。把劳动教育开展为“做中学”的实践形式，深刻把握劳动教育这种方法论的价值，才是劳动教育的根本价值所在。

3. 依托职业教育的丰富资源充分发挥“通过劳动”教育方法，实现德智体美劳全面发展

高职教育在劳动教育方面具有比其他教育类型更丰富的教育资源、更契合的教育理念与方法。高职院校想坚定劳动教育的理念，充分发挥高职院校丰富的劳动教育资源，首先要在帮助学生养成良好的劳动习惯、提升学生的劳动技能上取得突破；在此基础上，在立德树人的根本宗旨的指导下，充分利用劳动教育与专业教育资源，着重加强学生劳动价值观的培育，帮助学生获得正确的劳动观念、良好的劳动习惯、积极的劳动态度、丰富的劳动情感和坚定的劳动精神，进而达成通过劳动强健体魄、提升艺术素养的目的，促进学生全面发展，实现

人才培养目标。

（二）专业教育与劳动教育

专业教育的开展和实施要面向市场、面向就业。高职学校的人才培养目标也是面向就业，具有“职业性”。因此学生在学校所接受的专业教育与毕业后所选的职业具有较大相关性，而劳动教育可以作为两者之间的桥梁，用以加强学校和社会之间的联系。劳动教育的开展既能够促进专业教育的实施，激发学生学习的积极性，又能够带动学生认识到劳动的价值，帮助学生进行就业指导，作好进入社会的准备。

（三）职业精神与劳动教育

高职学校作为职业教育的主阵地，一直是职业教育实施的主要场所，在学校工作的正常运作中，像敬业爱岗、精益创新这些职业精神经常被提到。而作为劳动教育重要内容的一部分，劳动品质、劳动情感的培养与高职学校职业精神的培养高度契合。这也是高职学校开展劳动教育的一个优势。

（四）课程设置与劳动教育

高职学校在课程设置方面具有特色性，主要体现在两个方面：一是专业课程的设置。高职学校的学生在学习语数外等公共基础课的同时，会有目的、有组织、有计划地学习与其专业相关的知识和技能。这些知识和技能具有普遍的可操作性，要求学生具有一定的动手能力。这些都给劳动教育的开展提供了便利。二是在高职学校会有实操实训课，岗位制、车间化的课堂教学形式给劳动教育的开展提供了实施环境。

故事欣赏

不管还要等你多久，我们誓与你共进退

我是钢花小学的音乐老师，1月23日看到团委招募驾驶员，就立刻报名，开始负责接送医护人员上下班。

虽然也很害怕，但我更着急，觉得年轻人应该为武汉做点什么。我没有能力筹集，但可以做一些微小却被需要的事情。

后来司机志愿者人数多了，1月25日，我申请来到武汉二七大桥成为检测值守的一员，配合交警检测来往车辆上的人员体温。

每当我微笑着说“体温正常”，很多急躁的司机也会平和许多。很多司机会主动说一声“你们辛苦了”，有的还会递给我们口罩和酒精，让我感受到了武汉的人情味。

我所在青山区疫情的防控志愿者群里300多人来自各行各业，各个年龄层。我们通过微信群接受任务和消息，例如帮忙搬运物资到各个社区、医院，搭建青山方舱等等。

除了大群，我们还有各个岗位类别的小群，每个群都有组长分配任务，固定的工作会细化到每个人每个时段。志愿者群都是互相鼓励、随时战斗的状态，满满的正能量。

刚开始，父母和男朋友并不知情，以为我是去办公室值班，后来出去的时间越来越长，实在瞒不住了。

本以为他们会生气，没想到他们比我想的坚强且大义，叮嘱我做好防护和消毒。虽然没说过一句“你去吧”，但用实际行动在告诉我“加油”。

唯一担心的就是父母不要因为我而被感染，我每晚回到自己房间里隔离，尽最大的努力保护家人。

疫情过后我想跟小伙伴们吃一顿团圆饭，希望我们当中不要有人倒下，一个都不能少。

我想对武汉说：不管还要等你多久，我们誓与你共进退。

延伸阅读

教育部就《大中小学劳动教育指导纲要》答记者问

据教育部网站7月15日消息，在中共中央　国务院《关于全面加强新时代大中小学劳动教育的意见》（以下简称《意见》）印发后不久，教育部印发了《大中小学劳动教育指导纲要（试行）》（以下简称《指导纲要》）。记者就《指导纲要》有关问题采访了教育部教材局负责人。

1. 中共中央、国务院的《意见》已于今年3月下旬印发，为什么教育部还要出台《指导纲要》？

答：劳动教育是新时期党对教育的新要求，是中国特色社会主义教育制度的重要内容，意义重大。《意见》面向全社会，全面部署劳动教育工作。《指导纲要》是《意见》的配套文件，主要面向教育系统内部，依据《意见》，细化有关要求，重点解决劳动教育是什么、教什么、怎么教等问题。劳动教育有自己的特点和规律，专业性比较强。提高劳动教育质量和水平，必须加强专业指导。

2. 社会上对什么是劳动教育有不同理解，《指导纲要》是怎么规定的？

答：当前忽视劳动的现象主要表现为轻视体力劳动，尤其是看不起普通劳动者。《指导纲要》重申《意见》提出的“以体力劳动为主，注意手脑并用”要求，并进一步阐明了劳动教育的内涵和特征，指出“劳动教育是发挥劳动的育人功能，对学生进行热爱劳动、热爱劳动人民的教育活动”，它具有三个基本特征：一是鲜明的思想性，强调劳动者是国家的主人，一切劳动和劳动者都应该得到鼓励和尊重，反对一切不劳而获、崇尚暴富、贪图享乐的错误思想；二是突出的社会性，要求引导学生走向社会，认识社会，强化责任担当意识，体会社会主义社会平等、和谐的新型劳动关系；三是显著的实践性，以动手实践为主要方式，引导学生在认识世界的基础上，学会建设世界，塑造自己，实现树德、增智、强体、育美的目的。

3. 劳动教育应该教什么？有哪些教育要求？《指导纲要》对此是如何规定的？

答：依据《意见》，《指导纲要》从以下几个方面对劳动教育的目标内容作了细化和具体化：一是明确劳动教育目标框架，具体包括树立正确的劳动观念、具有必备的劳动能力、培育积极的劳动精神、养成良好的劳动习惯和品质四个方面；二是明确三类劳动教育（日常生活劳动教育、生产劳动教育、服务性劳动教育）的育人价值定位；三是明确小学、初中、普通高中、职业院校、普通高等学校劳动教育主要内容和三类劳动教育的具体要求。各地和学校可以依据以上三个方面的要求，结合实际制定更为具体的劳动教育清单，切实解决劳动教育教什么的问题。

4. 提高劳动教育的质量水平，必须解决怎么教的问题。《指导纲要》是如何加强指导的？

答:当前学校中有教育无劳动和有劳动无教育的问题同时存在。《指导纲要》从独立开设劳动教育必修课、在学科专业中有机渗透劳动教育、在课外校外活动安排劳动实践、在校园文化建设中强化劳动文化四个方面明确劳动教育的途径,特别是对劳动教育必修课、课外校外劳动实践时间、每学年一次的劳动周提出了具体要求,将劳动教育纳入人才培养全过程,切实解决有教育无劳动的问题。同时,劳动教育不是简单让学生扫地、做家务,《指导纲要》围绕讲解说明、淬炼操作、项目实践、反思交流、榜样示范等关键环节,加强对劳动教育方式方法的具体指导,要求通过组织学生参加劳动实践,对学生进行热爱劳动、热爱劳动人民的教育,切实解决有劳动无教育的问题。

5. 评价也是大家普遍关心的问题,《指导纲要》如何细化有关要求?

答:《指导纲要》在评价改革方面突出强调三点:一是依据劳动教育目标,制定劳动素养评价标准,注重对学生劳动素养形成和发展情况的测评分析;二是将平时表现评价、学段综合评价和学生劳动素养监测区别开来,分别提出相应要求;三是利用大数据、云平台、物联网等现代信息技术,改进评价方式手段。

6. 职业院校本来就是学劳动技术,为什么也要加强劳动教育呢?《指导纲要》对职业院校劳动教育有什么具体要求?

答:很多劳动离不开技术和工具,现代劳动工具、设备技术含量高,劳动教育必须加强技术学习指导,但是仅有技术学习还不是完整的劳动教育。劳动教育要以技术为重要载体,培养学生的劳动情感、劳动能力和劳动品质,在劳动素养的培育上下功夫。

《指导纲要》明确提出职业院校劳动教育的重点是结合专业特点,增强学生职业荣誉感和责任感,提高职业劳动技能水平,培育积极向上的劳动精神和认真负责的劳动态度;规定职业院校开设劳动专题教育必修课,不少于16学时,主要围绕劳动精神、劳模精神、工匠精神、劳动组织、劳动安全和劳动法规等方面设计;同时将劳动教育全面融入公共基础课和专业课之中,注重培养学生的敬业精神,吃苦耐劳、团结合作、严谨细致的工作态度;还要求职业院校主动开放实训实习场所、设施设备,为普通中小学和普通高校提供所需要的服务。

7.《指导纲要》在普通高等学校劳动教育方面有什么规定?

答:结合普通高等学校的实际情况,《指导纲要》强调了三个方面要求:一是明确重点,强化马克思主义劳动观教育,注重围绕创新创业,结合学科专业开展生产劳动和服务性劳动,积累职业经验,培育创造性劳动能力和诚实守信的合法劳动意识;二是规定载体,要求明确主要依托的课程,其中本科阶段劳动教育必修课不少于32学时,明确学生日常生活中的劳动事项和时间,组织开展劳动周或劳动月;三是强化服务,加强劳动教育师资培养,有条件的院校开设劳动教育相关专业。

8. 中小学校面广量大,涉及千家万户。《指导纲要》在中小学劳动教育方面,着重强调了什么?

答:与职业院校、高等学校相比较,中小学有自己的特点。《指导纲要》在加强中小学劳动教育方面着重强调了五点:一是打好基础。在劳动观念、劳动能力、劳动习惯品质等方面全面打好基础,注重日常生活劳动习惯的养成,在生产劳动和服务性劳动方面,以使用传统工具、传统工艺的劳动为主,引导学生体会劳动人民的艰辛和智慧,传承中华优秀传统文化。

二是安全适度。要根据学生年龄特点有序安排劳动教育内容要求，在场所设施选择、材料选用、工具设备和防护用品使用、活动流程等方面制订安全、科学操作规范，加强劳动安全教育。三是开齐课程。上好每周一节劳动教育必修课，同时安排必要的课外劳动时间和劳动周活动。四是讲究方法。注重激发学生参与劳动实践的主动性、积极性和创造性。五是家校合作。建立以学校为主导、家庭为基础、社区为依托的协同实施机制，特别是通过家长会、家长学校等途径，引导家长树立正确的劳动观，明确家长的劳动教育责任，让家长主动指导和督促孩子完成家庭、社区劳动任务。

9.《指导纲要》真正落地，离不开切实的资源支持和条件保障。对此，教育部有什么要求？

答：劳动教育意义重大，各地和学校要将劳动教育摆在突出位置上，切实予以加强。

一是加强组织管理。各地和学校要明确实施机构和人员，具体负责劳动教育的规划设计、组织协调、资源整合、师资培训、过程管理、总结评价等。

二是加强支持保障。各地和学校要对劳动教育所需要的师资、场地设施、经费投入等，进行合理规划和统筹安排，为劳动教育的实施创造必要条件。建立健全家庭学校社会协同实施、师生安全保障、劳动教育督导和考核激励等机制，调动各方面的积极性。

三是加强专业研究和指导。设立劳动教育研究项目，开展专项研究和实践探索。组织开展劳动教育教研活动，开展劳动教育课程资源研发，促进优质资源的共享与使用，不断提高劳动教育的质量和水平。

考虑到各地差异比较大，各级各类教育也不一样，《指导纲要》有一个在实践检验中逐步完善的过程。因此，此次《指导纲要》先以"试行"的方式颁布实施。希望各地和学校在试行期间，创造更多更好的经验，帮助我们修订完善。

实践活动

"从新冠肺炎看新时代劳动教育"主题演讲

2020 年春，一场突如其来的新冠肺炎疫情肆虐全国，举国上下万众一心，众志成城抗击疫情。在大灾大疫面前，遍地英雄，群星闪耀。国家援鄂抗疫医疗队等 10 个抗疫一线医务人员英雄群体用以生命赴使命的行动，诠释了伟大抗疫精神。在历史曲折处、在惊心动魄间，那些无法被时光冲淡的英雄之举，是医者仁心和大爱无疆的写照，也是我们不能忘却的来路。

铭记英雄，我们不能忘记命运与共、风月同天的崇高之义。人类正在经历第二次世界大战结束以来最严重的全球公共卫生突发事件。抗疫仍在路上，他们还未卸甲。从湖北到黑龙江、吉林、北京、新疆，从国内到意大利、塞尔维亚、非洲大地，"中国白衣天使"成为为生命挡风遮雨、为世界守护安宁的一面旗帜，也收获了世界人民的友善和情谊。美好的互助之情背后，是中华文化自古以来天下一家、守望相助的大爱情怀，也是一撇一捺书写的共同构建人类卫生健康共同体的中国担当。

一线医务人员英雄群体的先进事迹是一段段光荣的记忆，连同这些闪亮的名字，成为我们抗击疫情的坚强支撑，也激励着我们慎终如始夺取抗疫斗争的全面胜利。铭记英雄，正是为了不忘来路，勇毅前行。

请以“从新冠肺炎看新时代劳动教育”为主题展开一场主题演讲比赛。

【过程记录】

演讲思路：

写作要点：

演讲准备要点及完成情况：

心得体会：

【结果评价】

教师可参考下表对学生的主题演讲进行评价。

评价标准	评分细则	分值	分数小计	教师评价
演讲内容	故事真实、典型	20 分		
	体现自身的感悟	10 分		
	抗疫故事体现时代精神	10 分		
语言表达	语速适当,表达有节奏感	10 分		
	吐字清晰,声音洪亮	15 分		
形象风度	举止自然得体,精神饱满	10 分		
	适当运用手势、表情等辅助表达	10 分		
综合表现	讲述效果好,富有较强的感染力	15 分		

第三章　新时代大学生的劳动价值观

劳动历来是中华民族的传统美德。从传说中的盘古开天辟地混沌初开以来，是劳动，让人们从结绳记事、钻木取火的时代走向了现代文明、走向富足。华夏儿女用辛勤的劳动，创造了五千年的璀璨历史。唐代诗人罗隐有诗云："不论平地与山尖，无限风光尽被占。采得百花成蜜后，为谁辛苦为谁甜？"吴玉章对劳动这样理解："春蚕到死丝方尽，人至期颐亦不休。一息尚存须努力，留作青年好范畴。"马克思指出："任何一个民族，如果停止了劳动，不用说一年，就是几个星期也要灭亡。"大发明家爱迪生说："世界上没有一种具有真正价值的东西，可以不经过艰苦辛勤的劳动而能够得到。"由此我们可以看出，是劳动创造了历史，是劳动改变了世界。从小我们就知道"劳动最光荣"，它带给我们的是精神上的荣誉。为此，更需要我们从思想上深度认识劳动、工作的意义。那么如何认识工作？又如何对待工作？如何树立起正确的劳动观和价值观呢？

培育深厚的劳动情怀、树立正确的劳动价值观对当代高职生培育践行社会主义核心价值观、实现青春梦想、形成正确的就业创业观、提升抗挫折能力、培养社会责任感具有重要意义。

学习目标

1. 知道正确的劳动价值观是什么。
2. 认真领会劳模精神、劳动精神、工匠精神的科学内涵。
3. 结合日常的专业实训课，使学生对"劳模精神、劳动精神、工匠精神"有所感悟。
4. 通过交流心得，希望学生在以后学习工作中将"劳模精神、劳动精神、工匠精神"作为一种信念，付诸实际行动。
5. 使学生树立劳动光荣的观念，进一步培养热爱劳动的习惯。

第一节　什么样的劳动最有价值

劳动是人类社会存在与发展的基本前提，劳动创造了人，劳动创造了社会，劳动创造了文明；透过纷繁复杂的商品现象，只有人类劳动才是价值的唯一源泉。

俄国教育家乌申斯说："教育不但应当培养学生对劳动的尊敬和热爱，它还必须培养学生劳动的习惯。”

学校教育重点要在学生人生的起步阶段，积极引导学生树立劳动的意识，培养学生最基本的劳动习惯；应该从学生能胜任的劳动能力入手，让劳动伴随学生成长的整个过程。

寄语

一个人的和谐全面发展、富有教养、精神丰富、道德纯洁——所有这一切，只有当他不仅在智育、德育、美育和体育素养上，而且在劳动素养、劳动创造素养上达到较高阶段时，才能做到。

——苏霍姆林斯基

人民创造历史，劳动开创未来。劳动是推动人类社会进步的根本力量。幸福不会从天而降，梦想不会自动成真。实现我们的奋斗目标，开创我们的美好未来，必须紧紧依靠人民、始终为了人民，必须依靠辛勤劳动、诚实劳动、创造性劳动。我们说“空谈误国，实干兴邦”，实干首先就要脚踏实地劳动。

——2013 年 4 月 28 日，习近平在同全国劳动模范代表座谈时的讲话

劳动是财富的源泉，也是幸福的源泉。人世间的美好梦想，只有通过诚实劳动才能实现；发展中的各种难题，只有通过诚实劳动才能破解；生命里的一切辉煌，只有通过诚实劳动才能铸就。劳动创造了中华民族，造就了中华民族的辉煌历史，也必将创造出中华民族的光明未来。

——2013 年 4 月 28 日，习近平在同全国劳动模范代表座谈时的讲话

一、树立“四最”劳动价值观

“劳动最光荣、劳动最崇高、劳动最伟大、劳动最美丽”，是习近平总书记对新时代劳动价值观的明确定位。这一定位是对马克思“劳动创造世界、劳动创造历史、劳动创造人本身”的劳动价值观的继承与发扬，也是对新形势下出现的种种拜金主义、享乐主义、投机主义思潮的拨乱反正。

树立“四最”劳动价值观，需要我们充分认识人民创造历史、劳动开创未来、劳动是推动人类社会进步的根本力量的真理性意义；切实明白为什么教育与生产劳动和社会实践相结合是造就全面发展的人的唯一方法，体验到在劳动中播种希望、收获果实、磨炼意志、提高自己的快乐；深刻理解按劳分配是实现社会正义的基本原则，鄙视不劳而获、少劳多获的投机思想；正确认识新时代劳动的复杂性与多样性，由衷认同“一切劳动，无论是体力劳动还是脑力劳动，都值得尊重和鼓励”的道理，切实改变轻视体力劳动和体力劳动者的错误心态，不能离开尊重劳动去谈时代精神。

二、在劳动奉献中实现劳动价值

(一)劳动的价值在于贡献和满足

劳动内容是劳动的第一重价值所在，大而化之，劳动是人类文明的最重要驱动力。与此

同时，劳动内容又是依附于每个具体劳动者身上的。抛开劳动成果和回报，劳动其实是生活不可或缺的组成部分，比如，劳动可以带来成就感，看着一茬一茬的学生进了课堂、校园，又离开课堂、校园，经过亲手的“栽培”，从大一新生变为社会人，真的时时有一种不由自主的满足感和成就感。从这个意义上来看，劳动其实可以带给人快乐，在充实的劳动和奋斗过程中增强幸福感。

（二）劳动的价值还在于可以创造回报

人生的价值在于通过自己的劳动创造为他人、为社会作出贡献。农民、工人、公务员、高级白领等职业不可或缺的另一层含义其实就在于这些职业都在为社会创造不同种类的财富，正是因为有了这些财富，以及这些财富的溢出效应（比如，教师的教育工作可以提高人们的受教育水平，进而推动人力资本存量的增加，造福各行各业），社会才得以在“物质再生产”过程中得以快速发展和进步。在这个过程中，劳动者本身同样也是“回报”的受益者，体现为工资、奖金、红利等各种形式的收入源源不断地回到劳动者“口袋”中，然后通过消费生活品来维持劳动者本身的“再生产”。

故事欣赏

“彩票哥”的悲喜人生

这是一个特殊的求助。在年过六旬的求助人姜女士看来，这是她作为一个母亲，唯一能帮儿子做的事情，那就是尽快卖掉她和儿子唯一的房子。

“我现在最大的愿望，就是能快点把房子卖出去，哪怕便宜点儿也无所谓，然后再用卖房子的钱帮儿子还债，要不然债主扬言要拿我孙女开刀。”12月1日，带着哭腔的姜女士向《沈阳晚报》、沈阳网记者求助。在老妈替儿卖房还债的背后，一个专注彩票14年的“彩票哥”的悲喜人生浮出水面……

曾经的他：意外中得大奖 自认运气来了

曾几何时，姜女士家的小日子曾引来周围不少邻居的羡慕目光。打小就是三好学生的儿子拥有一份收入不菲的工作和一个幸福的家庭，早在2000年时就能轻松月入七八千元，孙女更是聪明可爱，学习成绩从未掉出过前三名。若不是因为买彩票，儿子早就新房住着、新车开着了，但一次从天而降的大奖彻底毁了这个家。

“14年前，辽宁电视台的《七星大擂台》是沈阳人家喻户晓的综艺节目，儿子阿辉通过拨打热线电话，幸运地被抽中，获得了价值5万元的特等奖，当时老光彩了，领奖的时候都上电视了。”姜女士告诉记者，儿子中奖后非常激动，他自认为好运气来了，于是在朋友的推荐下，接触了视频彩票，第一次就赢了2万元。他认为这是一条致富的捷径，可他不知道，这条捷径是一条不归路。

随后的他：赔了媳妇又欠债 仍期望中奖翻本

迷上了视频彩票后，阿辉开始在市区多家站点疯狂下注，可没想到的是，没过多久，阿辉的钱便都打了水漂。这时，阿辉不仅花光了自己的积蓄，还挪用了公司账面上近30万元周转资金，幸亏这家公司是亲戚开的，碍于亲戚间的情面，亲戚准许阿辉慢慢还债，但是他的工作却丢了。

姜女士告诉记者,正是因为儿子沉溺于彩票,2007 年,儿媳提出了离婚。原以为儿子会就此收手,重新找份工作后慢慢赚钱还债,但她只猜对了一半。

为了尽快还债,阿辉最先想到的并不是通过自己的双手去挣钱,而是转攻纸制彩票,就像赌博的人,最后总想翻本一样,他一直期望自己能中一票大奖,好把欠的钱都还上。

如今的他:遭债主狠话逼债 老母欲卖房替他还

姜女士告诉记者,她最近才知道,因为买彩票,儿子又欠了 30 多万元的外债,其中有 2 万元是借的高利贷,一个月利息 4000 元。“前些天,债主已经放了狠话,要是再不还钱的话,就拿我孙女开刀。”姜女士告诉记者,债主不仅打威胁电话,而且还使出了撒手锏。

“从一楼到顶楼,都被人用红色颜料喷上了‘××还钱’的字样,入户门也被人至少扎了 30 刀,有好几刀都把铁皮扎漏了,门上方还被人写了一个‘死’字。”姜女士告诉记者,为了处理这些痕迹,她用铲刀足足铲了大半天的时间,由于实在是害怕,最后选择了报警。

“我现在已经挂了四五家中介,中介的人都劝我说,‘大娘你卖得太便宜了,今后要想出这个价肯定买不回来’,但我现在想不了这么多了。”姜女士表示,事到如今,她最大的愿望就是能快点儿把房子卖了,哪怕便宜点儿也无所谓,然后用卖房子的钱帮儿子还债,今后和儿子一起过平平淡淡的生活。

三、培养学生热爱劳动的品质

劳动是学生认识和了解社会的窗口,是学生健康人格形成的沃土,是学生智力良好发展的催化剂。劳动教育是素质教育必不可少的一环,培养学生热爱劳动的品质,对他们的全面发展具有极其重要的意义。

(一)热爱劳动从尊重劳动成果开始

尊重劳动成果,既是对劳动的肯定,也是热爱劳动的基础。现在很多学生,不爱惜粮食、不讲究卫生、乱扔垃圾,很大一部分原因就是他们很少劳动甚至从不劳动,对劳动没有正确的认识,不懂得尊重他人劳动成果,更谈不上热爱劳动。热爱劳动要从尊重劳动成果开始,如不在学校乱扔垃圾。如果学生打扫卫生的劳动成果得不到尊重,就会大大削弱劳动当事人的积极性,热爱劳动教育会大打折扣。

(二)热爱劳动要认识劳动的美

俗话说:“金山银山,坐吃山空。”“再多的钱财不如地里两棵‘摇钱树’——一双勤劳的双手。”勤劳是中华民族的传统美德,劳动是光荣的,劳动是最美的,热爱劳动的人是生活中最美丽、最值得敬仰的人。

(三)分工协作,团结互助

学生由于家庭环境及自身成长环境的差异,有着不同的劳动兴趣和劳动意愿。教师在安排劳动任务时,既要根据学生的兴趣和劳动能力安排适当的劳动任务,又要让有不同劳动技能的学生相互协作共同劳动。学生在劳动中分工协作、互相学习、共同进步,既有利于其团结互助精神的培养,又有利于其劳动技能的提高和劳动品质的培养。

（四）不能用劳动来惩罚学生

学校是进行教育的机构，而不是劳教场所。让犯了错误的学生参加劳动，不利于开展劳动教育和培养学生正确的劳动观念。如果用劳动来惩罚学生，学生会认为劳动本身是令人讨厌的事，因此才用劳动惩罚自己，导致孩子更憎恨学习或劳动。那么他们劳动的动力不是来自成就感和好奇心等内部动力，而是为了不被惩罚或外在奖励，一切都是条件交换，用劳动就可以换取犯错误的机会。

（五）创造性地完成劳动，增长劳动技能和增添劳动乐趣

人类的劳动可分为两种：一种是创造性劳动，另一种是重复性劳动。创造性劳动是理解未来社会发展的关键。所谓创造性劳动，是指人充分利用其劳动技能、科学知识，通过技术、知识、思维的创新，创造新的生产条件、方式、劳动成果和社会需求的劳动。创造性劳动是先进生产力的代表，重复性劳动是创造性劳动的再现。未来的重复性劳动将越来越多地被机器人所取代，未来的雇员将越来越多地从事创造性劳动；它建立在开放性思维和挑战性实践的基础上，是不断探索创新的过程。创造性思维是未来劳动者最理想的基本素养。

要想完成创造性劳动，我们必须首先以自身的专业知识技能为基础、以科学知识为依托，同时在这个基础上找准专业优势和社会发展的结合点，找准先进知识和我国实际的结合点，促使创新创造落地生根、开花结果。创造性劳动，是新时代建设创新型国家的发展战略需要，也是培养自由全面发展的人的内在要求。创造性劳动的本质是进取创新，创新关乎国家前途命运、关乎人民福祉，体现了中国人民的伟大创造精神。

（六）开展劳动竞赛，树立劳动标兵

在班级或学校内，定期或不定期举办日常劳动竞赛，并结合平时劳动表现树立劳动标兵，通过培养和表彰学生的劳动能力，巩固学生劳动光荣的思想，发挥和提高学生的劳动积极性和主动性，从正面培养学生热爱劳动的品质。

故事欣赏

为什么重复性劳动不如创造性劳动

世上绝大多数的科技发明都是发明者忍受不了日复一日、年复一年的辛苦劳作所发明的，他们认为总会有更轻松、更快捷、更便宜、更简单和更安全的法子，知道总能找到减轻工作的更好方法。

这些人想让自己生活得更轻松一点。他们想避开复杂的工作，想少做而多得。

第一个在船上装帆的人是想省下摇橹的力气，首先让牛拖犁的人是为了逃避耕地的辛苦，最早用水车碾谷子的人当然是不愿费劲儿拿石头砸谷子。

几十年前，一位青年住在美国犹他州的首府盐湖城，那里靠近大盐湖。

他是一个勤勉的人，工作非常努力，生活非常节俭，他所有朋友都对他的良好品质赞不绝口。

然而有一天，他做了一件反常的事，使得许多人都对着他摇头，怀疑他们的判断是否明智。

他从银行里取出他的全部积蓄，一共有4000多美元，到纽约汽车展销处，买了一部新车。在人们看来，这似乎还不足以显示他的"愚蠢"，但是当他把新车开回家后，就把车开进他的车库里，顶起4个车轮，动手拆卸汽车，一件一件地拆，直到整个车库摆满七零八落的汽车零件。他仔细地检查了每个零件，然后又把汽车装好。人们觉得他简直发疯了，而他却不止是一次，而是多次拆卸汽车，再把汽车装好。

迷惑不解的人们开始嘲笑他了。

几年后，那些嘲笑过他的人不得不改变看法，并深信不疑——他有明智的见识。

这个反复动手拆装汽车的青年就是沃尔特·珀西·克莱斯勒。

他开始制造汽车了，他的产品领导了整个汽车行业，他在汽车这个领域里还做了许多有价值的改进和革新，他成功了。

知识链接

"巨婴"青少年劳动价值观异化五大怪象

《半月谈》记者调研发现，当前，一些青少年产生了好逸恶劳、嫌贫爱富、不劳而获等不良心态，折射出当前劳动价值观的缺失和异化。如何教育引导学生崇尚劳动、尊重劳动，长大后能够辛勤劳动、诚实劳动、创造性劳动，成为亟待解决的问题。

现象一：好逸恶劳、嫌贫爱富，不尊重劳动和普通劳动者。

受社会不良风气以及家庭教育的不当影响，一些孩子从小形成了"劳动分贵贱"的错误价值观。"爸爸妈妈教育我，如果不好好学习，以后就要去扫大街，当清洁工，进工厂，回家种田"……在他们幼小的心灵里，劳动已然分了贵贱。

北京的一名小学生，妈妈是学校的清洁工，他觉得丢脸，在学校里从来没有跟妈妈主动打过一声招呼，装作不认识。广州一名小学四年级学生，家庭富裕，有专门的保姆和司机，这个孩子动不动就对保姆大声呵斥、颐指气使，指责她做的饭不合胃口，随意动了他的东西，没按他的要求做事，认为"她就是来伺候我的"。

以前的孩子谈到理想，大多数是说当科学家、老师、医生等，现在的孩子不少是说想当老板、明星、像巴菲特一样的股神等，因为"又光鲜又亮丽又多金"。"谁都渴望有一份不脏不累还挣钱多的职业。"一名中学生告诉记者。

现象二：小皇帝、小公主层出不穷，"老儿童""巨婴"越来越常见。

当前青少年的教育环境和成长氛围呈现"三独"特点，即家长是独生子女、教师是独生子女、孩子也是独生子女。"70后""80后"父母是独生子女一代，大多不重视劳动，所以在教育下一代时，很容易缺失劳动教育这一块，本来应该由家庭承担的劳动教育被大量的课外补习替代。

南方某地一名小学三年级学生参加为期一周的军训，竟然7天没有洗澡、更衣，原因是怕洗衣服。一位小学教师曾对100名小学生做了一项关于是否在家做家务的调查，结果显示：超过60%的学生只是偶尔做，大约5%的孩子从来不做。

如今，甚至出现了"老儿童"现象。天津一所高校的一名女大学生，一上大学就带妈妈过来陪读，妈妈白天在外面打工，早中晚过来送饭，给孩子洗衣服，还承包了宿舍的卫生。

华东某大学的一名女生，家就在上海，只是与学校不在同一个区，她妈妈竟然在大学附近宾馆住着陪读，“因为女儿在家里没有做过一天家务”，担心其无法独立生活。除了这种陪读的，还有大学生定期寄脏衣服回家洗，或者花钱雇钟点工去宿舍打扫卫生，大学生生活自理能力堪忧。

现象三：不劳而获、坐享其成在青少年中存在苗头倾向。

当前，大中小学生超前消费的苗头已经显现，中小学生使用奢侈品、高档化妆品的新闻频现报端，大学校园贷、裸贷案例层出不穷。南方某大学学生小于的微信朋友圈“晒图”，各种大牌化妆品琳琅满目。她向记者出示了其中一个月的账单：滴滴打车1174.87元，外卖订餐2218.69元，网购4513.85元。支撑如此高的消费，一些大学生并没有通过勤工俭学的方式去挣钱。

据了解，陷入裸贷的女大学生中有部分人是因追求奢侈品而无法自拔，还有的从事网络刷单、刷好评，有的靠搞网络直播“打赏”，还有的不顾学习痴迷于炒期货、黄金和互联网金融P2P，追求“一夜暴富”“嫁个富二代，少奋斗10年”。

现象四：不思进取，青年“啃老”现象日益凸显。

相关问卷调查显示，多数青年更看重的是经济收入水平。在工作中，一些“90后”青年职工工作主动性较差。对于不少青年来说，干一行爱一行，职业没有高低贵贱、任何职业都值得尊敬的劳动价值观念已经不那么重要了，赚钱多的工作高贵、赚钱少的工作低贱的观念反而相当有市场。一些年轻人除了手头的任务，不会再去积极承担其他工作。

随着城乡经济条件的改善，一些大中专毕业生不就业或慢就业的情况比较常见。如果找不到“不苦不累，冬暖夏凉，坐办公室”的工作，有些青年宁可回家“啃老”，每天在家上网打游戏，或者拿着父母的钱周游世界，吃喝挥霍。

现象五：“年轻人宁送外卖不进工厂”，职业教育没有吸引力。

高职院校招生困难，职校毕业生不愿进工厂，青年择业就业观扭曲，工匠流失严重。当前，选择职业教育的基本是考不上普通高中的孩子，被认为是差生。以广东为例，接近50%的初中毕业生进入中职学校学习，其中大约30%的中职毕业生能升入高职院校，只有10%的高职毕业生能升入应用型本科院校深造。

同时，由于社会分配结构问题，产业工人收入不高，社会地位也不高，导致职业教育没有吸引力。记者采访中发现，珠三角、长三角企业频现“用工荒”，制造业一线工人出现年龄断层，年轻人寥寥无几，中年人往往来去匆匆。

第二节　劳动精神篇：弘扬优秀劳动文化

劳动精神是每一位劳动者为创造美好生活而在劳动过程中秉持的劳动态度、劳动理念及其展现出的劳动精神风貌。党的十八大以来，习近平总书记关于劳动和劳动精神的系列重要讲话是我们正确理解劳动精神的重要依据，也是大力弘扬劳动精神的重要参考。“我们要在全社会大力弘扬劳动精神，提倡通过诚实劳动来实现人生的梦想、改变自己的命运。”关于劳动，习近平总书记强调，劳动是财富的源泉，也是幸福的源泉。人世间的美好梦想，只有通过诚实劳动才能实现；发展中的各种难题，只有通过诚实劳动才能破解；生命里的一切辉煌，只有通过诚实劳动才能铸就。

劳动创造了中华民族，创造了中华民族的辉煌历史，也必将创造出中华民族的光明未来。习近平总书记关于劳动和劳动精神的思想为我们正确认识劳动精神的科学内涵指明了方向。全社会都要贯彻尊重劳动、尊重知识、尊重人才、尊重创造的重大方针，维护和发展劳动者的利益，保障劳动者的权利。要坚持社会公平正义，排除阻碍劳动者参与发展、分享发展成果的障碍，努力让劳动者实现体面劳动、全面发展。全社会都要热爱劳动，以辛勤劳动为荣，以好逸恶劳为耻。

寄语

“一勤天下无难事。”必须牢固树立劳动最光荣、劳动最崇高、劳动最伟大、劳动最美丽的观念，让全体人民进一步焕发劳动热情、释放创造潜能，通过劳动创造更加美好的生活。

——2013 年 4 月 28 日，习近平在同全国劳动模范代表座谈时的讲话

要在学生中弘扬劳动精神，教育引导学生崇尚劳动、尊重劳动，懂得劳动最光荣、劳动最崇高、劳动最伟大、劳动最美丽的道理，长大后能够辛勤劳动、诚实劳动、创造性劳动。

——2018 年 9 月 10 日，习近平在全国教育大会上的讲话

一、弘扬劳动精神，激发梦想力量

伟大的时代需要伟大的精神，伟大的精神来自伟大的人民。中华人民共和国历史上涌现出了一大批热爱劳动的先进典型，像不怕苦不怕累、艰苦奋斗的铁人王进喜；“高标准、严要求、行动快、工作实、抢困难、送方便”的纺织工人赵梦桃；带领团队埋头苦干二十余载，建成 500 米孔径射电望远镜（FAST）的中国天眼之父南仁东；把高铁干成中国名牌的于延尊等。在他们身上、在长期的劳动实践中沉淀起来的精神，是社会发展的动力源泉。

劳动精神是全体劳动者共同的精神财富。劳动精神是对广大劳动者劳动实践的高度肯定与科学总结，是人类为了自身的幸福而不懈努力奋斗的实践结晶。人民创造历史，劳动开创未来，劳动是推动人类社会进步的根本力量。“劳动创造了人本身”“劳动是唯一价值源泉”“劳动创造财富、劳动使人幸福”等，积淀成为劳动者的精神力量。正是一代代劳动者的共同努力，创造了辉煌的人类历史，书写了地球家园的绚烂篇章。

（一）勤俭、奋斗是具有鲜明中华民族传统美德特征的劳动精神

《说文解字》释：“勤，劳也。”这说明，“勤”与“劳”的意思是相通的，甚至可以说，“勤”的主体意义就是“劳”。中华文明是世界上最古老、最悠久的文明，中华民族作为中华文明的载体，之所以能够生生不息、历久弥新，就是因为具有勤劳节俭、艰苦奋斗的品质。因此，在历

史上,中华民族不仅以“礼仪之邦”享誉世界,也因为勤劳勇敢、自强不息的奋斗精神而声闻遐迩。

《说文解字》释:“俭,约也。”段玉裁注:“约者,缠束也。俭者,不敢放侈之意。”可见,俭即俭约、不奢侈放纵的意思。《尚书》中把“克勤于邦,克俭于家”联系起来阐述,说明古人很早就意识到勤劳与俭约之间具有一种天然联系。勤劳之人大多生活俭约。只有亲身经历过体力劳动的人,切身体会过烈日炎炎下“面朝黄土背朝天”的艰难,才会珍惜来之不易的劳动成果。当这样的人再读到“锄禾日当午,汗滴禾下土。谁知盘中餐,粒粒皆辛苦”的诗句时才会产生深刻共鸣,自然就会崇尚俭朴、有节制的生活方式。这就是“习劳知感恩”的道理。在家庭教育中,如果父母不重视对儿女的劳动教育,结果必然是孩子不懂得感恩、惜福,视父母的付出为天经地义、理所当然,久而久之,坐享其成、不劳而获等品行自然就会养成,不利于其成长和发展。《政要论》中说:“历观有国有家,其得之也,莫不阶于俭约;其失之也,莫不由于奢侈。”

因此,中国古人的童蒙养正教育特别重视对孩子的劳动教育。《弟子规》的“不力行,但学文,长浮华,成何人”,孔子的“力行近乎仁”,陆游的“纸上得来终觉浅,绝知此事要躬行”,王阳明的“知行合一”等,强调的都是书本教育要与劳动实践相结合。新时代的学校教育,也必须重视培养学生勤俭、奋斗的劳动精神,这样才能避免培养出的学生仅能夸夸其谈、纸上谈兵,而缺少生活能力、动手能力以及吃苦耐劳、艰苦奋斗的精神,才能顺利实现新时代教育立德树人的总目标。

探讨与研究

“粒粒皆辛苦”,从小我们就被教导要珍惜粮食,珍惜这份来之不易的幸福。从“天下荒”到“天下仓”的转变,是劳动人民用勤劳的双手创造出来的宝贵财富。你觉得新时代劳动精神体现在哪些方面?

(二)创新是具有鲜明新时代特征的劳动精神

在新时代的历史坐标上,社会及科技的发展日新月异,智能化、电子化、机械化、高科技化成为时代的鲜明特征,与此相应,劳动形态也发生了巨大变化。新时代的青少年需要适应新时代劳动教育的特点,正确理解劳动教育的新意蕴,在不同形态的劳动中培养创新精神,实现创造性劳动及劳动成果的创造性转化,通过创新科技、创新方法、创新思路等实现高效、节能、环保、利民等价值目标,通过创新劳动创造财富、创造辉煌,不仅能够跟上而且能够引领新时代飞速前进的步伐,从而实现自我价值。

(三)奉献是具有鲜明社会主义特征的劳动精神

共产主义信仰和中国特色社会主义信念,是新时代中国特色社会主义建设者和接班人在劳动中培养奉献精神的理想支撑。马克思在中学毕业论文中写道:“如果我们选择了最能为人类福利而劳动的职业,那么,重担就不能把我们压倒,因为这是为大家而献身;那时我们所感到的就不是可怜的、有限的、自私的乐趣,我们的幸福将属于千百万人,我们的事业将默默地、但是永恒发挥作用地存在下去,而面对我们的骨灰,高尚的人们将洒下热泪。”

“勤俭、奋斗、创新、奉献”是具有鲜明中华传统文化特征、新时代特征和社会主义特征的劳动精神，对于树立时代新人的正确劳动价值观、培养时代新人的崇高劳动品质、塑造时代新人的健全人格等都具有重要意义。重视新时代劳动精神的培育是培养时代新人的必然要求，传承良好家风的前提条件，贯彻实干兴邦的具体表现，更是发展中国特色社会主义的重要保证。

中国特色社会主义是不断发展、不断前进的事业，犹如一部鸿篇巨作，需要一代又一代辛勤的劳动者持续奋笔书写。幸福不会从天而降，蓝图也不会自动成真。中华民族伟大复兴的中国梦，需要靠辛勤的劳动创造，靠奋斗精神引领。始终崇尚劳动，弘扬劳模精神、劳动精神，重视发挥工人阶级和广大劳动群众的主力军作用，追梦的脚步才格外坚实，圆梦的力量才更加澎湃。弘扬劳动精神，就是要脚踏实地，兢兢业业，追求卓越；就是要干一行爱一行，专一行精一行，立足平凡的工作岗位干出不平凡的业绩，用劳动成果展现自我价值，用实干精神为党和人民的事业贡献力量。

二、劳动精神的时代价值

新时代的劳动精神是辛勤劳动、诚实劳动和创造性劳动依次提升的过程，辛勤劳动、诚实劳动是对人民群众、工人阶级的基本要求，创造性劳动是对先进工作者、劳动模范的更高要求。

（一）辛勤劳动是基本要求

“民生在勤，勤则不匮。”习近平总书记曾用《左传》中的这句古语阐释“只要辛勤劳动，就不会缺衣少食”的朴实道理。幸福不会从天降，美好生活靠劳动创造。

劳动是幸福的“进行时”，也是幸福的“未来时”，辛勤劳动本身就是一种幸福，人们在劳动中体现价值、展现风采、感受快乐，辛勤劳动更是幸福的持久保障，没有经过辛勤劳动获得的成果如指间流沙经不起时间考验。唯有付出过艰辛劳动才最能懂得什么是真正的幸福，并心安理得地享受自己创造的幸福。

辛勤劳动也是实现自身发展的基础条件。辛勤劳动即要埋头苦干、真抓实干，干在实处、干出成果。它具有以下四个层次的精神意蕴：一是“想干”的理想境界，即以更强的使命、更足的干劲、更实的作为，争做新时代的奋斗者、社会主义的实干家；二是“敢干”的责任担当，即以过人的胆识、豪迈的气魄、顽强的毅力，甩开膀子大胆干，撸起袖子加油干；三是“真干”的实践品质，即以务实的作风、敬业的态度、勤勉的姿态，抓铁有痕、踏石留印；四是“巧干”的本领能力，即以灵活的智谋、过硬的素质、卓越的才能，在新时代干实事、干大事、干成事。

（二）诚实劳动是基本保障

诚实劳动是基本的劳动伦理。民无信不立，诚信是一个人乃至一个国家立身治世的根本。习近平总书记在北京大学师生座谈会上指出，“中华文化强调‘言必信，行必果’‘人而无信，不知其可也’”，强调了中国人诚实守信的基本道德准则。诚实劳动是基本的事业基础。习近平在同全国劳动模范代表座谈时指出：“劳动是财富的源泉，也是幸福的源泉。人世间的美好梦想，只有通过诚实劳动才能实现；发展中的各种难题，只有通过诚实劳动才能破解;生命里的一切辉煌,只有通过诚实劳动才能铸就。"诚实劳动要求劳动者将全部体力和脑力诚实地付诸劳动实践,既不驰于空想,也不骛于虚声。

通过培养劳动者"忠于职守、爱岗敬业、诚实守信、办事公道、服务群众、奉献社会"的职业道德实现个体的诚实劳动。忠于职守、爱岗敬业就是要干一行、爱一行、钻一行。"在工厂车间,就要弘扬'工匠精神',精心打磨每一个零部件,生产优质的产品。在田间地头,就要精心耕作,努力赢得丰收。在商场店铺,就要笑迎天下客,童叟无欺,提供优质的服务。"三百六十行,行行出状元,只要做到勤勉工作、精益求精,每个人都能在平凡岗位上干出不平凡的业绩。

(三)创造性劳动是根本目标

创造性劳动是对简单模仿、一味重复的常规性劳动批判性、革命性的否定,它是指以最大限度挖掘人的创造性思维、释放人的主观能动性,突破现存事物旧的表现形式和物质形态从而生产创造出具有新的使用价值的劳动形式。劳动本身就是生命展现价值多样性和丰富性的过程,人在生产劳动中既能改进人与自然、人与社会以及人与自身的关系,又能使人超越现实生产劳动的限制,扩大对自然世界和人为世界突破性的兴趣和想象,激发对未来社会超越性的理想与目标。

习近平总书记指出:"人民创造历史,劳动开创未来。劳动是推动人类社会进步的根本力量。幸福不会从天而降,梦想不会自动成真。实现我们的奋斗目标,开创我们的美好未来,必须紧紧依靠人民、始终为了人民,必须依靠辛勤劳动、诚实劳动、创造性劳动。"

劳动者在创造和享受生存所需的物质产品的同时也表现出对精神所需的生命价值与意义的追寻,创造性劳动在促进人的自由而全面的发展以及推动社会全面进步方面发挥着极为重要的作用。

辛勤劳动是基本的劳动状态,诚实劳动是基本的劳动伦理,创造性劳动则是基本的劳动目标。劳动创造了中华民族,也铸就了中国成就。中华民族是勤于劳动、善于创造的民族。正是因为劳动创造,我们拥有五千年文明的历史辉煌;正是因为劳动创造,我们拥有 21 世纪中国特色社会主义的发展成就。劳动创造了中国革命、建设、改革各个历史时期的成就,并将继续创造新的辉煌。克服关键技术瓶颈限制,全面建成小康社会,进而建成富强民主文明和谐美丽的社会主义现代化强国,根本上也靠劳动者创造。

创造性劳动要求劳动者成长为德智体美劳全面发展的时代新人。出于社会发展的外在需求以及个人发展的自然性的内在要求,创造性劳动既要求劳动者的各种最基本或基础的素质得到全面发展、整体发展、和谐发展,又要求劳动者在各种素质及其内部各种要素的结构组合上追求自由发展、个性发展、创造性发展。全面发展和自由发展并驾齐驱,才能真正提高劳动者的综合素质,释放其劳动潜能,增强其创新创造能力。

故事欣赏

一生林业情——马永顺

在中国地图上雄鸡昂首的地方,在黑龙江的白山黑水之间,有一片惹人注目的绿色,那片郁郁葱葱的大森林为新中国的建设作出了不可磨灭的贡献，为国家贡献了社会主义建设所急需的木材。有一个人与这里的一草一木息息相关，他就是全国“五一劳动奖章”获得者、有“全国十大绿化标兵”之称的全国劳动模范马永顺。

他50年前是全国著名的伐树英雄，他50年后是远近闻名的植树模范。

为了新中国的建设需要，他披星戴月，拼命伐树。

为了绿化荒山，响应祖国植树造林的号召，他带领全家种树“还债”。

半个多世纪以来，马永顺的命运始终与大山紧紧相连。

循着马永顺当年的足迹，我们一起走进那片神秘的大森林，探寻伐木英雄、植树模范的传奇故事。

“森林巨子”视伐木为生命

1933年，马永顺从家乡河北省宝坻县（现为天津市宝坻区）头沟庄来到当时被称为“绿色监狱”的东北林区，受尽了日本监工和封建势力把头的欺凌和压迫。解放后，九死一生的马永顺兴高采烈地响应新中国的号召，做了新中国第一代林业工人。

新中国成立初期，百废待兴，国家的建设急需大量木材。作为伐木工人，马永顺一心只想采伐更多的木材，支援国家的经济建设。

那时候的工作条件非常艰苦，伐木人工人全是手工原始作业。

有一次，马永顺正用手工伐木作业时，一个树杈突然掉下来，碰巧砸在他的脑袋上，尽管他戴着安全帽，但还是被砸昏了过去，工友们忙送他到医院抢救。医生诊断为较严重的脑震荡，应休养一两个月。但是，马永顺醒来后，摇摇头，扭扭腰，活动下手脚，都能动，就认为不碍事！趁医生不注意，他偷偷地跑回山林里去伐木了。

他的全部身心都扑在伐木工作中。他勤思考、善钻研，一门心思琢磨如何提高伐木量和伐木效率。

20世纪50年代伐木工都是站着伐木，因此伐后的树根太高。为了多出木材，马永顺先用手把树根周围的积雪扒开，一条腿跪在地上，让锯紧挨树根采伐，使伐过的树根由过去的六七十厘米高降到10厘米以下。他的这一做法在东北林区得到全面推广，仅此一项一年就为国家增收1400多万元。

他每年一个人可以完成6个人的采伐量，创造了当时全国手工伐木的生产之最和年手工伐木1200立方米的全国纪录。他创造的“流水作业法”“安全伐木法”和“四季锉锯法”等被写入全国手工伐木作业教科书，使手工伐木业的劳动效率普遍提高35%至50%。

对于他而言，伐木支援国家建设就是一切。他把满腔的热情倾注到兴安大森林和祖国的建设中。

有一年秋天，林区下起了大暴雨，导致山洪暴发，通往林场的森林铁路被冲毁了好几段。当时马永顺因为静脉曲张复发，小腿肿得厉害，正在家中休息治疗。得知消息后，他从床上爬起来，抄起工具冲进抢险队伍。他完全不顾冰凉刺骨的河水，手搬锹挖堵缺口，腿上钻心的疼痛也无法阻止他的脚步。突然，头昏眼花的他栽倒在泥水里。尽管如此，醒来后，他继续运沙石、修路，硬是坚持了7天，直到铁路通车。

为了周总理的嘱托，“还债”半世纪

由于采伐成绩突出，马永顺曾多次被评为黑龙江省特等劳动模范和全国劳动模范，并先后 14 次受到毛泽东、周恩来等老一辈党和国家领导人的接见。

历史不会忘记马永顺，马永顺更不会忘记 1959 年。

这一年，他再次被评为全国劳动模范，并受邀到北京参加全国群英会。会后，一位工作人员把他领进人民大会堂的会客大厅，告诉他周恩来总理要亲自接见他。马永顺简直不敢相信自己的耳朵，一切就像做梦一样。过了一会儿，周恩来总理真地走进了会客大厅，他握着马永顺的手说：“你辛苦了，东北的林业工人辛苦了！毛主席非常关心你们林业工人，并向全国发出了绿化祖国的号召。你们现在不仅要为支援社会主义建设多采树采好树，还要植树造林，力争越采越好、越采越多，青山常在，永续利用……”

周总理的嘱托一直萦绕在马永顺的耳边，从北京回去后，他登上山顶，看到由于过多采伐而荒芜的小兴安岭，他的心情久久无法平静。

一想到周总理的叮咛，马永顺就睡不着觉。

的确，砍树不像割韭菜，砍完后森林还可以一茬茬地接着长，山上的树砍秃了，要慢慢地植树造林补上。他估算了一下：手工作业时，他一人抵 6 人的工作量，大概砍了 36500 棵树。过去他采伐的树木最多，所以他植树造林的责任也最大，于是他下定决心“偿还债务”：过去砍多少，现在就种多少！

他把周总理说的“青山常在，永续利用”当作座右铭，决心在有生之年偿还对大自然的亏欠。

然而，36500 多棵树，毕竟不是短期内就能栽种完的，这笔“账”，他还了半个世纪。有些同志不解地说：“你过去采伐树木是为了社会主义建设，因为采得多，才成为劳动模范；现在你又植树造林，这是保护大山、保护生态环境，是你的新奉献，谈不上‘还账’。”马永顺固执地说：“不管怎么说，在我的思想中，我就是向大山还账，我要不把这些账还上，死不瞑目。”

1982 年，即将退休的他仍然惦记着自己砍伐的树还有 8000 多棵没栽上。退休后，他把全部的时间都用于栽树，风里来雨里去，爬山翻坡植树造林，日复一日，年复一年。

1991 年冬天，已经 78 岁的马永顺把儿女们召集在一起说：“我这一辈子砍了不少树，估摸有 36500 棵，我要再栽这么多把它补上。我栽了这些年，还差得很远。现在我岁数大了，身体也不好，我怕还不上。所以，你们给我帮忙还这笔账。”第二年春天，马永顺就带领由全家老少三代近 20 人组成的“马家军”浩浩荡荡上山造林。

在全家人的帮助下，1994 年，已经 81 岁高龄的马永顺终于还清了“债务”。“‘账’是还上了，可造林不能停。只要我的身子骨不散花，就还要上山栽树。”马永顺说。

从 1982 年马永顺退休后到 1999 年年底，“马家军”坚持造林 17 年，植树 5 万多棵。

为了青山后继有人

黑龙江省铁力市有一个面积达 16197 公顷土地的林场，这里曾是马永顺几十年来采伐树木和植树造林的地方。为了纪念为林场建设献出毕生精力的马永顺，1998 年 6 月，铁力林业局将原有的二股林场正式命名为马永顺林场。

在林场即将命名为马永顺林场时，马永顺找到儿子马春青，告诉儿子组织上要派一个马家的人到那儿去当副场长，希望马春青能去。关于子承父业问题，父子间还发生了鲜为人知的故事。

当时的马春青任铁力林业局物资供应科经理，局机关的工作环境比林场露天作业风吹日晒的工作环境优越得多；其次是经济收入，他当时的年收入是林场收入的几倍；再次是行业不同，他在原来的业务上得心应手，对林场工作则是门外汉。想到这些，马春青毫不犹豫地拒绝了父亲的提议。这令马永顺感到很失望。

但是马永顺知道要想保护植树造林的成果，让青山永续，就必须持久护林，所以，他必须物色合适的接班人。

尽管二儿子马春青曾经拒绝了老父亲，但他还是打起了马春青的主意。经过再三考虑，马永顺再次找到马春青，动员他去林场当副场长。

马青春很认真地跟父亲说："爸，你想没想到，我都这么大岁数了，让我去那个林场当副场长，我能去吗？如果我去了，得天天和林场职工一起上山采伐栽树，我这么大岁数干得了吗？再说我还有糖尿病，我现在的工作也非常好，您这事对我来说确实非常难！您再想一想，换个人去吧！"

但是，马永顺坚持自己的观点，这个林场的副场长非马春青莫属。

儿子也很为难，一方面是老父亲诚挚的心愿，另一方面是自己优越而舒适的工作，这种抉择艰难。他很清醒：如果去做了这个副场长，将要面临新的挑战和肩负新的重任。

正当马春青犹豫不决时，老父亲第三次来找他。父亲凝视着儿子，半晌，才语重心长地对马春青说："到那儿去吧，到那儿去看看，能干多少就干多少。"说完这句话，他颤颤巍巍地站起身来。就在父亲站起身的那一刻，马春青一抬头，看到父亲满如枯树般的脸颊上挂着清亮的泪水，他心头一震：父亲在默默地流泪！父亲是因为他的自私和固执感到伤心难过！父亲的心愿和新的职务、多年的业务和陌生的工作、不等的收入和患病的身体。

马春青思绪万千，该怎么办？如果自己不管不顾，老父亲的心愿谁帮他实现？

想到这里，他一咬牙说："爸，我去！我去！"同时，他的眼泪也不由自主地流了下来。为了实现父亲的夙愿，让父亲放心，他应下了父亲的请求。

听到儿子同意，马永顺喜出望外："是啊，应该去。到那儿工作肯定比你原来的工作要辛苦多了，你能多干点就多干点，身体不好就少干点。"马春青哽咽着答应说："嗯！"听到儿子的这声"嗯"，父亲哭了：他的愿望实现了，他的事业后继有人了！

看到父亲流泪，马春青的眼泪再次涌了出来。他暗下决心，一定要干出个样儿来，绝不能丢父亲的脸！

1999 年 10 月 22 日，86 岁高龄的马永顺带着家人、林业局二中的 30 多名优秀学生干部一起来到深山，植树造林。谁能想到，这竟是他最后一次踏进这片他付出了一辈子心血的山林。第二年的春节期间，马老因为突发心肌梗死告别了他所热爱的青山绿岭，告别了他所追求的植树造林事业。

马永顺的大儿子马春山说："父亲去世后，全家人从未停止过植树，每年的春、秋植树时节，不管是在外地工作的，还是年老体弱的，都风雨无阻地聚在一起，按照惯例，在母亲的带领下，上山植树。而且，一年比一年植得多。"

现在,包括马永顺林场职工、马永顺中学师生在内的壮大了的“马家军”还在不断植树“还账”。他们守护着青山树林,也守护着马永顺毕生的愿望。

三、劳动精神的鲜明特色

(一)劳动模范是劳动精神的最高承载者

新中国成立以来,广大劳动者用汗水和智慧为国家发展作出巨大贡献,他们当中不断涌现的劳动模范和先进人物所创造的劳模精神,成为推动时代前行的精神动力。中国精神的承载、时代精神的引领,靠的是在各行各业勤勤恳恳努力工作的德艺双馨的“劳动模范”和“先进工作者”。唯有发扬“爱岗敬业、争创一流,艰苦奋斗、勇于创新,淡泊名利、甘于奉献”的劳模精神,才可以维护社会稳定,促进社会发展,构建和谐的劳动关系。

(二)工人阶级是劳动精神的主要承载者

工人阶级是坚持和发展中国特色社会主义的主要生力军。无论是“基建狂魔”,还是“中国制造”,都离不开他们,没有他们默默无闻的奉献精神和“工匠精神”,就没有这么多的“中国奇迹”。工人阶级是中国精神的主要承载者,工人阶级有中国特色社会主义最坚定的理想信念,可以用其先进思想、模范行动来影响带动全社会,始终做坚持中国道路的柱石、弘扬中国精神的楷模、凝聚中国力量的中坚。工匠精神是工人阶级劳动精神之魂,也是其引领劳动光荣社会风尚和精益求精敬业风气的根本。

(三)青年学生是劳动精神的主要学习者和传承者

习近平总书记在全国教育大会上指出:“要在学生中弘扬劳动精神,教育引导学生崇尚劳动、尊重劳动,懂得劳动最光荣、劳动最崇高、劳动最伟大、劳动最美丽的道理,长大后能够辛勤劳动、诚实劳动、创造性劳动。”青年学生是祖国的未来、民族的希望,中华民族是个勤劳的民族,勤劳的文化基因代际相传,青年学生是关键,也是劳动精神的主要学习者,要从小培养他们的辛勤、诚实、创造性的劳动精神。2020 年 3 月 20 日,中共中央、国务院颁布《关于全面加强新时代大中小学劳动教育的意见》,进一步强调坚持立德树人,提出“五育”并举,将劳动教育纳入全面培养的教育体系和人才培养全过程,从顶层设计上明确劳动教育到底怎么做,把劳动教育贯通大中小学各学段,贯穿家庭、学校、社会各方面,与德育、智育、体育、美育相融合,紧密结合经济社会发展变化和学生生活实际,积极探索具有中国特色的劳动教育模式。2020 年 8 月 27 日,上海市率先出台《中共上海市委、上海市人民政府关于全面加强新时代大中小学劳动教育的实施意见》,提出了“以日常生活劳动、生产劳动和服务性劳动为主要内容,建设实践导向、理论支撑、五育融合的大中小学劳动教育课程,打造具备理论讲授、训练带教、实践指导能力的劳动教育教师队伍,丰富与上海产业发展相契合的劳动教育实践资源,完善经费投入、安全应急保障机制,构建以学校为主导、家庭为基础、社会全方位支持的贯通一体、开放协同的劳动教育工作格局,建设适应教育现代化要求的劳动教育体系”。

四、弘扬劳动精神的意义

(一)弘扬劳动精神就是要弘扬勤劳勇敢、爱岗敬业、诚实守信的实干精神

全面建成小康社会,我国亿万劳动群众是主体力量。广大劳动群众要爱岗敬业、勤奋工作,锐意进取、勇于创造,不断谱写新时代的劳动者之歌。勤劳勇敢是指有毅力、有勇气、有胆量地劳动。爱岗敬业是指尊重劳动、崇尚劳动、热爱劳动,做到辛勤劳动、勤奋工作。诚实守信是指脚踏实地、恪尽职守,遵守法律法规和政策,遵循职业道德和标准。勤劳勇敢、爱岗敬业、诚实守信的实干精神,是劳动精神的内涵。全体劳动者都要牢记"大道至简、实干为要"的道理,脚踏实地、撸起袖子加油干,在劳动中实现自身价值。

(二)弘扬劳动精神,就是要弘扬锐意进取、建功立业、甘于奉献的奋斗精神

锐意进取是指意志坚决地追求上进。建功立业是指建立功勋、成就大业。甘于奉献是指在劳动中忘记"小我",不计较个人得失,时时铭记祖国需要。锐意进取、建功立业、甘于奉献的奋斗精神,是劳动精神的更高体现。每一个劳动者都应牢记"幸福是奋斗出来的",生命不息、奋斗不止,在劳动中实现美好的未来。

(三)弘扬劳动精神,就是要弘扬精益求精、严谨专注、追求卓越的创新精神

精益求精是指以高品质的要求对待自己的产品,不惜花时间精力、精雕细琢、注重细节,把一件事情做到极致。严谨专注是指耐得住寂寞、经得住诱惑,不达目的决不放弃。追求卓越是指为了质量而孜孜不倦、乐此不疲。精益求精、执着专注、追求卓越的创新精神,是劳动精神的专业要求。新时代劳动者要勇于创新、追求品质,为推动"质量强国"提供源源不竭的动力。

我们生在新时代,只有大力弘扬和践行劳动精神,树立正确的劳动价值观,才能进一步激发劳动者的劳动热情,用劳动托起中华民族伟大复兴的中国梦。

故事欣赏

"杂交水稻之父"袁隆平:鲐背之年仍追逐"两个梦想"

"鲐背之年"的他仍坚守在科研一线,为实现"禾下乘凉""杂交水稻覆盖全球"两个梦想努力。

1930 年出生于北平(北京的旧称)的袁隆平年少时跟随父母颠沛流离,动荡的生活让他埋下了奋发图强的种子。从小立志学农则出于他对田园之美、园艺之乐的向往。

1953 年从西南农学院遗传育种专业毕业后,袁隆平被分配到湖南安江农校工作。真实的农村与向往的田园大相径庭,他却从不后悔自己的选择。"当时看到农村的贫穷落后,我是有点雄心壮志的,立志要改造农村,为农民做点实事。"

水稻是湖南的主要农作物。亲历过饥饿苦难的袁隆平从 1960 年开始进行水稻种植试验,从此为解决粮食增产问题持续奋斗了半个多世纪。

1966 年,袁隆平在《科学通报》上发表论文《水稻的雄性不孕性》,正式提出通过培育水稻"三系"(即雄性不育系、雄性不育保持系、雄性不育恢复系),以"三系"配套的方法来利用

水稻杂种优势的设想与思路，由此拉开中国杂交水稻研究的序幕。

1973 年，在第二次全国杂交水稻科研协作会上，袁隆平代表湖南省水稻雄性不育系研究协作组作了《利用‘野败’选育三系的进展》的发言，正式宣布籼型杂交水稻三系配套成功。此后，杂交水稻先在湖南推广，后在中国遍地开花结果，水稻平均亩产也一路“飙升”：1976 年 231 公斤、1984 年 358 公斤、1998 年 424 公斤……

1996 年，中国农业部提出超级稻育种计划。袁隆平领衔的科研团队通过形态改良和杂种优势利用相结合的技术路线，成功攻破水稻超高产育种难题，不断刷新亩产产量。目前，超级稻计划的五期目标已经全部完成，分别是亩产 700 公斤、800 公斤、900 公斤、1000 公斤和 1100 公斤。

“我希望今年的示范田，实现亩产 1200 公斤、每公顷 18 吨，向中华人民共和国 70 周年献礼。”生日前夕，依然精神矍铄的袁隆平在长沙接受媒体采访时透露，目前全国有四个百亩示范田正在攻关亩产 1200 公斤的目标，其中两个示范田有望在今年 10 月就实现亩产 1200 公斤。

当被问及 90 岁生日愿望时，袁隆平又一次说起他的两个梦想：“禾下乘凉梦”和“杂交水稻覆盖全球梦”。

前者是他真实的梦境，他曾梦见试验田里的超级杂交水稻长得比高粱还高，穗子有扫帚那么长，谷粒有花生米那么大，他和助手坐在稻穗下乘凉。这一梦想正随着不断高产的超级稻逐渐成为现实。

后者则是希望超级稻走出国门，为世界粮食安全作出贡献。“全世界有 1 亿 6000 万公顷的稻田，如果其中一半种上了杂交稻，每公顷增产 2 吨，每年增产的粮食可以多养活 5 亿人口。”在袁隆平看来，发展杂交稻会为解决世界粮食短缺问题作出巨大的贡献。据了解，从 1979 年首次“走出”中国，杂交水稻已在全球数十个国家和地区进行研究和推广，在国外的种植面积已达 700 万公顷。

在新中国成立 70 周年来临之际，中共中央决定，首次开展国家勋章和国家荣誉称号集中评选颁授，袁隆平成为 8 名“共和国勋章”颁授建议人选之一。

“这对我既是鼓舞也是鞭策，希望在原有的基础上更上一层楼。”升级为“90 后”的袁隆平笑说，未来要健康快乐超百岁，就像超级稻攻关一样，不断超越新目标。

“祝愿中华人民共和国越来越发达、越来越富强。”亲眼见证了新中国 70 年发展变迁的袁隆平言语间既饱含深情又充满骄傲，“在中国共产党领导之下，我们中国真正富强起来了，现在我们能够抬得起头，挺起了腰杆。”

第三节　劳模精神篇：践行崇高劳模初心

每个时期的劳模，都是时代的精神符号和力量化身。随着时代的发展，劳模被赋予着越来越多的时代内涵和元素，但无论是生产者还是创业者，无论是比表现还是比贡献，无论是讲精神作用还是讲经济效益，劳模的核心价值都是始终不变的：一种爱岗敬业、争创一流，艰苦奋斗、勇于创新，淡泊名利、甘于奉献的精神；一种对职业、对社会、对国家的道德感、责任感和使命感，强烈的主人翁意识和艰苦创业精神，忘我的劳动热情和无私奉献精神；良好的职业道德和爱岗敬业精神……“新时代的劳模精神”既包于其中，又彰显之。学习劳模精神，就要学习他们报效祖国、服务人民的奉献精神，牢固树立正确的世界观、人生观和价值观，把自己的人生理想和追求与祖国和人民的利益紧密联系在一起，在奉献中实现自己的人生价值；学习他们立足本职、爱岗敬业的职业精神，不断追求一流的技术水平，干出一流的工作业绩，创造一流的工作效率；学习他们勇于攀登、敢为人先的创新精神，增强创新意识，培养和提高创新能力，用新技术创造新业绩；学习他们互帮互学、团结协作的团队精神，用真情凝聚人心，用实干激励人心，用先进思想鼓舞人心，心往一处想，劲往一处使，努力服务于社会、服务于人民。

一、劳模精神的内涵

（一）爱岗敬业

爱岗敬业是中华民族的传统美德，是职业道德的基石，是社会主义职业道德所倡导的首要规范，是社会主义核心价值观的重要内容。爱岗敬业就是要勤勤恳恳、兢兢业业、忠于职守、尽职尽责地工作。爱岗敬业是社会主义职业道德倡导的首要规范，是对劳动者提出的最基本、最起码、最普通的道德要求，还是实现职业目标的重要内容，也是事业成功的必要因素。

爱岗敬业是劳模精神的基础。所谓“爱岗”，就是要干一行，爱一行；所谓“敬业”就是要钻一行，精一行。热爱本职工作，对待工作勤勤恳恳、兢兢业业、一丝不苟、认真负责，是对爱岗敬业精神的完美诠释。爱岗是敬业的基石，敬业是爱岗的升华。爱岗和敬业，互为前提，相辅相成。

（二）争创一流

争创一流是劳模精神的精华。争创一流即追求一流的技术水平，干出一流的工作业绩，达到一流的工作效率。一代代劳模在自己所钻研的领域内争创一流，正是这种工作态度使他们在众多劳动者中脱颖而出，获得了“劳模”的称号。

争创一流是当代劳模具有竞争力、战斗力和爆发力的精神源泉。争创自信心、提振精气神，以“敢为人先、追求卓越”的精神状态高起点谋划、高质量落实、高效率推进，做到谋划上胜人一筹、行动上快人一步、措施上硬人一度。

争创一流是一种积极奋发的精神风貌，是一种凝心聚力的目标追求，可以内化为每个人的工作动力之源。劳模都是各行各业各单位争创一流的典范，我们要学习劳模，积极参加技术革新技术协作、发明创造、合理化建议等活动，充分焕发创新潜能和创造活力，创造一流的工艺、一流的质量、一流的管理、一流的服务，推动我国社会生产力水平实现整体跃升。

争创一流就要立高标准。争创一流是事业发展的上游目标、内在动力，是提高工作水平的基本前提和条件。如果工作标准低，一出手就是二流、三流的，工作的质量就得不到提升，遇到的困难就得不到克服，碰到的难题就得不到解决，久而久之就会形成思维上的惰性，以至于因循守旧、思想僵化、行动滞后、徘徊不前。争创一流，就是在高起点上继续求高，在新起点上继续求新。争创一流，从表面上看，是行动的飞跃；从根本上讲，是思维的飞跃。

争创一流就要拓宽视野。创造一流的工作业绩，就要具备宽广的发展视野，即眼光前瞻、视野开阔、瞄准前沿、着眼未来。一是不能局限于本单位本系统范围，必须跳出本单位本系统去追求一流水平。二是不能局限于自己的原有状态，不能只是用现在的自己跟过去的自己比，满足于小小的个人进步。三是要勇于走在前列，要具有长远的眼光和开放的思维，在更大范围、更高层次上找座次、定坐标。在工作中要有争创一流的魄力，只为成功想办法，不为失败找借口。无论做什么工作，都要拿出争上游、创一流的劲头，不干则已，干就干好，干出成效，干出新亮点。比如，在技术方面要瞄准国际先进水平，用国际先进标准来衡量和要求自己，顺应当代世界科技潮流，不断激发动力、活力和勇气，敢于走在前列，竞领风骚。劳模身上总是有着争创一流的干劲。学习劳模，就要牢固树立强烈的忧患意识、机遇意识、进取意识和责任意识，坚决破除瞻前顾后的畏难情绪和畏缩不前的消极思想，激发敢为人先的超人胆识，提高攻坚克难的过硬能力，勇于探索、尝试，真正干出一流的业绩。

争创一流就要追求最优。每个人的人生定位不同，工作和生活态度自然也不同。“取法其上，得乎其中；取法其中，得乎其下。”雄鹰不甘宇下，骏马难守圈栏，一个志存高远的人，必定将追求最优作为自己的人生目标，从而不断增强争创一流的意识，并将其落实到实际工作中。追求最优是一个漫长的过程，它可以有明确的起点，但没有固定的终点。只要不断地追求，每一个阶段性的成果都会成为一个新的起点。追求最优，离不开客观条件，但不能过分依赖客观条件，要懂得环境创造人，人也创造环境。

故事欣赏

屠呦呦：与青蒿结缘，用中医药造福世界

疟疾，世界上最主要的高死亡率传染病。青蒿素的发现，为世界带来了一种全新的抗疟药。以青蒿素为基础的联合疗法已经成为疟疾的标准治疗方法，在过去的20多年间，青蒿素联合疗法在全球疟疾流行地区广泛使用。据世卫组织不完全统计，青蒿素在全世界已挽救了数百万人的生命，每年治疗患者数亿人。

“中医药人撸起袖子加油干，一定能把中医药这一祖先留给我们的宝贵财富继承好、发展好、利用好。”中国中医科学院终身研究员、国家最高科学技术奖获得者、诺贝尔生理学或医学奖获得者屠呦呦的声音铿锵有力。60多年来，她从未停止中医药研究实践。

从0到1的突破：“青蒿素是中医药献给世界的礼物”

2015年10月5日，瑞典卡罗琳医学院宣布将诺贝尔生理学或医学奖授予屠呦呦以及另外两名科学家，以表彰他们在寄生虫疾病治疗研究方面取得的成就。

这是中国医学界迄今为止获得的最高奖项，也是中医药成果获得的最高奖项。屠呦呦说：“青蒿素是人类征服疟疾进程中的一小步，是中国传统医药献给世界的一份礼物。”

20世纪60年代，在氯喹抗疟失效、人类饱受疟疾之害的情况下，在中医研究院中药研究所任研究实习员的屠呦呦于1969年接受了国家疟疾防治项目“523”办公室艰巨的抗疟研究任务。屠呦呦担任中药抗疟组组长，从此与中药抗疟结下了不解之缘。

由于当时的科研设备比较陈旧，科研水平也无法达到国际一流水平，不少人认为这个任务难以完成。只有屠呦呦坚定地说：“没有行不行，只有肯不肯坚持。”

通过整理中医药典籍、走访名老中医，她汇集了640余种治疗疟疾的中药单秘验方。在青蒿提取物实验药效不稳定的情况下，出自东晋葛洪《肘后备急方》中对青蒿截疟的记载——“青蒿一握，以水二升渍，绞取汁，尽服之”给了屠呦呦新的灵感。

通过改用低沸点溶剂的提取方法，富集了青蒿的抗疟组分，屠呦呦团队最终于1972年发现了青蒿素。据世卫组织不完全统计，在过去的20年里，青蒿素作为一线抗疟药物，在全世界已挽救数百万人的生命，每年治疗患者数亿人。

淡泊名利　一心只为科研

每当谈起青蒿素的研究成果，屠呦呦总是会说：“研究成功是当年团队集体攻关的结果。”而鲜为人知的是，起步时的屠呦呦团队只有屠呦呦和两名从事化学工作的科研人员，后来才逐步成为化学、药理、生药和制剂的多学科团队。

中国中医科学院首席研究员、青蒿素研究中心学术委员会主任姜廷良说：“对青蒿素作用机理的研究，需要‘大协作’思维。”在这样的思路下，屠呦呦的团队结构发生了变化。

目前，屠呦呦团队共30多人，这些研究人员并不局限于化学领域，而拓展到药理、生物医药研究等多个学科，形成多学科协作的研究模式。屠呦呦介绍，未来青蒿素的抗疟机理将是她和科研团队的攻关重点。

“在对青蒿素抗疟机理研究方面，我们目前正在深入探讨‘多靶点学说’，并已取得一定研究进展。”中国中医科学院研究员、青蒿素研究中心学术委员会副主任廖福龙说：“青蒿中除青蒿素以外的某些成分虽然没有抗疟作用，但却能促进青蒿素的抗疟效果。”

不仅如此，科研人员在对双氢青蒿素的深入研究中，发现了该物质针对红斑狼疮的独特效果。屠呦呦介绍，根据现有临床探索，青蒿素对盘状红斑狼疮和系统性红斑狼疮有明显疗效。

据中国中医科学院中药研究所透露，“双氢青蒿素治疗红斑狼疮”已获国家食品药品监督管理总局批复同意开展临床试验。这也是双氢青蒿素被批准为一类新药后，首次申请增加新适应证。

永不止步：未来青蒿素依然是抗疟首选药物

世界卫生组织发布的《2018年世界疟疾报告》显示，全球疟疾防治进展陷入停滞。多项研究表明，在大湄公河次区域等地区，出现不同程度的对青蒿素联合疗法的抗药现象。

2019年4月25日，第12个世界疟疾日，中国中医科学院青蒿素研究中心和中药研究所的科学家们在国际权威期刊《新英格兰医学杂志(NEJM)》提出了“青蒿素抗药性”的合理应对方案。

屠呦呦团队提出，面对“青蒿素抗药性”现象，延长用药时间，疟疾患者还是能够被治愈。除此之外，现有的“青蒿素抗药性”现象在不少情况下其实是青蒿素联合疗法中的辅助药物发生了抗药性。针对这种情况，更换联用疗法中的辅助药物，就会取得更好的效果。

屠呦呦说，青蒿素价格低廉，每个疗程仅需几美元，适用于疫区集中的非洲广大贫困地区人群。因此研发廉价青蒿素联合疗法对实现全球消灭疟疾的目标意义非凡。

"中国医药学是一个伟大宝库，青蒿素正是从这一宝库中发掘出来的。未来我们要把青蒿素研发做透，把论文变成药，让药治得了病，让青蒿素更好地造福人类。"屠呦呦说。

(三)艰苦奋斗

艰苦奋斗是新时代中国劳模精神的本色。艰苦奋斗是指为实现伟大的或既定的目标而勇于克服艰难困苦、顽强奋斗、百折不挠、自强不息、居安思危、戒奢以俭的精神和行动。艰苦奋斗精神的内在核心是不怕困难、自强不息，不屈服于艰难困苦，不懈怠于富足安逸，不满足于已有的成绩，不避讳于自己的差距，始终奋发向上、谦虚谨慎，保持一种不断进取的精神状态。

艰苦奋斗的内涵和表现有两个层面。一是物质层面。物质层面的艰苦奋斗要求人们的消费水平要节制在合理的限度内，这个合理限度的衡量标准要与时代的社会生产力水平相适应。它提倡的是勤俭节约，珍惜劳动创造的物质财富，自觉克服贪图安逸、追求享受的思想。二是精神层面。精神层面的艰苦奋斗是指不畏艰难困苦、锐意进取、坚忍不拔、奋发有为的精神状态和为人民利益乐于奉献的行为品质。这种精神状态和行为品质的本质是一种积极进取、奋发有为的世界观、人生观和价值观。

艰苦奋斗作为一种精神品格，既有恒定的价值内核，也有着时代性的特色价值。新时代赋予了艰苦奋斗新的内涵，要求我们在思想上要锐意进取，在学习上要永不满足，在工作上要不断创新，在生活上要朴实无华。有的人错误地认为艰苦奋斗是贫困年代、困难时期提倡的一种精神，现在经济发展了，生活条件好了，没有必要再提倡艰苦奋斗；有的人甚至把坚持艰苦奋斗、勤俭节约看成"古板迂腐""不开窍"的思想和行为，把讲排场、比阔气、要派头当作时髦、荣耀、潇洒。实际上，弘扬艰苦奋斗的优良传统，不能以时代变迁作为追求名利的借口，不能只盯着眼前的利益。无论时代如何发展，只要人类改造自然和社会的活动不止息，艰苦奋斗精神就永不过时，并且始终值得提倡。

新时代劳模凭借艰苦奋斗的价值追求，锐意进取、奋发有为，攻破了一个又一个阻碍实现中国特色社会主义现代化建设的难题，取得了一个又一个惊叹世界的成就。劳模秉承艰苦奋斗的优良作风，在工作中忘我劳动、开拓创新、奉献集体，表现出崇高的美德和精神风貌。新时代中国劳模精神之所以能够继续发挥其号召力、感召力和影响力的作用，就是因为劳模精神中包含着长期以来具有的、始终如一的艰苦奋斗精神因素，并成为当代中国劳模精神最稳定和永恒的本色。

(四)勇于创新

勇于创新是新时代中国劳模精神的核心。勇于创新的精神，即运用已有的知识、信息、技能和方法进行发明创造、改革、革新的意志、勇气和智慧。党的十九大报告指出，"创新是引领发展的第一动力，是建设现代化经济体系的战略支撑"。创新精神是一个国家和民族发展的不竭动力，也是推动人类文明不断向前发展的重要力量。新时代中国劳模充分发挥先锋模范作用,不断钻研科学技术,全面提升勇于创新的本领,锐意进取、勇于创新,不断增强善于创造的能力,为中国特色社会主义现代化发展建设作出了突出贡献。勇于创新、强于创造已经成为当代中国劳模精神的关键内容和核心内涵。提倡勇于创新、善于创造的劳模精神是实现中华民族伟大复兴的现实需要。

(五)淡泊名利

淡泊名利是中华民族的传统美德,是做人的崇高境界。淡泊名利不是力不能及的无奈,也不是心满意足的自赏,更非碌碌无为的哀叹,而是以超脱世俗、豁达客观的态度看待一切。

淡泊名利是当代中国劳模精神的境界,涵养着当代中国劳模精神。名利反映的是一个人的劳动成果和贡献得到社会公认,并获得相应的物质报酬。淡泊名利是一种境界,追逐名利是一种贪欲。劳模的业绩与淡泊名利的崇高精神密不可分,许多劳模几年、十几年,甚至几十年如一日,像螺丝钉一样把自己"拧"在平凡的工作岗位上,默默耕耘、奋斗不息,并且能做到清心寡欲、淡泊名利,脚踏实地地实现自己的人生理想和生命价值,成为人们尊敬的先进人物。

正确的名利观会影响和铸就高品位与高格调的人。新时代,我们仍然必须倡导劳模保持的本来就具有的安贫乐道、甘于寂寞、淡泊自守、不求闻达的豁达态度,学习、继承老一辈劳模体现的谨守本分、淡泊名利的精神境界。现代社会充满竞争,也充满诱惑和浮躁,人们的价值观呈现多元化。学习劳模,就是要学习他们淡泊以明志、宁静以致远的优秀品格,把为理想而奋斗当作人生快乐的源泉,用高尚的理想和情操充实自己的精神世界,努力实现人生价值。

探讨与研究

钟南山,中国工程院院士,著名呼吸病学专家,中国抗击非典型肺炎、新型冠状病毒肺炎的领军人物,曾获"新中国成立以来最具影响力的劳动模范"称号。与国家卫健委高级别专家组组长、呼吸疾病国家重点实验室主任……这么多名誉头衔形成鲜明对比的,是他对物质生活的无欲无求。钟南山院士的家或许可用"寒碜"来形容。一所老旧的小区内,房子仅仅80平方米,陈旧的家具,掉漆皮的窗门。他说:"我们家从来不谈钱,只谈学术。"

2020年,袁隆平吃早餐的照片在网络上走红。他与妻子的早餐是一碟鸡蛋煎饼、两节玉米、两个鸡蛋和一碟红枣,主食是稀饭。除了朴素的早餐以外,袁老简单的住处也令人感受到他生活的干净与淳朴。作为中国工程院院士、"杂交水稻之父",他让全世界五分之一的人吃饱了饭。当他名满天下的时候,他却仍只专注于田畴。

与以上两位形成鲜明对比的是,如今社会上追名逐利的人越来越多,很多人为了一己之利,不惜突破道德底线,损害他人利益。

请结合以上材料,谈谈你对"名利"的看法。

(六)甘于奉献

甘于奉献是当代中国劳模精神的底色。奉献的内涵很丰富,包括不怕困难勇挑重担的精神、见义勇为助人为乐的精神、不计报酬不为私利的精神、勤勤恳恳忘我工作的精神。奉献既需要在国家和人民需要的关键时刻挺身而出、慷慨赴义,也需要融汇和渗透在人们日常的工作和生活中。无私奉献精神是一个国家、一个民族、一个企业的精神精华,是推动经济社会发展进步的原动力。

奉献是一种态度,是一种行动,也是一种信念。无论是新中国成立前党对劳动英雄和先进工作者的表彰宣传,还是新中国成立后对劳模精神轰轰烈烈地弘扬,都重点强调了劳模尊重劳动、奉献担当的浓厚意识,肯定了劳模顾全大局、默默奉献的可贵品质。

时空变幻,劳模精神的内涵在变,但劳模甘于奉献的追求没变。无论是体力型劳模,还是智力型劳模;无论是生产者,还是创业者;无论是比表现,还是比贡献,劳模的核心价值始终不变,即为他人、为社会、为国家多作奉献的道德感、责任感和荣誉感。劳模在平凡中追求不止、奋斗不止,用无私的奉献精神编织出美丽的事业蓝图。我们要学习劳模的奉献精神,把奉献作为自己人生价值观的重要坐标,从而规范自己的思想和行为。

一代代劳模在自己的岗位上用劳动为祖国和人民奉献一切,在奉献中实现自己的人生价值,体现出无私奉献的优秀品质,体现出报效祖国、服务人民的崇高追求。

甘于奉献已经成为中国劳模精神最鲜明的标识,镌刻着劳模为党和人民贡献一切的光荣而不朽的印记。甘于奉献理当是当代中国劳模精神内涵中最亮丽的底色。

故事欣赏

林业局"五一劳动奖章"获得者孙海军

我们身处的时代并不缺少英雄和偶像。总会有这样的一些人,因为他们的存在,令世界充满希望和感动。一个大学毕业生用自己的青春年华和智慧"替山河装成锦绣,把国土绘成丹青"。一个林业工作者以自己的力量和行动,诠释着一个人对国家、对社会应当担起的责任。

他努力了30年,但将永远惠及那里的子孙后代,他就是孙海军,中国营林史上一个应该被永远记住的名字。

自1970年从东北林学院毕业后,在一个偏远的山区经营所一干就是30年,用辛勤的汗水给那里的大山再披一片新绿。他创造了全国营林战线上的奇迹。"好是无止境的","我只是和大家一起,为林区人做了一件有益的事",朴实无华的言辞令人肃然起敬。从他身上,我们看到了一个知识分子强烈的社会责任感,这种责任感浸透着他对人民、对民族、对祖国深深的爱,这种责任感让他殚精竭虑,倾其所有。

种一片成林一片

孙海军从小在辽宁省西部的北镇长大,那里荒山秃岭,四季风沙,暴雨成灾,频繁的洪涝灾害之苦让他刻骨铭心。通过学习,认识到这是森林过度砍伐造成植被破坏、水土流失的结果。1970年,25岁的孙海军从东北林学院采运系毕业,被分配到伊春市双丰林业局茂林林场,成为一名采运技术员。当时的林区生活条件非常艰苦,他没有一丝动摇,更没有向困难低头,一心扑在本职工作岗位上,常年吃住在工段、机队,风餐露宿,起早贪黑,精心保养和维护各种机械,多次被评为场、局先进生产者,并于1983年入党。他在这个岗位上踏踏实实地干了13年,小兴安岭的林涛风雪伴随他度过了青春年华。但在板斧电锯和运输机械的轰鸣声中，孙海军渐渐发现茂林变了，只十来年的光景，随着一车车木材的外运，一座座大山被剃成“秃头”，大森林失去了往昔那种蓬勃葱茏的生机和光彩。

一个拥有几万公顷林地的林场已经没有多少可用的木材。往日神采飞扬的采伐队伍也显出了残破衰败的窘相：作为采运机械的技术员孙海军越发真切地感受到只砍不栽、资源危机、“吃祖宗饭，断子孙路”的残酷，深深的忧患意识让他开始萌发以造林为己任，为国家培育后备森林资源的信念，并开始有意识地自学营林知识。

1983 年秋天，局党委任命他为福民经营所的副所长，给他提供了一个实现自己理想和愿望的机遇与舞台。福民只有 300 多户人家，最近的庆安县也有近两个小时的车程，林业的“两危”已在这里凸显。

面对这一切，当时已经 39 岁的他，紧迫感、危机感使他把信念付诸行动，说干就干，毅然立即把家搬到福民。在退休前造成 10 万亩人工林的奋斗目标，让孙海军负重拼搏，百折不挠，为实现人们梦寐以求的“青山常在，永续利用”的理想艰苦奋斗直至退休，创造了高寒地区营林史上的奇迹。

营林是份苦差事。热天，林子里像蒸笼，把人闷得透不过气来，蚊虫叮咬非常厉害，恨不能将人血吸干，每年都不知被草爬子叮咬过多少次，起大包，流黄水，奇痒无比，若被感染上森林脑炎还会有生命危险。雨季，上山下山须蹚过无数沟塘泡泽，由于买不起雨靴，只能穿胶鞋在水里蹚。双脚每天都泡得发胀，衣服鞋子经常都是湿淋淋的。渴了，只能喝几口沟塘里生了虫子的污水；饿了，馒头咸菜就着冷风沙土一股脑儿地往肚里咽，这又苦又累还不挣钱线的活儿就连当地的农民都不愿干。当时林业局经济危困，累计 37 个月没发工资，每月 200 多元的工资还不一定及时兑现，组织动员劳动力非常困难，他每年都得像走亲访友一样，组织劳动力，挨门挨户苦口婆心动员人们上山营林。

山里有句老话：一年青，二年黄，三年见阎王。这是很多地方种树不成林的结论。孙海军深知，种树是良心活，有时糊弄也很难立即发现。很多外雇种树的人不懂得种树的规矩，只是为了挣钱，稍一疏忽，就会出现扔地块、插树条甚至扔树苗的现象。要想管好这些满山遍野、单兵作战的“杂牌军”，就得每天跟班，一处不漏地一天不空地检查。一次，一个班抚育一片地处福民经营所最南端的林木，这里下了公路还要步行一个多小时的荒山野径，中间还得蹚一段没膝深的水沟。承包人认为这边边角角的地方孙海军肯定不会过来，因此抚育时简单应付一下，个别地方还扔下几条林带。哪想到，孙海军顶着骄阳，赶了十几里的山路来到施业区，发现问题后马上责令返工，并督促该区验收员一定把好关，可是过后，该区验收员却在没返工的情况下搪塞说已经返工并验收合格了。孙海军听完汇报又直奔林地亲自查看，并立即召集各施业区验收员开现场会，狠狠地批评了不负责任的验收员和承包人。他说：“树木是林区人的饭碗和命根子，国家投入这么多资金，花这么多人力，为的是咱们福民的老百姓将来有活干、有饭吃，谁要是藏奸、偷懒、敷衍，就是祸害福民的子孙后代。”他严把质量、技术和验收三关，检查验收时时常用砍刀挖土看苗根，栽的浅的、窝根的，一律拔掉重栽。

对外人他不留情面，对“自家人”他也毫不客气。1999 年春，孙海军的一个亲属上山植树，收工时把两小捆没用完的树苗扔在了山里。孙海军发现后，不但让他把树苗背下山，还罚款200元。孙海军夫妻俩都是外地人，在福民就这么一家亲戚，尽管他很珍惜这份亲情，但为了保证造林的数量和质量，也只能抹下脸来。为此他得罪了不少人，但是看到栽的树已经成林，更多的人开始理解，进而敬佩。

山区的天，孩子的脸。刚刚还红日当空，骄阳似火，转眼就黑云密布，大雨如注。老天好像在有意考验孙海军的意志，动不动就和他较劲。在一个春寒料峭的日子，上山的工人刚走，淅淅沥沥的小雨夹着雪花便下了起来。一个验收员对正在发动摩托车的孙海军说："下雨了，到山上准得浇成'落汤鸡'！"孙海军说："工人都不怕浇，咱咋那么娇贵？"说完使劲一踩油门，走了。到达施业区时，孙海军脸上冻得青紫，身子不停地打战。福民的人都说，孙海军造林拼的是命，用的是心，这话一点儿不假。年复一年，日复一日，整地、抚育、清林、造林，只要工人上山作业，他就跟班检查指导。常年野外作业，夏顶酷暑，冬战严寒，晴天一身汗，雨天一身泥，风吹日晒，脸上只有皱纹才能看出本来的肤色，严重的胃病和关节炎时常折磨着他。

福民的干部群众都知道他上山必带的三件东西：砍刀、肚带、望远镜，都称这是他的"三宝"。砍刀是上山开路、补齐工程标记、防身壮胆的，肚带是老伴用布和羊毛毡子缝制的用来防止胃病发作的；望远镜则是用来及时发现林中的火情、火警和观察、监督营林质量的。身背望远镜，腰挂砍刀，孙海军这一身着装成为营林队常见的一道风景，上山下山就像每天的日出日落一样平常。自然造林实践中，孙海军总结出了"均匀植树法""直镐植苗法""整地留树法""落叶补云法"等一整套"孙海军造林法"，就连植树用的家什也被他改造了。他根据当地的植被特点，将以往使用的锐角镐头改成直角镐头，用起来既省时又省力，大大提高了植树的效率。这种科学造林法，创下了高寒地区造林高成活率的奇迹，造林面积保存率接近100%。黑龙江省林业调查设计院一位专家看了这里的人工林后，深有感触地说："从没见过成活率这么高的人工林！"他还大胆突破传统的营林管理办法，提出了"以户为主、两级管理、三级验收、效益挂钩、全面承包"的管理办法，严格按照营林规程办事，为以后双丰局实施的"苗木商品化、造林私有化"奠定了基础。

孙海军像熟悉自己的家一样熟悉福民林场的每一块林地，像疼爱自己的儿女一样心疼每一棵小树。他踏遍了福民经营所施业区的山山岭岭，时时牵挂着每个林班小号的林木生长情况。有一回，上山途中，孙海军发现一棵小树被风吹倒，细嫩的枝叶伏在地上，树根裸露在外，他马上蹲下去，把小树摆正，又找根木棍支起来，培上土，踩结实。

孙海军是经营所副所长，场里还有技术员、验收员把关，他少进几趟山、少跑几回林，也在情理之中。可不管是清理林场、造林抚育还是整地刨穴、技术指导，不管是春夏秋冬、刮风下雨，还是身体不适，工人进山孙海军就一定"跟山"。1998年4月，孙海军到哈尔滨参加党代会，此时正是春季造林的大忙季节。开完会当天，他就匆匆忙忙赶回所里，顾不得回家，便马不停蹄地了解造林进度，同验收员商量下一步的补种计划。晚上9点多，许多山里人已进入梦乡，他才拖着疲惫的身子踏上回家的路。每次从山里回来，他都感觉身子像散了架似的，所有的关节都隐隐作痛。是大山变绿、万木成林的愿景支撑他这么拼命。

……

为了实现营造10万亩人工林的目标，孙海军在大山里苦干了19年。19年，他每年都爬山钻岭300多天，无论疲劳、疾病折磨，金钱、地位诱惑，始终不改初衷，一心一意带领大家上山植树，管护森林。有人好奇地计算过：19年来，他跑山走的路，累积里程可以绕地球转两圈儿。

孙海军创造了一个奇迹，一个让专家赞叹不已的奇迹。按照林区营林标准，5年保存率达到70%已属不易，而孙海军带领职工栽种的人工林3年面积保存率接近100%，采伐迹地更新率达到100%，成为一个采伐育林同步、造林成林“双超”11万亩的林场。

做一个有益于人民的人

人生是由一连串的抉择串起来的，孙海军在他人生的十字路口遇到过很多次可以改变命运的机会。他刚到福民不久，林业局在大学毕业生中选拔局级干部，民意测验显示：孙海军众望所归。党委领导找他谈话，要他作好挑起重担的准备。孙海军不是不食人间烟火，他何尝不想施展一番作为，但他想，自己的造林事业刚刚起步，这是关系到福民几代人生存生计的大事，怎能为了个人的前途而说放弃就放弃呢？再说林区没有树，也就没有了一切，种树虽然又苦又累，但总得有人干啊！他对领导说双丰不缺干部，缺的是后备资源，我还是留在福民做点具体事情吧。

有人说，孙海军的想法和一般人不一样。在很多人看来颇为诱人的东西，孙海军却视之淡如清水。1989年，局里准备提拔孙海军到主伐任务较重的北屯林场当场长。这是一个有职有权、有人眼红、有人巴结的“美差”。局里连他到北屯的住房都为他准备妥当了。但孙海军想，福民这几年种的树刚刚形成规模，如果自己一走，造10万亩人工林的设想又将半途而废。想来想去，他还是放不下造林的念头。在代理了4个月北屯林场场长之后，又毅然回到福民。他的弟弟看到哥哥工作生活的条件很艰苦，身体也不好，就为他在家乡北宁市（今辽宁省北镇市）农机局联系好了工作，调令都寄来了，但他仍旧没有走。他知道自己的追求，也尽心尽力想给福民的百姓再造福地。就这样，他放弃了升迁的机会，心无旁骛、把自己的身心牢牢地锁定在福民，痴心不改地造林种树。

寄语

劳动模范是劳动群众的杰出代表，是最美的劳动者。劳动模范身上体现的“爱岗敬业、争创一流，艰苦奋斗、勇于创新，淡泊名利、甘于奉献”的劳模精神，是伟大时代精神的生动体现。我们要在全社会大力宣传劳动模范的先进事迹，号召全社会向他们学习、向他们致敬。要为劳动模范更好施展才华、展现精神品格提供全方位支持，使他们的劳动技能、创新方法、管理经验能广泛传播，充分发挥示范带动作用。

——2016年4月26日，习近平在知识分子、劳动模范、青年代表座谈会上的讲话

二、劳模精神的时代价值

（一）劳模精神凝聚建功新时代的磅礴伟力

2018年“五一”国际劳动节之际，习近平总书记在给中国劳动关系学院劳模本科班学员回信中提出，希望“用你们的干劲、闯劲、钻劲鼓舞更多的人，激励广大劳动群众争做新时代

的奋斗者”。劳动模范是“干出新时代”的排头兵，是践行“实干兴邦”的楷模。激励广大劳动群众争做新时代的奋斗者，就是要让实干担当在新时代蔚然成风，让改革创新在新时代焕发活力，让精益求精在新时代落地生根。只要我们持之以恒地弘扬劳模精神，充分调动起广大劳动人民的积极性、主动性和创造性，就一定能最大限度地聚合起人们饱满的奋斗热情，从而为建功新时代、实现中国梦凝聚起磅礴的中国力量。

（二）劳模精神引领新时代产业工人队伍建设

推进产业工人队伍建设，是以习近平同志为核心的党中央着眼于巩固党的执政基础、实施制造强国战略、全面提高产业工人素质作出的重大决策部署。在抗击新冠肺炎疫情全民战争中，广大产业工人，尤其是大批劳动模范，积极参与到疫情防控的各条战线中，以艰苦卓绝的劳动创造了中国速度，谱写了一曲曲抗疫赞歌，充分体现了产业工人在非常时期的非常担当，彰显了中国特色社会主义制度的显著优势。在新时代，应充分发挥劳动模范和工匠人才的示范带动和价值引领作用，培养造就更多劳动模范、大国工匠，努力打造一支有理想守信念、懂技术会创新、敢担当讲奉献的宏大产业工人队伍，建设知识型、技能型、创新型劳动者大军。

探讨与研究

当前，有些人对劳动模范的印象还停留在“出大力、流大汗”，认为在信息时代、智能革命的背景下不需要劳模精神。

请结合所学知识，谈一谈你的看法。

（三）劳模精神昭示新时代劳动教育的价值取向

习近平总书记在全国教育大会上强调，“要在学生中弘扬劳动精神，教育引导学生崇尚劳动、尊重劳动，懂得劳动最光荣、劳动最崇高、劳动最伟大、劳动最美丽的道理，长大后能够辛勤劳动、诚实劳动、创造性劳动”。这既是对广大学生涵养深厚劳动情怀的谆谆嘱托，更是对未来劳动者用奋斗成就梦想的殷切期待，昭示着新时代劳动教育的价值取向。劳动模范是每个时代劳动精神的典型化身，是引导广大学生培育践行社会主义核心价值观的宝贵财富和有效载体。应充分发挥劳动模范先进事迹和优秀品质的感召作用，让青少年有机会近距离接触劳动模范、聆听劳模故事、感受劳模精神，在实践中体悟劳模精神，在磨炼意志和增长才干中感受劳动的乐趣和收获，从而培育辛勤劳动、诚实劳动、创造性劳动的精神气质。

劳模精神作为社会主义国家对于劳动作用的高度彰显，在培育时代新人方面有着不同寻常的价值，它能培养学生热爱劳动的情怀、劳动光荣的信念和劳动实干的担当，是培育时代新人的重要手段。

（四）劳模精神为社会主义建设创造巨大的经济价值

劳模精神的经济价值主要体现在两个方面：一是劳模精神激励下创造的直接经济利益，二是劳模品牌创造的文化资本。

不同时代的劳模都以不同形式在不同的岗位上创造经济价值，他们或者创造新的工艺技术，或者创造更多的单位时间价值，在特定范围内代表先进的生产力水平。

从“旗帜鲜明的边疆工人”赵占奎、军工先驱吴运铎，到“高炉卫士”孟泰、“铁人”王进喜、“两弹一星”邓稼先，再到“蓝领专家”孔祥瑞、“金牌工人”窦铁成、“白衣圣人”吴登云，在改革开放的新时期，他们都为社会主义建设创造巨大的经济价值，谱写了一首首动人的歌曲，为群众树立了光辉的榜样。

中国社会主义建设的辉煌成就离不开亿万中国劳动者的艰苦奋斗和无私奉献，离不开广大劳动模范的创新、奋斗和追求卓越，他们体现了劳动模范的伟大精神，正是这些伟大精神引领和推动了中国经济的发展与繁荣。

三、劳模精神的鲜明特色

（一）劳模精神与中华民族伟大复兴相托相生

习近平总书记指出，实现我们的奋斗目标，开创我们的美好未来，必须紧紧依靠人民、始终为了人民，必须依靠辛勤劳动、诚实劳动、创造性劳动。实现中华民族伟大复兴的中国梦，是中华民族近代以来最伟大的梦想，这个梦想凝聚了几代中国人的夙愿。现在，我们比历史上任何时期都更接近这一目标。我们也要清醒地认识到，在这一伟大征程中，幸福不会从天而降，梦想不会自动成真。“民生在勤，勤则不匮。”决战脱贫攻坚、决胜全面小康，“两个一百年”奋斗目标的实现，需要全体中华儿女众志成城、万众一心，把一切力量都凝聚起来，把一切积极因素都调动起来，以劳动托起中国梦。如果每一位劳动者都能身体力行，做劳模精神的践行者，做新时代的奋斗者，那么，中国梦照进的现实，正是每一个中国人用奋斗赢得的未来。

（二）劳模精神与社会主义核心价值观相融相通

习近平总书记指出，劳动模范和先进工作者“爱岗敬业、争创一流，艰苦奋斗、勇于创新，淡泊名利、甘于奉献”的劳模精神，生动诠释了社会主义核心价值观，是我们的宝贵精神财富和强大精神力量。社会主义核心价值观传承着中华优秀传统文化的基因，寄托着近代以来中国人民上下求索、历经千辛万苦确立的理想和信念，也承载着每个人的美好愿景。劳模精神作为民族精神和时代精神的重要内容，与社会主义核心价值观在文化传承、教育导向、爱国情怀、道德提升等方面高度契合。作为个体，劳动模范以“爱国、敬业、诚信、友善”为行为准则，是个人践行的典范；作为公民，他们以“自由、平等、公正、法治”为社会价值取向，是价值引领的旗帜；作为人民一分子，他们以“富强、民主、文明、和谐”为奋斗目标，将“小我”融入国家发展的潮流中，是价值实现的楷模。

（三）劳模精神与工匠精神相辅相成

党的十九大报告作出了“建设知识型、技能型、创新型劳动者大军，弘扬劳模精神和工匠精神，营造劳动光荣的社会风尚和精益求精的敬业风气”的总体部署。就精神载体而言，劳模精神和工匠精神在产生机制、评价标准、时代背景、职业基础等方面存在明显区别。但是，这两种精神的内涵也具有共同特征：都继承了中华优秀传统文化中劳动文化的精髓，具有共同的文化底蕴；都立足于职业岗位，取得了突出业绩，作出了重要贡献，具有共同的价值导向；都练就了卓越技能，用个人的劳动实践阐释了劳动的境界，具有共同的价值实现。纵观不同时期的劳动模范，有许多劳动模范堪称大国工匠，而今日很多大国工匠也无愧于“劳动模范”的荣誉称号。劳模精神和工匠精神都是以爱国主义为核心的民族精神和以改革创新为核心的时代精神的生动体现。

四、弘扬劳模精神的意义

（一）社会文明进步的重要尺度

劳模精神的传承和发展与社会物质文明、精神文明的进步程度紧密相联。只有国家物质力量和精神力量得以夯实，人民物质生活和精神生活得到改善，才能实现中华民族伟大复兴的中国梦。

劳模精神作为一种职业精神，彰显了崇尚劳动、尊重劳动者、用劳动托起中国梦的价值理念和鲜明导向，其本质同社会主义核心价值观，特别是同敬业诚信的要求高度契合。劳模精神在物质文明的创造过程中发挥着强大的精神动力及智力支持，是建设社会主义现代化和创造国家繁荣富强的依靠。

（二）中国制造前行的精神源泉

经过几十年的改革开放，中国已成为世界制造业大国，被称为“世界工厂”。随着科技日新月异和全球制造业的发展变化，现代经济越来越呈现为一种品牌经济，塑造良好的品牌形象、有效开发、经营品牌资本，是企业内涵的重要体现，是国家资本价值增值的重要来源，也是中国参与国际市场竞争、占领市场制高点的重要手段。

劳模精神是“中国制造”迈向“中国创造”的动力源泉。为推动中国制造向中国创造转变、中国速度向中国质量转变、中国产品向中国品牌转变，中国产业工人正用双手创造奇迹，以自身蕴藏的劳模精神践行中国制造业强国的梦想。

（三）员工成长的道德指引

劳模精神作为一种职业精神，是企业员工提升个人精神、追求完善个人职业素养、实现个人成长进步的重要道德指引。

企业的生存和发展离不开员工的努力奉献，每位员工的自我实现也离不开企业这个广阔的舞台。劳模多来自企业一线，工作生活在广大员工身边。他们既是企业的一个“品牌”，更是普通员工争相效仿的榜样。劳模精神帮助员工发现和对照自身的不足、积极开掘自己的潜力和优势，使其从企业共同愿景中看到前行的目标，一步一个脚印地踏实前行。弘扬和践行劳模精神不仅使企业在市场竞争中立于不败之地，也是员工实现个人发展进步的有效途径。

故事欣赏

黄大年：用生命书写探地故事

传承民族精神，奋斗新时代

距离地球物理学家、吉林大学教授黄大年去世，已经过去了22个月，很多人都很想念他。

“黄老师倾尽毕生心血的地球探测项目还在继续，我们时刻都在怀念他，他的为人处世永远值得我们学习。”吉林大学地球探测科学与技术学院教授、黄大年生前助手于平在电话里告诉《科技日报》记者。

她没有过多倾诉思念：“我们只想全力以赴把研究工作推进下去。黄老师生前十分低调，一心扑在科研上，我觉得只有做出成绩才是对他最好的纪念。”

2017 年 1 月 8 日，年仅 58 岁的黄大年病逝。

心有大我，至诚报国。一年来，黄大年的事迹在神州大地被广为传颂，激励着无数人奋力前行。

至诚报国，创造多项“中国第一”

人们感动于他的爱国情怀。2009 年 4 月 22 日第 40 个“世界地球日”当天，我国启动了“深部探测技术与实验研究专项”。但在向地球深部进军的路上，缺乏高精度地球探测仪器装备掣肘相关技术的发展。

彼时，海漂 18 年之久的黄大年已蜚声中外。作为航空地球物理研究领域的科学家，他是剑桥 ARKeX 地球物理公司研发部主任，带领着一支 300 人的团队，从事海洋和航空快速移动平台高精度地球重力和磁力场探测技术工作。

2009 年年底，当听到祖国的召唤，黄大年立即决定回国。同事们的含泪挽留、妻子卖掉诊所后的痛哭、女儿独在异乡的孤独都没有让他停下归国的脚步。

参与“深部探测技术与实验研究专项”是黄大年回国后的第一项重要任务——担任专项第 9 项目“深部探测关键仪器装备研制与实验项目”的负责人。在他的带领下，400 多名科学家创造了多项“中国第一”，为我国“巡天探地潜海”填补了技术空白。

他带领团队用 5 年时间完成“深部探测关键仪器装备研制与实验项目”，让我国深探仪器的技术总体达到国际领先水平；地面电磁探测系统工程样机研制工作取得显著成果，为产业化和参与国际竞争奠定了基础；固定翼无人机航磁探测系统工程样机研制成功，填补了国内无人机大面积探测领域的技术空白……

人们难忘他作为战略科学家的高瞻远瞩。黄大年推动成立吉林大学移动平台探测技术研发中心，以航空重力梯度仪为核心，建立立体探测系统。

回国仅半年多，黄大年就统筹各方力量，绘就了一幅宏大的新兴交叉学科蓝图。2016 年 9 月，一个辐射地学部、医学部、物理学院、汽车学院、机械学院、计算机学院等的非行政化科研特区初步形成，黄大年担任吉林大学新兴交叉学科学部首任部长。这个战略设想涉及卫星通信、汽车设计、大数据交流、机器人研发等众多科研领域。

无私忘我，是学界的一股清流

人们心疼他的分秒必争。永远坐最晚一班航班，手术前一天还在谈工作……

黄大年办公室墙面上有着一张巨大的日程表，直观地说明了主人的忙碌：赴西北地区指导地方科技建设、教育部“长江学者”评审……

日程表上的时间停在 2016 年 11 月 29 日。上面潦草地标记着“第七届教育部科技委地学与资源学部年度工作会”。那天凌晨 2 点，北京飞往成都的最晚航班刚一落地，黄大年就被急救车接走。经过简单检查后，他逃出医院，“因为第二天的会太重要了”。

他的眼里只有工作。傍晚时分,黄大年的夫人张燕常拿着切成小块的水果来办公室看望他。“黄老师总是说,放那儿吧,正忙呢,你先回去。”黄大年的学生马国庆说,虽然师母会要求看着他吃完,但经常还是无奈地走了。

人们感念他的不求私利、无私忘我。他将科学放在第一位。一回国,黄大年就搅动了国内学界。原国土资源部科技与国际合作司副司长高平说:“大年不讲‘关系’,不搞‘你好我好大家好’。他是学界的一股清流。”

作为国家多个技术攻关项目的首席专家,黄大年经手数亿元的项目经费。怎么分配这一笔钱,他的发言权最大。有和他相熟的专家来找黄大年要经费,黄大年却说:“在科学上,我没有对手,也没有朋友。”

黄大年的故事还有很多很多。他已经走远,但他又从未离去。他精神的火炬,还在照亮无数人前行的道路。

第四节　工匠精神篇:致敬美丽匠人风范

从本质上讲,“工匠精神”是一种职业精神,它是职业道德、职业能力、职业品质的体现,是从业者的一种职业价值取向和行为表现。在新的时代弘扬和践行“工匠精神”,须深入把握其基本内涵、当代价值与时代意义。

一、“工匠精神”的基本内涵

古往今来,工匠精神一直都在改变着中国,改变着世界。木匠祖师鲁班、造纸术发明者蔡伦、活字印刷发明者毕昇、造桥匠师李春……中国人从来都不缺乏工匠精神,因为它和中华民族传统文化精神同源。早在2300多年前,《庄子·达生》篇中就曾记载了一位鲁国木匠梓庆,全文仅146字,朴实无华地述说了一位中国匠人的精神境界与风骨:专注守心,物我两忘,执着技艺。

历史长河滚滚向前,中华民族的工匠精神在岁月的沉淀洗礼中焕发出了崭新的时代内涵。习近平总书记于2019年我国技能选手在第45届世界技能大赛上取得佳绩后作出重要指示,“弘扬精益求精的工匠精神,激励广大青年走技能成才技能报国之路”。工匠精神的内涵和技能报国的外延,是新时代工人阶级优秀品质的集中体现,是新时代激励广大职工实现中国梦的强大精神力量。

新时代的中国工匠精神,除了具有一般意义上工匠精神的内涵,还具有自身的特殊性:既是对中国传统工匠精神的继承和发扬,又是对外国工匠精神的学习借鉴;既是为适应我国现代化强国建设需要而产生,又是劳动精神在新时代的一种新的实现形式。它与劳模精神、劳动精神构成一个完整的体系,成为激励广大职工实现中华民族伟大复兴中国梦的强大精神力量。

“工匠精神”的基本内涵包括敬业、精益、专注、创新等方面的内容。

（一）敬业

敬业是从业者基于对职业的敬畏和热爱而产生的一种全身心投入的认认真真、尽职尽责的职业精神状态。中华民族历来有“敬业乐群”“忠于职守”的传统，敬业既是中国人的传统美德，也是当今社会主义核心价值观的基本要求之一。早在春秋时期，孔子就主张人在一生中始终要“执事敬”“事思敬”“修己以敬”。“执事敬”，是指行事要严肃认真不怠慢；“事思敬”，是指临事要专心致志不懈怠；“修己以敬”，是指加强自身修养保持恭敬谦逊的态度。宋代大思想家朱熹将敬业解释为“专心致志，以事其业”。

（二）精益

精益就是精益求精，是从业者对每件产品、每道工序都凝神聚力、精益求精、追求极致的职业品质。所谓精益求精，是指已经做得很好了，还要求做得更好，“即使做一颗螺丝钉也要做到最好”。正如老子所说，“天下大事，必作于细”。能基业长青的企业，无不是精益求精才获得成功的。

精益求精是注重细节，追求完美，不惜花费时间和精力，孜孜不倦，反复改进产品。优秀的工匠是不允许自己出败笔的。因为工匠的作品不光是用来换取金钱的商品，更是倾注了自己心血的艺术品。艺术品岂能容忍败笔呢？对技术精益求精，对作品精雕细琢，不是为了用诚意之作换取“业界良心”的用户口碑，而是为了不愧对自己的“工匠灵魂”。瑞士手表得以誉满天下、畅销世界、成为经典，靠的就是制表匠们对每一个零件、每一道工序、每一块手表都精心打磨、专心雕琢的精益精神。

（三）专注

专注就是内心笃定而着眼于细节的耐心、执着、坚持的精神，这是一切“大国工匠”所必须具备的精神特质。从中外实践经验来看，工匠精神都意味着一种执着，即一种几十年如一日的坚持与韧性。德国除了有人们耳熟能详的奔驰、宝马、奥迪、西门子等知名品牌之外，还有数以千计普通消费者没有听说过的中小企业，它们大部分“术业有专攻”，一旦选定行业，就一门心思扎根下去，心无旁骛，在一个细分产品上不断积累优势，在各自领域成为“领头羊”。其实，在中国早就有“艺痴者技必良”的说法。古代工匠大多穷其一生只专注于做一件事，或几件内容相近的事情。《庄子》中记载的游刃有余的“庖丁解牛”、《核舟记》中记载的奇巧人王叔远等大抵如此。

专注是工匠最宝贵的品格之一，也是现代人最缺乏的品质之一。荀子说：“无冥冥之志者，无昭昭之明；无惛惛之事者，无赫赫之功。”这句话的大意是：人要能静下心来保持精神专注，这样才能做到头脑清晰、思虑明澈，从而正确地为人处世，进而建立功勋。不能保持专注是工匠精神的大忌，也是降低效率的头号杀手。于纷乱喧嚣中保持浑然忘我的状态，把所有的智慧与心力聚焦于手头的工作，是工匠最令人肃然起敬的地方。专注不是三天打鱼，两天晒网。专注不是一分一秒，专注有时需要一年、十年、二十年、五十年，多年如一日地把一件事情做好，把一件产品做完美。专注是集中了时间、集中了精力、集中了资源、集合了智慧做好一件事，做完美一件产品。正因为专注，所以能最大限度发挥自己的积极性、主动性、创造性，创造出最好的产品。

在专业化程度越来越高的现代社会，工作对个人的知识和经验不断提出更高、更广、更深的要求。一个做事总是摇摆不定、变来变去的人，只会将自己长时间积累的经验和资源在自己的摇摆和变动中全部舍弃掉，而无法强化自己的专业知识，无法形成自己的核心竞争力，最终也就无法超越他人。

（四）创新

“工匠精神”强调执着、坚持、专注甚至是陶醉、痴迷，但绝不等同于因循守旧、拘泥一格的“匠气”，其中包括追求突破、追求革新的创新内蕴。这意味着，工匠必须把“匠心”融入生产的每个环节，既要对职业有敬畏、对质量够精准，又要富有追求突破、追求革新的创新活力。事实上，古往今来，热衷于创新和发明的工匠们一直是世界科技进步的重要推动力量。新中国成立初期，我国涌现出一大批优秀的工匠，如倪志福、郝建秀等，他们为社会主义建设事业作出了突出贡献。改革开放以来，“汉字激光照排系统之父”王选，“中国第一、全球第二的充电电池制造商”王传福，从事高铁研制生产的铁路工人和从事特高压、智能电网研究运行的电力工人等都是“工匠精神”的优秀传承者，他们让中国创新影响了世界。

故事欣赏

游洪建：一生磨一剑

“华夏从来多匠人，情怀悠悠默无闻。”游洪建从一个对钳工一无所知的农村娃，通过自己的刻苦钻研和勤奋努力，逐渐成长为四川省五一劳动奖章者、全国技术能手、国务院政府特殊津贴获得者，2017 年获第五届四川省道德模范——敬业奉献模范称号。日前，他被四川省总工会联合五部门授予“四川工匠”荣誉称号。

匠人为基，匠心为本

1991 年，游洪建从农村进城顶替父亲，入职九洲集团。那年，他 18 岁，天气特别冷，听到父亲说让他顶班进厂做工人，以后免吃挖泥巴的饭，心里暖洋洋的。父亲为他换来铁饭碗，他知道，这就是父爱。

在他的想象中，工人是穿着白大褂在安静明亮的流水线上工作。但是，当他走进车间，除了打铁的机器就是打铁的人，机器轰隆隆响个不停。心想：昨天才放下了锄头，今天就又拿起了榔头。咋是铁饭碗？

以前做农民接触的都是简单重复、没有技术含量的农活，进了工厂，连什么叫机床、什么叫模具都不晓得，又看不懂图纸，对计算公式更是一窍不通。在师傅的指导下，他从了解简单的零件结构到制作，从对着零件看图纸到读懂图纸所表达的技术要领，用他的话说：“最擅长将抽象的东西变得清晰。”

“这 20 多年来，我一直坚信，工作不都是枯燥的，关键是该怎么对待它。”入职九洲 25 年来他阅读了上千册的专业技术书籍，职教 50 多家院校相关专业，写下了 8 本专业技术书籍并出版 3 本，其中《钳工工艺与技能》一书列为国家职业教育“十二五”规划教材。为此，多家新闻媒体对其事迹进行专题报道。

27 年过去了，游洪建深深体会到了“不忘初心”四个字的含量，更加懂得父亲当年期望子承父业的那份“坚守”背后，不仅是军工国防事业的责任与使命，更是“一生磨一剑”的工匠精神的体现。

“差之毫厘，失之千里”

钳工，其实就是用手工来完成机器不能完成的工作，将一坨坨钢坯锉成一个个精密的零件。“这是国防装备的一个精密构件，它要求达到的精度是千分之一毫米，是头发的70分之一，数控机床做到千分之三以后，最后的精度修正，由我们钳工来完成。”游洪建在工作室里，准备锉削一件精密零件，他将精密零件固定在工作台，而加工前，测量表一直晃动。他全神贯注地加工，一点一点地锉削，完成后测量表竟然纹丝不动。

“灵心胜造物，妙手夺天工。”游洪建在第五届科博会上展示了自己的拿手绝活。在一个鼓胀的气球上面放一张白纸，他蒙上双眼，手持高速旋转的手电钻在白纸上钻孔，随着电钻的钻动声，白纸上出现了一个个小圆孔，而气球却完好无损。这是他每天练习手感的必备功课。

“勤学如春起之苗，不见其增，日有所长。”如今，游洪建的技艺更加超群，大家都称他为“游大师”。2006年，他成为全省钳工状元。用游洪建的话来形容就是：“手现在可以抬在某个位置，可以一个小时纹丝不动。”

“技术创新讲究‘筋络’”

游洪建工具钳工技能大师工作室的技术攻关来源于生产、服务于生产，实行“项目立项制”。项目立项、攻关、验收、应用。其中一个项目的小构件加工中，要求该构件达到一定参数，质量极轻，韧度极强。

铝制的材料在热处理过程中，温度高了，难以提取合格构件；温度低，就失去韧性。构件的材料在加工时具有流动性，根据“屈服点”，就能把握构件形成参数的技巧。经过6个月将近300多次的试验，终于达到精密的参数指数，使得铝制材料的构件既有极轻的质量，又有被冲击后完整恢复原形的韧性。正因为有无数个类似这个构件一样的攻关技术、精益求精的环节，该项目获得中共中央、国务院、中央军委颁发的某工程重大贡献奖。

用游洪建的话说：“技术创新和医生看病是一样的，讲究‘筋络’。”

勤学是他善于学习，敏于思考。构件加工成功后，他也成功编撰出加工技巧的文件，描述常温和非常温加工的细节要素。

“既然当工人就要当好工人，要干活就要干好活。人家能干好的我也能干好，人家不能干好的我要想办法干好。”

参加工作27年来，游洪建由衷地慨叹，“一个合格的钳工，不是十年磨一剑，而是用自己的生命，一生磨一剑”。

二、“工匠精神”的当代价值

实现中华民族伟大复兴的中国梦，不仅需要大批科学技术专家，同时也需要千千万万的能工巧匠。更为重要的是，“工匠精神”作为一种优秀的职业道德文化，它的传承和发展契合了时代发展的需要，具有重要的时代价值与广泛的社会意义。

（一）工匠精神是社会文明进步的重要尺度

实现中华民族伟大复兴的中国梦，物质财富要极大丰富，精神财富也要极大丰富，只有物质文明建设和精神文明建设都搞好，国家物质力量和精神力量都增强，全国各族人民物质生活和精神生活都改善，中国特色社会主义事业才能顺利向前推进。也就是说，物质文明与精神文明是推动社会文明进步的“两个轮子”，是实现中华民族伟大复兴中国梦的“一双翅膀”，二者缺一不可。事实上，“工匠精神”的发展程度，同一个社会的物质文明、精神文明的进步程度都直接发生着关联。从精神文明来看，“工匠精神”作为一种职业精神，在本质上它是同社会主义核心价值观特别是同其中的“敬业”“诚信”要求高度契合的。从物质文明来看，“工匠精神”在物质文明的创造过程中可以发挥强大的精神动力及智力支持作用。

（二）工匠精神是中国制造前行的精神源泉

为实现中国从全球制造大国到制造强国的跨越，提出了中国政府实施制造强国战略第一个十年的行动纲领。中国要迎头赶上世界制造强国，就必须在全社会大力弘扬以“工匠精神”为核心的职业精神。只有当敬业、精益、专注、创新的“工匠精神”融入生产、设计、经营的每一个环节，实现由“重量”到“重质”的突围，中国制造才能赢得未来。

（三）工匠精神是企业竞争发展的品牌资本

随着市场经济特别是知识经济的到来，现代经济越来越呈现为一种品牌经济。在现代市场经济视域下，作为知识资本形态的品牌形象也是一种可经营的企业资本，是一种潜在的、无形的、动态的、能够带来价值增值的价值，是传统的会计体系反映不了的无形资本。塑造良好的品牌形象，有效开发、经营品牌资本，是企业参与市场竞争、占领市场制高点的重要手段。事实上，工匠精神在企业品牌形象塑造和品牌资本创造过程中具有十分重要的作用。“工匠精神”也是企业品牌内涵的重要体现，也是企业品牌知名度、美誉度以及顾客忠诚度培育的有效途径，更是企业品牌资本价值增值的重要来源。其实，中华老字号全聚德烤鸭能够驰名世界，也是得益于其“食不厌精、脍不厌细”的“工匠精神”。

（四）工匠精神是员工个人成长的道德指引

尊重员工的价值、启迪员工的智慧、实现员工的发展，不仅是员工个人成长的强烈需求，同时也是现代企业的责任和使命。而“工匠精神”作为一种职业精神，是企业员工提升个人精神追求、完善个人职业素养、实现个人成长进步的重要道德指引。事实上，企业员工所具有的高尚职业操守和强烈工匠精神，同拥有较高专业知识技能一样，是其自身立足职场的重要条件和在未来职业生涯中脱颖而出的制胜法宝。

（五）工匠精神有利于劳动者实现自我价值

当今社会机器化生产提高了产品生产率，它对我们自由的发展形成了很大的弊端，不要因为有机器，使有技术、有特长、有艺术气息的工匠变成只会进行简单操作的会说话的机器，使我们的自身优点因自动化而被贬低。对于一个具有工匠精神的劳动者而言，产品是我们向往自由美好愿望的充分表达，我们在创造工作过程中具有完全的主动权，根据自己的构思意志来完成产品，使自我想法在作品中体现，创作出来的产品是自我对世界的理解、认识、客观化的体现。以工匠的精神来做创造，工作就变成了一种忘我的投入、生命的外在表达。自我的价值存在于自己双手所能控制的作品中，不受其他因素的影响，使自己在工作过程中能够获得真正的满足与成就感。

当前，我国正处在从工业大国向工业强国迈进的关键时期，培育和弘扬严谨认真、精益求精、追求完美的工匠精神，对于建设制造强国具有重要意义。而只有对新时代工匠精神的基本内涵形成共识，才能树匠心、育匠人，为推进中国制造的“品质革命”提供源源不断的动力。

寄语

三百六十行，行行出状元。任何一名劳动者，要想在百舸争流、千帆竞发的洪流中勇立潮头，在不进则退、不强则弱的竞争中赢得优势，在报效祖国、服务人民的人生中有所作为，就要孜孜不倦学习、勤勉奋发干事。一切劳动者，只要肯学肯干肯钻研，练就一身真本领、掌握一手好技术，就能立足岗位成长成才，就都能在劳动中发现广阔的天地，在劳动中体现价值、展现风采、感受快乐。

——2015 年 4 月 28 日，习近平在庆祝“五一”国际劳动节暨表彰全国劳动模范和先进工作者大会上的讲话

素质是立身之基，技能是立业之本。广大劳动群众要勤于学习，学文化、学科学、学技能、学各方面知识，不断提高综合素质，练就过硬本领。要立足岗位学，向师傅学，向同事学，向书本学，向实践学。三百六十行，行行出状元。任何一名劳动者，无论从事的劳动技术含量如何，只要勤于学习、善于实践，在工作上兢兢业业、精益求精，就一定能够造就闪光的人生。

——2016 年 4 月 26 日，习近平在知识分子、劳动模范、青年代表座谈会上的讲话

三、工匠精神的时代意义

党的十九大报告指出，要“建设知识型、技能型、创新型劳动者大军，弘扬劳模精神和工匠精神，营造劳动光荣的社会风尚和精益求精的敬业风气”。工匠精神体现出劳动者精益求精、持之以恒、爱岗敬业、守正创新的高尚品德，是新时代劳模精神的重要载体。大力弘扬工匠精神，有利于建设创新型国家，也是建设质量强国和文化强国的需要。

（一）工匠精神是新时代建设创新型国家的需要

我国自古就有尊崇和弘扬工匠精神的优良传统，一些工艺水平在世界上长期处于领先地位。瓷器、丝绸、家具等精美制品和许多庞大壮观的工程建造，都离不开劳动者精益求精的工匠精神。《诗经》中的“如切如磋，如琢如磨”，反映的就是古代工匠在切割、打磨、雕刻玉器等时精益求精、反复琢磨的工作态度。可以说，我国古代非常注重工匠精神，形成了“尚巧工”的社会氛围。新中国成立以来，我们党在带领人民进行社会主义现代化建设的进程中，始终坚持弘扬工匠精神。无论是“两弹一星”、载人航天工程取得的辉煌

成就，还是高铁、飞机等的设计与制造，都离不开工匠精神，都展现出我们对工匠精神的继承与发扬。

建设创新型国家是党和国家的重大战略方针，也是我国基本实现社会主义现代化的重要指标。加快建设创新型国家，不仅需要强化基础研究、加强应用基础研究、加强国家创新体系建设、深化科技体制改革、倡导创新文化，还要培养造就一大批具有国际水平的战略科技人才、科技领军人才、青年科技人才和高水平创新团队，需要一大批实践技能突出、具有娴熟技术、善于解决实际问题的高技能人才。而我国高素质技术工人缺乏的现状，直接影响了制造业的快速发展。人才是创新实践的主体和主导者，具有工匠精神的产业工人是新时代建设创新型国家的生力军。在工业化时代，立足当下社会和经济环境，高素质技术工人需要在传统生产工艺的基础上不断创造新工艺、新技术，以提升生产效率和产品质量。创新是工匠精神的应有之义，它寓于普通劳动者挥洒汗水、默默奉献的劳动过程中。新时代大力弘扬工匠精神，是培育富有创新精神、充满活力的产业工人队伍，稳步提升我国产业工人的整体素质，创造经济发展持续动力，加快建设创新型国家的重要举措。

（二）工匠精神是新时代建设质量强国的需要

质量体现着人类的劳动创造和智慧结晶，体现着人们对美好生活的向往。中华民族历来重视质量。千百年前，精美的丝绸、精制的瓷器等中国优质产品走向世界，促进了文明交流互鉴。今天，中国不断提高产品和服务质量，努力为世界提供更加优良的中国产品、中国服务。党的十九大报告多处提到了“质量”，指出必须坚持质量第一，建设质量强国。从制造业来看，没有强大的制造业，就没有国家和民族的强盛。新中国成立尤其是改革开放以来，我国制造业持续快速发展，建成了门类齐全、独立完整的产业体系，有力推动工业化和现代化进程。然而，与世界先进水平相比，我国制造业仍然大而不强，在自主创新能力、资源利用效率、产业结构水平、信息化程度、质量效益等方面差距明显，转型升级和跨越发展的任务紧迫而艰巨。这就需要作为无形的人力资本和生产力的工匠精神，发挥提升产品质量的作用，在各个层面支撑质量强国战略的实施。

（三）工匠精神是新时代建设文化强国的需要

党的十九大报告指出，要坚持中国特色社会主义文化发展道路，激发全民族文化创新创造活力，建设社会主义文化强国。建设文化强国，要培育和践行社会主义核心价值观、繁荣发展社会主义文艺、提升国家文化软实力、推动文化事业和文化产业发展等。工匠精神是社会主义核心价值观的生动体现，是我国从制造大国走向制造强国必备的文化元素，也是广大文艺工作者应该具备的精神素养。工匠精神不仅体现出个体对产品精益求精、追求完美的精神理念，更表现出中华优秀传统文化的魅力。工匠精神蕴含的职业理念和价值取向与社会主义核心价值观倡导的敬业和诚信高度契合。一方面，工匠精神可以增强广大劳动者的文化自信，激发他们的劳动热情，引导他们学习新知识、钻研新技术，甘于奉献，把个人价值的实现融入辛勤的劳动之中；另一方面，工匠精神是对劳模精神、劳动精神的体现和升华，是我们党有关劳动理念的重要发展。对于文艺创作来说,工匠精神所体现出的深厚文化意蕴和价值是一笔宝贵的财富。广大文艺工作者要加强和改进宣传工作,创造更多接地气、有温度的劳模和工匠题材文艺精品,讲好劳模故事、工匠故事,营造热爱劳动、崇尚技能、鼓励创新的社会氛围。这对于积极培育和践行社会主义核心价值观,形成爱岗敬业、无私奉献的文化氛围,培育劳动光荣、奉献伟大的精神风尚,具有重要意义。

延伸阅读

弘扬劳动精神 克服艰难险阻 在平凡岗位上续写不平凡的故事
——向全国各族劳动群众致以节日的问候

新华社北京4月30日电　在"五一"国际劳动节来临之际,中共中央总书记、国家主席、中央军委主席习近平4月30日给郑州圆方集团全体职工回信,向他们并向全国各族劳动群众致以节日的问候。

习近平在回信中表示,新冠肺炎疫情发生后,你们在集团党委带领下,一直坚守保洁、物业等岗位,不少同志主动请战驰援武汉等地的医院,以实际行动为抗击疫情作出了贡献。大家辛苦了!

习近平指出,伟大出自平凡,英雄来自人民。面对这次突如其来的疫情,从一线医务人员到各个方面参与防控的人员,从环卫工人、快递小哥到生产防疫物资的工人,千千万万劳动群众在各自岗位上埋头苦干、默默奉献,汇聚起了战胜疫情的强大力量。希望广大劳动群众坚定信心、保持干劲,弘扬劳动精神,克服艰难险阻,在平凡岗位上续写不平凡的故事,用自己的辛勤劳动为疫情防控和经济社会发展贡献更多力量。

圆方集团是河南省郑州市一家综合服务型民营企业,现有员工6万人,其中党员500多名。近日,党的十九大代表、圆方集团党委书记薛荣给习近平总书记写信,代表全体职工汇报了坚守本职岗位、积极参与抗疫的情况,表达了共担责任、共克时艰的决心。

郑州圆方集团全体职工:

你们好!新冠肺炎疫情发生后,你们在集团党委带领下,一直坚守保洁、物业等岗位,不少同志主动请战驰援武汉等地的医院,以实际行动为抗击疫情作出了贡献。大家辛苦了!

伟大出自平凡,英雄来自人民。面对这次突如其来的疫情,从一线医务人员到各个方面参与防控的人员,从环卫工人、快递小哥到生产防疫物资的工人,千千万万劳动群众在各自岗位上埋头苦干、默默奉献,汇聚起了战胜疫情的强大力量。希望广大劳动群众坚定信心、保持干劲,弘扬劳动精神,克服艰难险阻,在平凡岗位上续写不平凡的故事,用自己的辛勤劳动为疫情防控和经济社会发展贡献更多力量。

值此"五一"国际劳动节之际,我向你们、向全国各族劳动群众致以节日的问候!

习近平

2020年4月30日

实践活动

活动一　社会调研：大学生劳动价值观调查（问卷或采访形式）

价值观念是世界观的重要组成部分，随着改革开放的不断深入和现代信息技术的迅猛发展，高校已成为各种思想信息的集散地。社会经济文化的发展推动了大学生人生价值观念的更新，又使其呈现多元化的态势。深刻认识当前大学生价值观多样化的特点及其成因，改造和整合大学生价值观，在当前大学生思想政治教育中显得尤为重要。

劳动既是人类创造并积累财富的过程，也是人类自身自我创造、自我完善的过程。人的价值的实现与其劳动价值观密不可分，正确的劳动观念则是人们自强不息、生存发展的内在动力。而大学生作为时代的中流砥柱，其劳动观念既是其道德自律状况的重要依据，也将影响整个社会的安定进步与发展。大学生有正确的劳动观念，能够促进他们对社会的了解，提高自身对经济和社会发展现状的认识，实现书本知识和实践知识的更好结合。但与此同时，大学生中好逸恶劳的这种现象却也在不断地滋生。鉴于以上情况，需要对大学生当前的劳动观念进行调查与分析，进而发现其中存在的问题并寻求解决问题的对策，以期使当代大学生树立正确的劳动观念，进而树立正确的世界观、人生观和价值观。

【过程记录】

调查背景：

调查报告说明：

调查结果及数据处理：

总结问题：

分析问题：

提出建议：

【结果评价】

教师可参考下表对学生的调查报告进行评价。

评价标准	评分细则	分值	分数小计	教师评价
试卷完整	顺利完成并上交完整的调查试卷	20		
达到调查目的，调研目的明确，围绕主题展开调查	调查内容针对性强	20		
	调查内容典型性强	20		
	限定在规定的范围内进行调查，不任意扩大调查范围	10		
	时间、地点、对象和调查内容陈述详细	10		
分工合理，各成员均积极参与		10		
附件	对正文报告的补充或更详尽的说明，包括数据汇总表及原始资料、背景材料和必要的工作技术报告、照片	10		

活动二　向劳动者致敬——掌声为劳模响起

2020 年的“五一”有些特别，医护工作者在与时间赛跑、与病毒较量，科研工作者在加班加点攻关，社区工作者在疫情防控一线值守，民警、快递小哥、环卫工人坚守岗位……他们辛勤劳动，确保疫情防控常态化下的经济社会正常运转，他们用勤劳的双手托举起人民的生命安全和身体健康，是当之无愧的最美“逆行者”，是新时代最可爱的人。

劳动者是我们战胜疫情的最强底气。一封封请战书、一个个红手印、一声声“让我来”，振奋人心、激昂士气，全国 346 支援鄂医疗队、4.2 万多名医护人员尽锐出征，与湖北的医护人员一起冲在最前线，用生命守护生命；不畏艰险、不怕困难、不惧挑战，4 万多名建设者挥汗如雨，10 天左右的时间建成火神山、雷神山医院，诠释了“中国速度”；广大社区工作者一家一户排查、无怨无悔奉献、夜以继日坚守，筑牢联防联控的严密防线……正是因为每一名劳动者的辛勤奋斗、无私付出，在最短时间内实现武汉的“解封”，确保全国疫情防控阻击战取得重大战略成果，推动经济社会秩序加快恢复。

历史和实践反复证明，磨难压不垮中国劳动人民，只会让中国人民更加强大。正如习近平总书记所说的那样："中华民族历史上经历过很多磨难，但从来没有被压垮过，而是愈挫愈勇，不断在磨难中成长、从磨难中奋起。"2020 年是全面建成小康社会和"十三五"规划收官之年。由于疫情的影响，任务更重、要求更高、时间更紧，越是急难险重，越是挑战重重，越需要亿万劳动者攻坚克难，冲锋在前。

"伟大出自平凡，英雄来自人民。"这是一个不乏伟大的时代，也是一个英雄辈出的时代。驻村干部竭力帮扶，贫困群众奋起直追，社会力量充分涌动……正是每一个平凡的劳动者的辛勤付出，才打赢了一场场贫困歼灭战，让贫困地区拔掉穷根，让贫困群众摆脱贫困。在脱贫攻坚主战场上，驻村干部、贫困群众以及来自四面八方的劳动者，是当之无愧的英雄。

难啃的"硬骨头"，总有人啃；难越的"娄山关"，总有人越。这些人，也许看起来很平凡，他们所做的事也许不会惊天动地，但一点一滴汇集起来，就能成就平凡的伟大，就能挺起中华民族伟大复兴的精神脊梁。

劳动踏平坎坷，奋斗成就伟大。阔步新征程，有亿万劳动者的奋力托举，有亿万奋斗者的挥汗如雨，中国人民上下同欲、同心同向，就必将打赢疫情防控人民战争、总体战、阻击战，就必将决战决胜脱贫攻坚，就必将全面建成小康社会，实现中华民族伟大复兴。

请查阅相关资料，收集关于劳动模范的案例，让学生体会劳动的艰辛与不易，锻炼学生的劳动意志和能力，加深对劳动的了解认知，能够珍惜劳动成果，为将来参加工作后进行职业劳动打下基础。

组织学生以"愿意坐在宝马车里哭，还是坐在自行车后面笑"为辩题，举行以劳动为主题的辩论式班会。通过激烈辩论、观点碰撞，引导学生树立正确的世界观、人生观、价值观。

【过程记录】

活动开展计划：

活动开展规则：

活动经费预算：

心得体会：

【结果评价】

教师可参考下表对学生制订的班会进行评估。

评价标准	分值	分数小计	教师评价
班会目的	30		
班会准备	20		
班会规则	30		
评分标准	10		
经费预算	10		

劳动教育“技能素养”篇

第四章　一屋不扫，何以扫天下

哈佛大学一项长达20年的研究表明：爱做家务的孩子，长大后的就业率是不爱做家务孩子的15倍，犯罪率是1∶10。爱做家务的孩子，成年后离婚率低，心理疾病患病率也低，收入比后者高20%，而且婚姻也更幸福。中国教育研究院有相关调查表明，做家务的孩子比不做家务的孩子成绩优秀的比例高出15倍。家务劳动，是指家庭成员在日常的家庭生活中必须从事的一种无报酬劳动，包括：洗衣做饭、照看孩子、购买日用品、清洁卫生、照顾老人或病人等。学生做家务主要是在力所能及的情况下帮助父母做家务，如扫地、刷碗、擦地、整理房间、洗小件的衣物、浇花、喂鱼等。

学习目标

1. 让学生了解在日常劳动中哪些劳动是属于家务劳动，并学会做一些简单的家务劳动。
2. 培养学生自我服务和学做家务劳动的意识及能力。
3. 体会大人劳动的辛苦，激发学生的家庭责任感。

第一节　家务劳动——不可忽视的素质教育

劳动教育是我国基础教育的优良传统，是素质教育中一个极其重要的方面。对学生进行劳动教育，是德育工作的重要内容之一，也是学生全面发展、提高中华民族素质的基本途径和重要原则。然而仅仅依靠学校的值日工作和偶尔才有的公益劳动来培养学生良好的劳动习惯显然是不可能的。许多专家比较认可家务劳动，认为家务劳动是家长帮孩子树立正确的劳动观念和培养劳动习惯的最佳方式，是全面发展劳动教育的重要组成部分，对孩子将来成为国家合格的建设者，培养其高尚的道德意志和品质，发展其聪明才智及动手能力都有重要作用。

但因为“万般皆下品，唯有读书高”教育观念的浸染和家务劳动缺乏有效的指导评价监督机制，大部分学生的家务劳动只是一句口号，并没有实践或坚持，这对于学生养成良好的劳动习惯无疑是不利的。

寄语

懒惰像生锈一样,比操劳更能消耗身体;经常用的钥匙,总是亮闪闪的。

——富兰克林

没有顽强的细心的劳动,即使是有才华的人也会变成绣花枕头似的无用的玩物。

——斯坦尼斯拉夫斯基

妇人,你在料理家务的时候,你的手足歌唱着,正如山间的溪水歌唱着在小石中流过。

——泰戈尔

一、家务劳动能消除学生的依赖性,增强学生的家庭责任感和义务感

家务,就是家庭事务,需要每一个家庭成员共同分担。家庭劳动分为两大类:一类是满足自我需求的自我服务,即为自己劳动;另一类是满足家庭社会的劳动,即为家庭所做的服务。无论是哪一种劳动,都要培养学生养成愿意做家务的习惯。

家务劳动有利于培养学生的独立生活能力。掌握生存的技能越多,学生的独立能力越强,从而增强学生的生活自信和对生活的适应能力,使他们能够更好地面对生活中所遇到的问题,并努力去克服、去解决问题。在外出求学、打工而离开父母的时候,就不会畏首不前,不是遇事都找父母或推给他人,而是自己决策、大胆行动。因此,做家务不仅能培养学生的生活自理能力,更能培养学生的精神自立。

家务劳动还可以培养学生的责任意识,使学生感受到他是家庭中的一分子,有责任和义务为这个家做些什么。

二、家务劳动能够使学生懂得父母的辛苦,学会关心、体谅别人,融洽社会关系,善于合作

家务劳动有助于调节家庭气氛,构建和谐氛围。亲身体验了家务的繁重与琐碎后,学生会切身体会到父母终日辛劳的不易,从而更加珍惜现在所拥有的,而且会懂得关心父母、体贴父母、孝敬父母,减少对父母的抱怨、抵触,而且在日常的共同劳动中,还会增加对父母的信赖和感激,从而给家庭带来融洽、和谐、欢乐的气氛。

在家务劳动中还可以锻炼学生与人交流、合作的能力,以及团结的意识。在家务劳动中,家庭成员之间共同承担劳动任务和目标,经过相互沟通、分工合作,最后在各自的努力中达成目标。在这个过程中会锻炼家庭成员的分析能力、沟通技巧,培养合作意识和团结精神。这些品质在工作中会帮助学生建立良好的社会关系,更有利于取得成功。

故事欣赏

"劳动最光荣、劳动最崇高、劳动最伟大、劳动最美丽。"连日来,武汉科技大学学生在各种群里分享居家防疫期间,主动参与劳动的体验,在劳动中锻炼成长。

在老家给花园翻土给羊喂食

翻土、铲土、播种、浇水……武科大文法学院社工 1801 班的毛梦园,疫情期间主动帮妈

妈给家里的小花园翻土。

毛梦园的老家在河南农村,院子里有空地。她的妈妈很喜欢在院子里种些花花草草。往年春天,毛梦园都在学校度过,从未见过妈妈如何打理小花园。

今年春天,因为疫情,她在家里度过,主动给花园翻土。拿起铁锹,插入泥土,用右脚踩着铁锹的一侧,用力扎进土里,随后,胳膊向下压着铁锹的把手,使铁锹底部向上翘起,土就刨出来了。

“反复做着这几个动作,不到三分钟,我就开始出汗了。等把整块地的土全部翻完,我的手里全是汗,腿也酸得站不稳了。”毛梦园讲述劳动的感受。

“小时候,院子里的花开时,妈妈总喜欢摘下两朵别在我的头上。这是她给了我最初对美的认知,女孩子可以不漂亮,但一定要干净整洁。”毛梦园说:“现在我长大了,要像妈妈一样热爱劳动、热爱生活。”

武科大机械学院的穆建龙,家在宁夏吴忠市同心县,家里养了一群羊补贴家用。看到父母每天劳作非常辛苦,在家的这段时间,他主动照顾绵羊。

每天早晨、傍晚,穆建龙都要给羊喂食。他用水将玉米草浸湿,加上饲料,再用自行车运到羊圈,将食物倒入食槽。活泼的羊看到他来了,就围过来,在桶中争食。

中午、下午,穆建龙要给羊添水。每天,他还要多次观察羊的健康状态。小羊比较脆弱,根据它们的走路姿势、喂食时的表现,观察它们的身体状态。同时,要注意怀孕的母羊,“当喂食时,它们无动于衷,表明可能很快要有新的小生命诞生”。

穆建龙说:“通过这段时间的劳动实践,感觉到一切乐境都可以由劳动而来,一切郁闷都可在劳动中释放。在校习得书中玉,在家习得生活常识,在劳动中感悟生活,用劳动创造幸福生活。”

姐姐带着弟弟一起做家务

来自武科大文法学院社工1801班的秦天慧,在疫情期间,为父母分担家务,帮妈妈做饭,给弟弟辅导作业。

白天,父母外出工作,只有秦天慧和弟弟在家。弟弟上幼儿园,学习任务不算太重,秦天慧每天督促弟弟背诵《弟子规》。不仅利用《弟子规》教弟弟简单的做人道理,还教弟弟从中认识很多字。

秦天慧的爸爸妈妈因工作经常很晚回家,她就承担了做饭的任务。有时候煮一锅浓浓的小米粥,做几个小菜;有时给家人煎鸡蛋,蒸几个馒头。秦天慧的妈妈说:“每次回家能吃上闺女做的热腾腾的饭菜,顿时就不觉得累了。”

“之前远在学校读书,并不知道爸妈是怎么照顾弟弟的。现在知道他们白天要上班,晚上回来要照顾弟弟,还要做饭做家务。在家的几个月,我深切感受到了父母养儿育女的辛苦。”秦天慧说。

三、家务劳动可以使学生增强办事条理性

常常做家务,可以让学生知道怎样收拾东西、合理安排时间,这些特质将会让他们在职场生活中仔细而有条理。

四、家务劳动可以提高孩子的学习成绩

有关专家指出，让孩子经常做一些力所能及的家务劳动，不仅不会影响孩子的学习，反而会促进孩子的学习。研究发现，人在进行体力劳动和体育锻炼时，脑子里氧气最充分。学生学习一段时间，劳动一段时间，这样对提高学习效率有一定的帮助。只要合理处理好劳动和学习的关系，是不会影响学习的，反而还会促进学习。专家认为，孩子结束了在学校一天的紧张学习，回到家后，帮助父母拖地、洗碗、洗衣服，可以通过这些劳动来消除学习中的紧张感，减轻疲劳度，从而使学生精力更充沛。还有，父母同孩子一起参加家务劳动，还是同孩子沟通的一个好机会。通过劳动，通过谈心、聊天，可以拉近孩子和父母之间的距离，亲情的交融会给孩子在学习、生活、精神上新的力量。

北京师范大学学术委员会主任韩震认为，孩子缺少劳动教育，并不能让他们在学业上有更多的提升，反而会在人格和非智力因素上出现不足，难以形成良好的意志品质和责任意识。家长不让孩子做家务或其他劳动，其本意是爱孩子，但却在无意中害了孩子，让孩子失去全面“学以成人”的机会，反而可能成为片面的、不太完整的人。

从叠被子、打扫卫生到洗衣做饭，这些看似琐碎、不起眼的生活技能，却是学生锻炼自我、体验劳动乐趣的第一道门槛。从这一伸手一弯腰、一根线一粒米的家务琐事中，他们独立处理事情的能力得到了培养和激励，也能从劳动中体验到满足自我需要的快乐，他们成长的基石也从劳动中一层层夯实。“劳动教育的最终目的是人的健全发展。”

知识链接

家务劳动有价值吗

夫妻家务劳动因其为“私”的劳动，其价值往往为社会所忽略。在夫妻之间，承担家务劳动的主要是女性。在目前家务劳动尚不可能全部社会化或现代化，家务劳动分工格局尚未发生根本性改变的情况下，承认夫妻家务劳动的价值无疑成为保护女性合法权益必要且可行的选择。

我国《婚姻法》对妇女家务劳动的妇女权益的保障是认可的，特别是 2001 年修改后的《婚姻法》第四十条确定了约定分别财产制下家务劳动补偿制度。《婚姻法》第四十条规定：“夫妻书面约定婚姻关系存续期间所得的财产，归各自所有，一方因抚育子女、照料老人、协助另一方工作等付出较多义务的，离婚时有权向另一方请求补偿，另一方应当予以补偿。”这是我国婚姻立法史上的重大突破，首次以立法的形式承认隐性付出和投资所体现的价值，使得在夫妻书面约定婚姻关系存续期间所得的财产归各自所有的情形下，尽较多家庭义务的一方有了向另一方请求补偿的法律依据。

家务劳动经济补偿请求权的行使需要符合下列条件：

1. 经济补偿制仅适用于在婚姻关系存续期间采用分别财产制的当事人。如果采用法定夫妻财产制即婚后所得共有制就不能适用。

2. 夫妻一方在共同家庭生活中对家庭付出了更多的义务，包括抚育子女、照顾老人、支

持协助对方工作等等。这是启动经济补偿制度的原因条件。

3. 这是一种主动请求权，如果贡献较大的一方不提出补偿请求权或拒绝接受补偿，法院无权依职权予以判决。

4. 经济补偿请求权的行使限于离婚时，离婚前或离婚后均不能向对方提出补偿请求。

第二节　起居有序

家庭是孩子终身的学校，是立德树人的重要阵地，也是劳动教育的重要场所。教育部前部长陈宝生强调，要“重点针对长期以来疏于德、弱于体和美、缺于劳的问题，换脑筋、换思路、换办法，改环境、改途径、改习惯，让立德树人回归社会、回归家庭、回归生活”。没有家庭的配合，劳动教育的链条是不完整的。落实劳动教育，家庭生活有着独特而不可替代的重要作用。而起居有序是日常生活质量良好的基础。

一、积跬步至千里，养成起居好习惯

（一）生活作息规律

大学是人一生中最炫的季节，是人生中最美好的阶段，是完成学生到成人的转变、也是实现自我价值和完善自身的地方。因此作为当代大学生，在努力学好科学文化的同时，也应该更多地关注和丰富大学生的课余生活。大学生在大学里生活、学习、成长、成才，然而随着大学生独立意识增强、自由支配的课余时间逐渐增多，并非每位大学生都能处理好学习、生活、社会活动中的矛盾，合理地安排课余时间，导致了大学生对课余生活的时间安排与利用呈现了多样化的趋势，也导致了课余生活质量不断地下降，严重影响了大学生的学习和生活，甚至造成学生的行为偏差。因此，增强大学生对课余生活的认识，控制课余生活的负面影响，提高大学生课余生活质量已经迫在眉睫。合理安排生活和学习，会使大学生更有效地利用时间而成为具有特殊才能的人，从而取得令人赞赏的成功。

1. 生活规律

睡懒觉使大脑皮层抑制时间过长，天长日久，可引起一定程度人为的大脑功能障碍，导致理解力和记忆力减退，还会使免疫功能下降，扰乱肌体的生物节律，使人懒散、产生惰性，同时对肌肉、关节和泌尿系统也不利。

（1）坚持早起，神清气爽

由于夜间关闭门窗睡觉，早晨室内空气混浊，恋床很容易造成感冒、咳嗽等呼吸系统疾病的发生。因此，坚持早起，到室外呼吸新鲜的空气，对身体益处多多。

（2）午间休息，精力充沛

适当午睡对于减轻身心疲惫、提高学习工作效率非常有益。午睡不在于时间长短，关键在于质量。建议平躺在床上四肢伸展，让血液循环至脑部以缓解因大脑供血不足而产生的

疲惫感。不宜趴在桌上，这种姿势不仅使呼吸受限，同时也使颈部和腰部的肌肉紧张，易患慢性颈肩病。有研究表明，午睡半小时能胜过晚间睡眠2小时给身体带来的轻松感。

(3)经常熬夜，影响健康

研究表明，如果长期熬夜，会慢慢出现失眠、健忘、易怒、焦虑不安等神经、精神症状。过度劳累使身体的神经系统功能紊乱，引起体内主要的器官和系统失衡，比如发生心律不齐、内分泌失调等，严重的还会导致全身的应激状态，感染疾病的概率相应提高。

2. 合理作息

专家建议睡眠时间应保证在6～10个小时，最佳睡眠时间是11点到第二天早上7点。上午8、9点钟的太阳是最好的，适宜活动。午饭后半小时应该睡午觉，午觉时间不应超过2个小时。晚饭后1个小时，可以出去作适量运动。运动1个小时后洗澡，让身体充分放松。晚上尽量在十点半上床。

3. 每日就餐时间

一日三餐是人在漫长的岁月中形成的适应人体肠胃环境及生理功能的生理节律。定时进餐能维持血液中营养物质的稳定，保证人体的正常活动。一般来讲，每餐之间间隔4～5个小时。

(1)早餐

早餐在7:30左右为宜，即在起床后20～30分钟吃早餐最合适，因为这时人的食欲最旺盛。而且早餐与中餐以间隔4～5个小时为好，也就是说，如果早餐过早，那么数量应该相应增加或者将午餐相应提前。

(2)中餐

中餐12:00—12:30为宜。午餐是最好的休息时间，应该让自己在一个轻松的环境中吃午饭。这样不但有益精神的放松，还有助于消化，对身体大有益处。

(3)晚餐

晚餐一般宜在晚6点以后、7点以前吃为最好。在4个小时以后，即到晚上11点左右睡觉，较为适宜。

知识链接

日常起居中最忌的六件事

清晨忌吸烟。人苏醒时新陈代谢尚未恢复到正常水平，呼吸的频率较慢，体内积滞的二氧化碳较多，这时吸烟会使支气管因抽烟的刺激而导致痉挛收缩，使二氧化碳的排出受阻，从而产生气闷、头晕、乏力等症状。

空腹忌喝牛奶。牛奶中的蛋白质经过胃与小肠消化成氨基酸才能在小肠被吸收，而空腹喝牛奶时胃排空很快，蛋白质还来不及被吸收即排到大肠，不但造成营养的浪费，而且蛋白质还会在大肠内腐败成有毒物质。

室内忌养飞鸟。鸟粪中带有鹦鹉病毒、鸟型结核杆菌及寄螨，鸟粪被鸟踏碎以后，病毒与病菌便飞扬在空气中，对身体健康很不利。若人体长时间吸入，会诱发呼吸道黏膜充血、咳嗽、痰多、发烧等症状,严重者还会出现肺炎与休克。

洗澡时间忌过长。洗澡时,热水产生出大量的水蒸气,附在水中的有毒物质如三氯乙烯、三氯甲烷等分别被蒸发80%和50%以上。有些有毒物质随蒸气而被身体部分吸收,进入血液循环系统,危害很大。而且,在较热的水中洗澡时间过久,对心脏也不利。

睡觉窗户忌紧闭。人入睡后,每分钟要吸入300毫升氧气呼出250毫升二氧化碳,如果门窗紧闭,密不透风,不到3小时,室内二氧化碳量就会增加3倍以上,细菌、尘埃等有害物质也会成倍增长。因此,睡觉时应留些窗缝,以便让室外新鲜空气不断流入,室内二氧化碳及时排出。

如厕看报或看手机大便是人的神经低级和高级中枢共同参与的活动,许多人习惯于拿上一份报纸、一本书或手机,一蹲就是半天。如厕看书报或手机不但会使排便意识受到抑制,失去了直肠对粪便刺激的敏感性,久而久之会引起便秘。

(二)学习时间井井有条

1. 大块时间

大学生每天都要用大部分的时间来解决当天重要的事情——学习,大块的时间至少需要2~3个小时,在消化当天课堂的内容、解决课业之余,大量阅读与自己专业有关的书籍并查阅相关资料,以开拓思维、丰富自己的知识面。大块时间也能灵活分散地安排,如把自习的时间分配到早上、下午和晚上,这样安排时间你便会觉得身心愉快,且会产生一种成就感。其中值得一提的是,“一日之计在于晨”,早上人的思维处于兴奋、清醒状态,因而把早晨的时间用来学习,或用来做一些重要的思考是十分适宜的。

2. 零碎时间

零碎时间看起来好像不太重要,但是如果能够把那些小块时间充分利用起来,以很少的时间来做一些学习中的小事,如记忆英文单词,练习英文听力、口语等,坚持下来,效果也是非常可观的。

3. 固定时间

大学生可以根据自己的学习习惯或生物钟制订相应的学习计划,如果觉得在某个时段内进行学习的效果最好,最好能把它固定下来,形成规律。

4. 弹性时间

大学学习生活的每项内容都需要合理安排时间,并留有弹性,即学习计划安排的预估时间应该稍微宽裕些,在两三项学习任务解决之后,安排一个弹性时间,一方面能用来弥补以前还没有做完的事情,或是留作中途被干扰、打断以后的调节时间;另一方面能用来休息缓冲,做到张弛有度。弹性时间不宜太长,10~20分钟是比较适当的。

(三)课余时间丰富多彩

1. 运动时间——让身心放松

以健身为主要目的的体育锻炼,应当以有氧运动形式为主,因此,运动强度不要过大,但要保证足够的锻炼时间。一般来说,以一天为时间单位,同学们运动的时间宜选在清晨、下午和傍晚。每次运动持续时间在0.5～2个小时,在运动强度与运动时间之间出现矛盾时,应第一考虑运动时间。如果工作、学习较忙,每天无法挤出整半小时的时间进行锻炼,可以采取化整为零的办法,即每次锻炼10分钟,每天锻炼若干次,也同样能取得较好的锻炼效果。以一周为时间单位,每周运动次数因人而异,可每日坚持锻炼,也可隔日锻炼,可根据学生实际身体情况、生活习惯及生理周期确定“多少天打鱼,多少天晒网”。大运动量的体育活动建议安排在周末或假日进行。

2. 休闲娱乐时间——我的时间,我把握

休闲时间和工作时间一样,都是组成我们生命和生活的一部分。学会休闲是社会进步的一种标志,休闲的真谛是“自由、快乐、意义”,是以“欣然之态,做心爱之事”。要懂得放松,安排好自己的休息时间,才能把自己的身体状况调整到最佳状态。我们建议大家在安排好学习工作之余,打理好自己的休闲娱乐时间。以一天计,安排1～2个小时为宜,如中餐、晚餐后,下午课后及晚上自习结束后等时间段都可以灵活安排。至于周末、双休日,能安排一整天时间,到了盼望已久的法定节假日,则能安排1～2天的休闲时间,全身心地放松做一些自己喜欢的事情。

(四)生理周期

生理周期因人而异,心理状态和精力充沛程度在一天内也有高潮和低谷。不妨测定,连续记录,自己一天的心理状态、清醒程度和对事物反应的敏捷度,找出生理周期的变化曲线,然后合理安排每日活动,达到事半功倍的效果。

故事欣赏

有序的生活

美国的卡耐基在处理事务的时间里,有一位公司的老板去拜访他,看到卡耐基干净整洁的办公桌感到很惊讶,他问卡耐基说:“卡耐基先生,你没处理的信件放到哪儿了呢?”卡耐基说:“我没处理的信件都处理完了。”

“那你今天没干的事情又推给谁了呢?”老板紧追着问。

“我所有的事情都处理完了。”卡耐基微笑着回答。

看着这位公司老板困惑的神态,卡耐基解释说:“原因很简单,我知道我所要处理的事情很多,但我的精力有限,一次只能处理一件事情,于是我就按照所要处理的事情的重要性,列一个顺序表,然后就一件一件地处理。结果,完了。”说到这儿,卡耐基双手一摊耸了耸肩膀。

“噢,我明白了,谢谢你,卡耐基先生。”

几周以后,这位公司的老板请卡耐基参观其宽敞的办公室,对卡耐基说:“卡耐基先生,感谢你教给我处理事物的方法。过去,在我宽大的办公室里,我要处理的文件、信件等等,都是堆得和小山一样,一张桌子不够,就用三张桌子。自从用了你说的法子以后,情况好多了,瞧,再也没有没处理完的事情了。”

这位公司的老板,就这样找到了处事的方法,几年以后,成为美国社会成功人士的佼佼者。

我们为了个人事业的发展,也一定要根据事情的轻重缓急,制出一个事情表来。我们可以每天早上制订一个先后表,然后再加上一个进度表,就会更有利于我们向自己的目标前进了。

二、设施有序

有序地整理自己的物品是一种良好的习惯。物品的整理和归纳也是个体自理能力的重要组成部分。陈鹤琴先生说过:“人类的动作十分之八九是习惯。但是习惯不是一律的,有好有坏;习惯养得好,终身受其福。习惯养得不好,则终身受其累。”那么,怎样做才能养成整理物品的好习惯呢? 我们需要从点滴做起,逐步培养整理意识与习惯。

(一)物品整理

1. 物品井然

(1)按照使用频率分类收纳物品

即常用的物品放在显眼处,不常用的物品收纳在柜子内。例如,厨房内台面上放置油、盐、酱、醋等常用物品,备用油、盐等放在橱柜中;将每天使用的拖鞋置于易拿取处,换季的鞋子放在不易拿取处;将每天出门需要换的衣服、帽子等挂在随手可拿的地方,换季的衣服放在柜子里或收纳箱中。

(2)借助收纳盒

厨房的抽屉内,可配置大小合适的分餐盒,将筷子、勺子等分别置于其中;书桌的抽屉内,可以借助不同的小盒子划分区域,使小物件井然有序。

(3)垂直收纳

即利用家或寝室内空着的墙面收纳物品。例如,在书桌的上方放置两层或者三层的隔板架,在厨房墙面悬挂收纳篮,等等。

(4)利用好角落空间

沙发、餐厅、卧室等地的角落是很好的收纳空间,好好利用这些角落空间(如放置移动的收纳架),不仅不会使我们的住处显得拥挤,还会营造出一种特别的美感。

2. 衣柜整理

各式各样的衣服随意堆放,既不美观也不方便拿取,所以合理地折叠并收纳非常必要。首先,应将衣服按照样式进行分类,如分为裤子、裙子、衬衫、短袖、毛衣、外套等。其次,将分类好的衣服一一折叠。最后,将折叠好的衣服按照季节进行分类。属于当季的衣服,可放于衣柜中易于拿取的位置;属于其他季节的衣服,可放于衣柜顶层或收纳盒、收纳袋中。另外,内衣裤、袜子等小衣物可放于抽屉中收纳。

(1)换季衣物清洗后再收纳

换季衣物在装箱收纳前必须先清洗,即使只穿过一次,也不能偷懒不洗就收进箱子或衣柜里。洗衣物时注意取出口袋中全部的物品,并将衣服上的小破洞、缝线及纽扣脱落的地方修补好,因为这些破损处如不事先补好,清洗后情况会更严重。不要把一年四季所有的衣服都放在一起。

(2)将衣服分类收纳

收纳换季的衣物，事先要做好分类，不但省时省力，还能让你清楚知道已经有哪些东西，避免重复购买类似衣服。

◆上下装分开

把上下装分开收纳，避免找衣服的时候无从下手，也不会出现到处找不到衣服从而把衣柜翻得乱七八糟的情况。

◆每个人的衣服分开

把家里每个人的衣服分开收纳，尤其是大人和孩子的全部要分开，既能够防止大人衣服上的细菌沾染到孩子的衣服，还会给人一目了然的感觉。

◆善于利用收纳箱

那些内衣、内裤、袜子，不要直接放在衣柜里，最好放进收纳盒里，收纳盒最好是分层的。

(3)做好除湿和防虫措施

想延长衣物的使用寿命，除了适当清洗外，还要除湿及防止蠹虫蛀咬。建议选择能密封的橱柜及塑胶收纳箱来存放换季衣物，以防止衣服受潮。

探讨与研究

你还知道哪些起居常识？总结一下跟同学分享。

(二)厨房整理

厨房的面积通常都不大，但是要放的家电、厨具、食材却很多。不好好收纳，就会成为家中拥挤、凌乱的重灾区。想要保持厨房整洁有序，墙上、台面上尽量少放置物品，这样不仅观感清爽，也便于清洁。

1. 橱柜有序

可以将不同的物品单独放橱柜的一层，比如碗碟放置一层，调料放一层，常用的物品放在容易拿放的一层，少用的物品放在最角落位置。

需要注意的是，吊柜基础原则是放轻的物品，如干货、备用调味品、杯子、保鲜盒等轻的物品。

2. 抹布收纳

抹布用完及时清洗晾干，并将新的抹布和待洗的抹布，分别装在不同的收纳容器里。不论新旧，都尽量叠起来并竖立收纳，视觉上更舒服悦目，取用时也更方便。

3. 小物收纳

厨房用到的小物会比较零碎，可以开辟一块专属区域，使用时寻找会更省事。

4. 科学收纳冰箱

根据冰箱冷藏室与冷冻室的不同温度区域，确定不同种类食材适合的位置。

每个区域内建议利用不同容器，整齐收纳，比如保鲜盒、密封罐、保鲜袋等。这样才能在打开冰箱门时，每种食材一目了然。

保鲜期较短的蔬菜类，用透明容器装，比如透明塑料袋或保鲜袋。摆放时应避免遮挡，尽量让每种蔬菜都在视线内。

如果是不透明的容器，记得在容器上贴上标签，写明容器内物品是什么，可以的话，写上放进冰箱的日期和最佳食用期限。

第三节　家政娴熟

一、洗衣必备常识

(一)洗衣常见误区

1. 洗衣服不分类

洗衣服时，不仅要按颜色分类，还要按衣服的材质、种类分类。专家建议，衣物按颜色可分为4类清洗：纯白色、浅色(包括带白色条纹的衣物)、深色(黑、蓝、褐等)、艳色(红、黄、橙等)。按材质分类时，一定要将毛绒多的衣物(毛巾、毛衣、灯芯绒衣物等)和容易起球的衣服分开洗，避免把衣服洗坏；贴身衣物，如内裤、秋衣裤等，要单独洗涤。

2. 水温不对

一般来说，水温越高，去污越快，消毒效果也越好，但是，很多衣物不适合用热水洗涤，洗前应注意查看洗涤标签。例如，内衣、床单等应该用60℃以上的热水洗涤，而丝质、羊毛织物就应该用冷水洗。

3. 洗衣机塞太满

衣服过多容易洗不干净，还会缩短洗衣机的使用寿命。专家建议，衣物体积最多只占洗衣机滚筒体积的2/3。

4. 脏了不马上处理

如果衣服不小心沾上果汁、油点、墨迹等污渍，需要立即处理，否则可能会留下永久的印迹。处理时，应在水中加入适量洗衣粉或洗衣液，然后将污处放入水中浸泡，让衣物及时接触到洗涤剂，才能轻松洗净。如果在外不方便脱衣服或没有洗涤剂，应迅速用干布或纸巾吸干污渍，然后将布蘸湿，轻轻擦拭污处，回家后再彻底清洗。

5. 洗涤剂倒太多

洗涤剂达到一定浓度后，去污效果就不会再增。如果用量太大，不但浪费资源，还极易产生残留，降低人体免疫功能。一般来说，洗涤剂的用量比说明书的推荐值稍少些即可。水质也会影响洗涤剂的用量，如果水质偏软，可以少用些；如果水质硬、水垢多，洗涤剂不易溶解，可以加入些小苏打，清洗得会更彻底。

6. 内衣积少成多再洗

不管是胸罩还是内裤，弄脏了应尽快清洗，时间越长，污渍渗入质料纤维组织，会越难清洗,而且即使表面上看不到脏的污渍,隔一段时间也要彻底清理一次。特别是内裤,不管你是否肉眼可见,内裤上都会存在一些分泌物,如果不及时清洗,细菌会繁殖得越来越多。

7. 洗涤剂增白

荧光增白剂是一种吸收紫外线可呈现荧光的化学增白染料,它进入人体后,不像普通的化学成分那样容易被分解,而是和人体中的蛋白质迅速结合,很难排出体外,这样无疑会加重肝脏负担,而且荧光剂对人体皮肤极易产生刺激。有些人以为衣物增白后不但亮丽,而且干净无菌,这完全是一种误解。

8. 内衣洗完后用消毒液消毒

消毒液之所以能够杀灭细菌、病毒,是因为它的主要成分是次氯酸盐和强氧化剂。这些成分具有强烈的刺激性和腐蚀性,对皮肤的损害不容忽视,并且很难通过两盆清水清洗干净。如果没洗干净,人出汗后经皮肤毛孔进入人体,轻的会引起瘙痒、脱皮,重的会引起头晕、恶心等不适。

9. 洗后不清洗洗衣机

洗衣时,污渍会积累在滚筒缝隙中。用完洗衣机后应该用清水冲洗一下滚筒、过滤网,还可以在水中加杯白醋,帮助去除残留的洗涤剂,除此之外,每个月最好再用专业清洗剂彻底消毒一次。

10. 不清理排水管

几乎每个人都会忽视排水管,一旦排水管或洗衣机的其他管道堵塞,不仅耗费能源,影响洗涤效果,还会形成安全隐患。因此,应定期用吸尘器对着各个管口吸尘,使其保持通畅。

知识链接

用肥皂和天然肥皂粉洗贴身及小件衣物

肥皂是用动物或植物的油脂为原料,经过化学反应得到的高级脂肪酸盐,主要成分是硬脂酸钠,既有亲水性,又对油污具有亲和力,所以去污效果良好。

此外,肥皂大多数由天然材料制成,对皮肤的刺激性比较小,因此使用肥皂来进行洗涤对身体更有好处。

天然皂粉是一种把洗、护功能结合起来的洗涤产品,具有天然、强去污、超低泡、易漂洗等特点。它的活性物质主要是脂肪酸,原料90%以上来自可再生的植物油脂,且不含聚磷酸盐。

肥皂粉对皮肤的刺激性低,且保护织物,洗后的衣物无须使用柔顺剂就蓬松柔软,解决了多次洗涤后织物污垢积淀、硬化、带静电等问题。肥皂粉还克服了洗衣粉刺激皮肤的缺点,洗涤效果也更出色。

(二)衣服清洁技巧

1. 毛衣

(1)洗涤前,拍去灰尘放在冷水中浸泡10~20分钟,拿出后挤干水分,放入洗衣粉或洗衣液溶液中轻搓，再用清水漂洗。

（2）可在水中滴入2%的食醋，能中和残留的洗衣粉（液），还能有效保持毛衣的弹性和色泽。

（3）毛衣放在茶水中浸泡15分钟后再洗涤，能使毛线不褪色，延长使用寿命。

（4）为防止变形，毛衣应该装入网兜再挂阴凉处晾干。

注意事项：水温不可超过30℃，防止毛衣缩水。毛衣穿久了会变得宽松肥大，可用热水烫一下，水温最好在70～80℃之间。毛衣的袖口或下摆失去伸缩性，可将该部位浸泡在40～50℃的热水中，1～2个小时捞出晾干即可。

2. 灯芯绒衣物

（1）先将衣服在清水中浸透，然后放入温度在40℃以下的洗衣粉（液）溶液中浸泡5～10分钟，用手轻轻揉洗。

（2）绒面若粘上浆糊等污垢时，应用清水擦拭掉，以防绒毛脱落。

（3）晾晒至半干时，最好用软毛顺着绒毛方向轻轻刷几次，可使绒毛丰满圆润。

注意事项：切忌用搓衣板，也不要用硬板刷来回刷，切忌用沸水烫洗。洗灯芯绒衣服不要同其他服装一起洗涤或浸泡，以防粘上布毛不易除去。清洗时不要用力绞拧，以免产生折痕或损伤绒感。

3. 加厚打底裤

（1）尽量温水手洗。切忌用硬肥皂打磨或撒上洗衣粉搓揉。

（2）洗的时候最好用温水泡半个小时，然后加入洗涤液揉搓一阵，再换一次温水，再浸泡半小时后再清洗。

注意事项：用洗衣机清洗连裤袜时，最好先把连裤袜放在网袋中，以免变形。

4. 羽绒服

（1）将中性洗涤液溶入30℃的温水中，把羽绒服放入其中浸泡一刻钟，然后用软毛刷轻轻刷洗。

（2）如果用洗衣粉清洗羽绒服，通常两盆水放入4～5汤匙洗衣粉为宜，如果漂洗不干净，羽绒中残留的洗衣粉会影响羽绒的蓬松度，降低保暖性。

（3）羽绒服洗好后，不能拧干，应顺着纹路两手对着挤压，再悬挂晾干；禁止暴晒或熨烫。晾干后，可轻轻拍打，使羽绒服恢复蓬松柔软。

注意事项：90%的羽绒服标明切记干洗，因为干洗用的药水会影响羽绒服的保暖性，也会使布料老化。漂洗也要用温水，有利于洗涤剂充分溶解于水中，漂洗更干净。中性洗涤剂对羽绒的伤害最小。如果一定要用碱性洗涤剂，可在漂洗两次后，在温水中加入两小勺食醋，将羽绒服浸泡一会儿再漂洗，以中和碱性。

5. 羊绒类衣物

（1）羊绒制品，必须干洗或低温手洗。干洗对恢复羊绒的光艳色泽和丰沛手感，见效极快，建议每件羊绒衣饰每年干洗2～3次，其余时间进行低温手洗。

（2）手洗时，可选择中性的羊绒洗涤剂，水温在30～35℃之间，浸泡衣物10分钟后用手轻轻揉搓,再低温漂洗两次即可。

(3)羊绒收藏时,要注意防蛀,可将防蛀药丸用双层棉纸包好,放入羊绒衣物的衣袋里,或放在两件叠放的羊绒衫之间,更好的办法是将放有防蛀虫药丸的香袋悬挂在衣橱里。

注意事项:任何驱虫剂与羊绒直接接触,都有害羊绒的物理性能。羊绒最好收藏在衣橱里而不是衣箱里,以利通风换气。羊绒衣物上不应压放各种沉重的冬装,最好不要与尼龙、氨纶、丙纶等人造纤维衣物叠放在一起。

6. 彩条羊毛衫

(1)先将羊毛衫用清水浸湿,然后浸在30~40℃的中性肥皂水中5~10分钟。

(2)用手轻轻搓洗,之后用清水漂洗干净,用干毛巾将羊毛衫包起拧去一部分水,再摊开晾干。

注意事项:晾晒时,切忌把羊毛衫吊在网兜里滴水或在太阳下暴晒。

7. 皮衣

(1)清洗皮衣时,先将皮衣晒透,用酒精喷一遍,再拍去灰尘,然后用冷水和小米粉擦遍皮毛,直至皮毛根部,用手反复搓擦。待污物粘在小米粉上,用力抖动皮衣,将小米粉抖掉。晒干后,拍去粉末,即可穿用。

(2)若皮衣上有污渍,可用新鲜白萝卜汁或蛋白液擦拭,直到清除污物为止。

(3)洗皮夹克时,先用温水洗污垢处,再用刷子蘸肥皂水轻轻擦洗,然后用清水刷洗干净,放在阴凉处晒干,涂少许夹克油即可。

注意事项:皮夹克不宜用汽油洗擦,严禁暴晒、火烤。不能用皮鞋油擦拭皮衣,否则会使鞋油内的汽油渗透到皮革内,使皮革色泽发花、散色。皮衣应收藏在凉爽干燥处,存放期间最好要晾晒一两次,注意防潮、防霉,可在衣柜中放几粒樟脑丸,但注意不要与皮衣直接接触。

8. 羊绒围巾

(1)把羊绒围巾放在温水盆里,水没过羊绒围巾即可,倒入少许洗发水。

(2)把洗发水揉开,在羊绒围巾上轻按几次即可。用清水洗掉羊绒围巾上的洗发水泡沫,用毛巾包好放入洗衣机甩干。

二、熨烫实用技巧

各种纤维的承受温度:羊毛185℃,丝绸190℃,棉210℃,麻200℃,黏胶190℃,涤纶175℃,棉纶150℃,腈纶140℃,维纶150℃,丙纶110℃,氯纶70℃。

(一)衬衣的熨烫方法

熨斗温度在190℃从上到下熨烫。衣领:从两边的外端向中间熨烫;衣袖:从衣袖的底部向肩部熨;衣身:先熨烫前面,然后是背部。左手拉住衬衫门襟最上方,右手用熨斗从下摆至肩一次烫平。

(二)毛衣的熨烫方法

毛衣、针织质料这一类的衣服,如果直接用熨斗去烫会破坏组织的弹性,这时候最好用蒸气熨斗喷在皱褶处；如果皱得不是很厉害，可以挂起来直接喷水在皱褶处，待其干后，就会自然顺平；还有一个方法是挂在浴室中，利用洗澡的热蒸气，使其平顺。雪纺纱之类较薄细的质料，需使用较低温烫，烫时不可太用力，以免弄破。

（三）长裤的熨烫技巧——由里而外

熨长裤时，顺序如下：将裤子翻过来，口袋掀开，先熨裤裆附近，其次是口袋、裤角和布缝合处；接着烫正面，然后是右脚内侧，右脚外侧，左脚内侧，左脚外侧，最后把两管裤角合起来修饰一番。

注意事项：熨斗要避开拉链，烫褶线时可用大头针固定。深色或熨斗会磨亮的布料，最好加盖熨布再熨。

（四）百褶裙的熨烫技巧——大头针帮忙

烫裙子时，顺序如下：裙内里，裙腰，裙。

注意事项：整件先从反面烫，翻正面后再稍加修饰；百褶裙用大头针固定，熨好后用专用夹群架吊起来。

（五）熨烫衣领的技巧

领口部位，无领者不论是圆形、尖形或方形，在整烫时都注意不要把它拉开变形，最好是固定形状再加以熨烫；如果是有领片的，不要将领褶线烫死，趁它还是温热时，用手翻折轻压即可。

（六）熨烫领带的技巧

熨烫时，熨斗温度以70℃为佳。毛料领带应喷水，垫白布熨烫；丝绸领带可以明熨，熨烫速度要快，以防止出现“极光”和“黄斑”。

熨领带时，可先按其式样，用厚一点的纸剪一块衬板，插进领带正反面之间，然后用温熨半熨。这样不致使领带反面的开缝痕迹显现到正面，影响正面的平整美观。

若领带有轻微的皱褶，可将其紧紧地卷在干净的酒瓶上，隔一天皱褶即可消失。

（七）熨烫羽绒服的技巧

羽绒服装不宜用电熨斗熨，若出现皱褶时，可用一只大号的搪瓷茶缸，盛满开水，在羽绒服上垫上一块湿布再熨，这样做不会损伤面料，还能避免衣服表面出现难看的光痕。

知识链接

将衣服熨黄补救方法

在熨烫衣服时，如果不小心将衣服烫黄了，可以采用这些方法来补救：

1. 棉织物出现烫黄现象，可立即撒些细盐，用手细细揉搓，再放到阳光下晒一会儿，用清水洗净后，烫黄的痕迹就会减轻或完全消除。

2. 毛料衣服出现烫黄，可把白矾用开水溶化，等晾冷后，均匀地刷在烫黄部位，烫黄斑痕即会消除或减轻。

3. 对丝绸衣料，可将少许苏打粉掺水调成糨糊状，涂在烫黄处，待水分蒸发后再垫上湿布熨烫，烫黄处的焦斑就可消除。

4. 化纤织物烫黄后，要立即用湿毛巾垫上再熨烫一次，等毛巾干后取下，烫黄现象即会减轻，甚至可以恢复正常。

5. 对呢料衣服，可用手针轻轻摩挑因烫黄而稍显亮光处，直至挑起新绒毛，这时可垫上湿布，用适当温度的熨斗逆着绒熨烫数遍，烫黄处的斑痕即可消除。

三、针线拿手绝活

（一）基础针法

1. 平针缝

这是最常用、最简单的一种手缝方法，通常用来做一些不需要很牢固的缝合，以及做褶裥、缩口等；可以一次多挑几针然后一起拉紧线头。平针的针脚距离一般保持在 0.5 厘米左右。

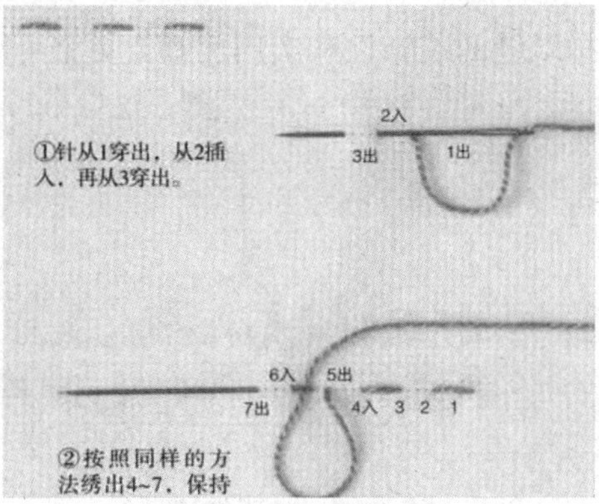

图 4－1　平针缝法

2. 回针缝

这是类似于机缝而且最牢固的一种手缝方法，用这种方法可以缝合拉链、裤裆等牢固度要求较高的地方。

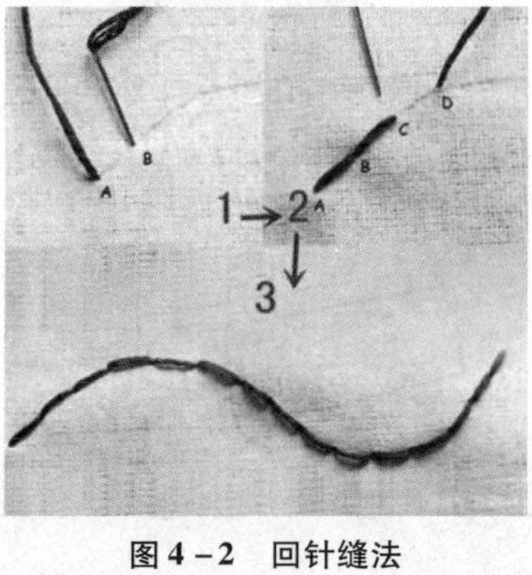

图 4－2　回针缝法

3. 锁边缝

这种方法一般用来缝制织物的毛边，以防织物的毛边散开。

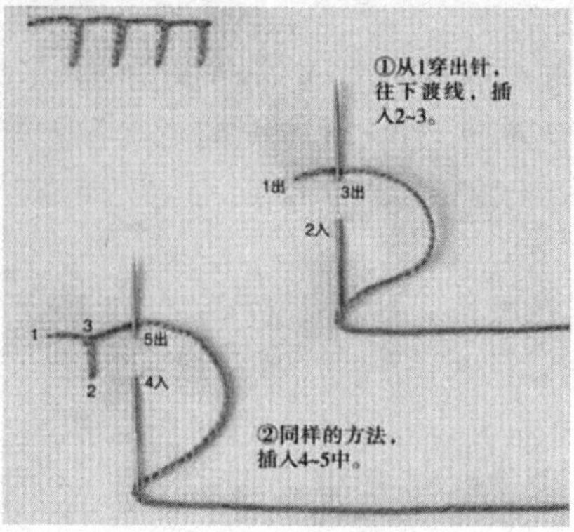

图 4-3　锁边缝法

4. 扣眼缝

用途和锁边缝一样，但扣眼缝的装饰性和实用性都要更强一些。

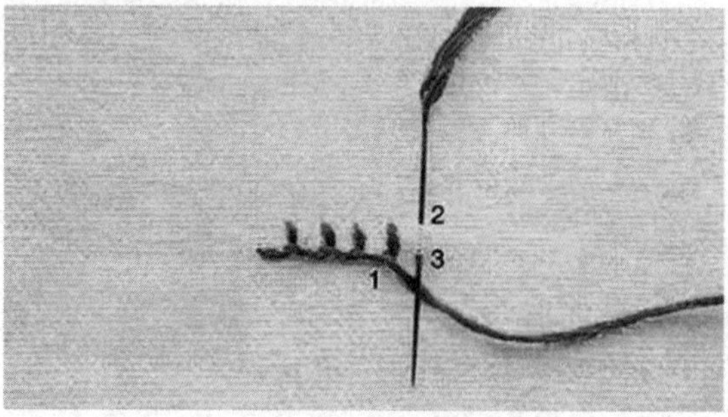

图 4-4　扣眼缝法

5. 藏针法

这是很实用的一种针法，能够隐匿线迹，常用于不易在反面缝合的区域。比如旗袍绲边常用此针法，又或者手缝羊绒大衣的手缝针法。

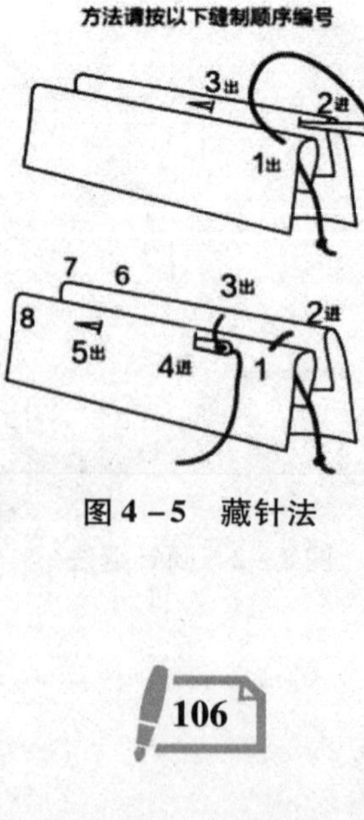

图 4-5　藏针法

（二）钉衣扣

1. 可用缝纫机

一般人钉衣扣均用手工，其实用缝纫机也可钉衣扣。其方法是：卸下缝纫机压脚，把衣服放在缝纫机台面上，再将扣子摆在衣服的适当位置上，然后移到机针下。转动缝纫机，同时移动扣子，使机针下来时能依次穿入各个扣孔中，直至认为线已缝足为止。

2. 加固钉衣扣的四种方法

（1）衣服上的纽扣线一般都比较凸出，易磨损，如果断了一根线，纽扣就要松动。为此，在钉纽扣时，最好是钉几针打一结，再钉几针，再打一结，钉一粒纽扣打上几个结，纽扣就牢固了。

（2）外套和西服的扣子容易脱落。如果能用最细的渔线来钉，则会坚固、耐久。要注意，渔线要用透明的，缝在扣子上不易看出来。

（3）钉纽扣时，可用小刀或剪刀将纽扣线眼周边棱角削掉，使之变成圆角。这样既不影响纽扣的美观，又可减少纽扣对线的摩擦，使纽扣不易掉落。

（4）如果纽扣有 4 个孔，钉时不要钉成“十字”交叉形，因为棉线的交叉点凸出，容易被摩擦断线。最好钉成两条平行线或“口”字形，收线时在扣与布面间绕几圈打个结，这样就不容易脱线断线了。

探讨与研究

情景一：秋季运动会上，不小心摔破了裤子。

情景二：新买的风衣有一颗扣子不牢固。

情景三：母亲节快到了，给妈妈做一件衣服。

想一想：上述的情景中，你知道应该采取哪些针法吗？

四、收纳操作指南

衣服以叠好后能立起来为标准，进行收纳整理时尽量叠起来，节约空间。

（一）外衣

叠的方法主要就是将衣服叠成长方形，不规则形状的衣服也照此理，然后折三折，注意需要保护的部分（如衣领、帽子、胸垫等）往里折。一般是领口向里，注意袖子尽量在叠的时候不要让衣服凸起来，均匀平铺最好，最后，以衣服叠好能立住为检查叠的是否正确的标准。

◆短袖：从衣领处横着画一条线，在衣服中间竖着画一条线，捏着两个点拎起来再折叠就可以轻松地叠好了。

◆带帽衫：首先带帽衫反面朝上，将帽子向上折叠，之后和衬衣的叠法一样。

◆睡衣：首先将裤子裤腿对叠，然后对叠两次即可。睡衣正面向上，袖子叠好，再将裤子放到睡衣上，将睡衣折叠。

◆衬衣：将衬衣反面向上，把袖子往里叠一小段，再把袖子往外折。要注意的是，袖子跟衬衫的边沿一定要对齐，另外一只袖子用同样的方法即可。然后将衬衫往上折三分之一，再对折一次。

◆开衫毛衣:将开衫毛衣正面向上,将两个袖子重叠,再将袖子往回折到肩膀处,再将肚子处的衣服往上折。

◆裤子:(1)翻折式:先对折一次,裤头向裤尾折叠到1/2处,抓上面一条裤腿斜折,再翻折一下,将裤脚收进缝隙即可。(2)卷筒式:裤腰处向下挽一圈,两条裤脚分别对折,再由裤脚从下向上卷起来,把裤腰放下直接包住整条裤子。(3)包腿式:在对折后单独留出一条裤腿,卷好裤子后再用留出的裤腿包住,无论怎么抽怎么动,都不会散掉变形。不想折的裤子也可以直接用衣架挂起来,裤腿一正一反穿过衣架,高度同等。

(二)袜子

同叠衣服方法,叠成长方形后折三折或两折,同样以能立起来为标准。

(三)内裤

整齐地摊开、理平整,把其中一边折过来,到中间的位置,之后把另外一边也折过来,覆盖到之前的一边上,叠整齐之后把上半部分折下来,到中间的位置,最后把下半部分折上来塞入裤腰部分。

(四)内衣

独立整理,将内衣带子藏在胸罩后。

五、食之有味

"烹"就是煮的意思,"饪"是指熟的意思,广义地说,烹饪是对食物原料进行热加工,将生的食物原料加工成熟食;狭义地说,烹饪是指对食物原料进行合理选择调配,加工洗净,加热调味,使之成为色、香、味、形、质、养兼美的安全无害的、利于吸收、益人健康、强人体质的饭食菜品。

烹饪不仅应关注美味,更应该做到营养均衡。均衡的膳食、合理的营养搭配不仅可以保证人体正常生理功能的需求,还可以提高机体的抵抗力和免疫力,有利于预防和控制某些疾病的发生和发展。

(一)烹饪基础

1. 原料篇

烹饪的原材料可分为蔬菜、水产品、畜禽、粮食作物和果品五类。

(1)蔬菜是人体维生素、矿物质和膳食纤维的主要来源。

(2)水产品富含蛋白质、脂肪、矿物质和维生素。

(3)畜禽是人体优质蛋白、脂类、脂溶性维生素和B族维生素的主要来源。

(4)粮食作物是对谷类作物、薯类作物和豆类作物的总称。谷类作物主要为人体提供淀粉、植物蛋白、维生素等;薯类作物主要为人体提供淀粉、维生素等;豆类作物主要为人体提供蛋白质、脂肪等。

(5)果品主要为人体提供维生素、矿物质和人体所需的微量元素。

2. 调料篇

烹饪常用的调料有油、盐、酱油、醋、料酒等。

(1)油具有导热、增加菜肴色泽的作用,常见的有花生油、菜籽油、大豆油等。

(2)盐可调节菜肴的咸淡,不宜多吃。

(3)酱油分为生抽和老抽两种,生抽一般用来调味,味道鲜、咸;老抽一般用来上色,颜色重、味道咸。

(4)醋较酸,可使菜的味道变得丰富,吃起来更加爽口。

(5)料酒能够去除菜的膻味和腥味,还具有解油腻的作用。

3. 火候篇

烹饪时的火候一般根据两种方式确定:

(1)根据原料的质地确定。原料质地较软、嫩、脆的,多用旺火速成;原料质地较硬、老、韧的,多用小火长时间烹调。

(2)根据烹调的技法确定。炒、爆、烹、炸等技法多用旺火速成;烧、炖、煮、焖等技法多用小火长时间烹调。

探究与分享

你还知道哪些关于烹饪的知识或技巧,跟同学们分享一下吧!

(二)烹饪技巧

1. 烧肉不宜过早放盐

盐的主要成分氯化钠,易使肉中的蛋白质发生凝固,使肉块缩小,肉质变硬,且不易烧烂。

2. 油锅不宜烧得过旺

经常食用烧得过旺的油炒菜,容易产生低酸胃或胃溃疡,如不及时治疗还会发生癌变。

3. 肉、骨烧煮忌加冷水

肉、骨中含有大量的蛋白质和脂肪,烧煮中突然加冷水,汤汁温度骤然下降,蛋白质与脂肪即会迅速凝固,肉、骨的空隙也会聚然收缩而不会变烂。而且肉、骨本身的鲜味也会受到影响。

4. 未煮透的黄豆不宜吃

黄豆中含有一种会妨碍人体中胰蛋白酶活动的物质。人们吃了未煮透的黄豆,对黄豆蛋白质难以消化和吸收,甚至会发生腹泻。

5. 烧鸡蛋不宜放味精

鸡蛋本身含有与味精相同的成分谷氨酸钠。因此,炒鸡蛋时没有必要再放味精,味精会破坏鸡蛋的天然鲜味。

6. 酸碱食物不宜放味精

酸性食物放味精同时高温加热,味精(谷氨酸钠)会因失去水分而变成焦谷氨酸二钠,虽然无毒,却没有一点鲜味了。在碱性食物中,当溶液处于碱性条件下,味精(谷氨酸钠)会转变成谷氨酸二钠,是无鲜味的。

7. 反复炸过的油不宜食用

反复炸过的油其热能的利用率,只有一般油脂的1/3左右。而食用油中的不饱和脂肪酸经过加热,还会产生各种有害的聚合物,此物质可使人体生长停滞、肝脏肿大。另外,此种油中的维生素及脂肪酸均遭破坏。

8. 冻肉不宜在高温下解冻

高温解冻时肉组织中的水分不能迅速被细胞吸收而流出,会影响肉的质量。

9. 吃茄子不宜去掉皮

维生素P是对人体很有用的一种维生素,在我国所有蔬菜中,茄子中所含有的维生素P最高。而茄子中维生素P最集中的地方是在其紫色表皮与肉质联结处,因此,食用茄子应连皮吃,而不宜去皮。

10. 铝铁炊具不宜混用

铝制品比铁制品软,如炒菜的锅是铁的,铲子是铝的,较软的铝铲就会很快被磨损而进入食物中,人食用过多的铝会影响身体健康。

(三)烹饪安全

1. 用火安全

在利用燃气灶等明火烹饪食物时,应注意以下四点:

(1)烹饪过程中不要远离厨房,以防汤水溢出浇灭燃气灶火苗造成燃气泄漏事故。

(2)厨房内禁止存放酒精、汽油等易燃危险物品,以免引起意外失火。

(3)保持燃气灶周围空气流通。

(4)若闻到煤气味,怀疑燃气泄漏的话,应立即关闭燃气阀门和附近的火源,同时打开门窗进行通风,注意不要开关任何电器,包括手机。若煤气味强烈,则应立即外出打电话报警,并通知邻居疏散。

2. 用电安全

在用电饭煲、电磁炉等电器烹饪食物时,应注意以下两点:

(1)湿手不得接触电器及电器装置,以防触电。

(2)电器用完后应关掉开关并拔下插头,防止电器因长时间通电而损坏。

3. 烹饪工具

在使用烹饪工具的过程中,应注意以下三点:

(1)玻璃器皿、瓷器不能摆放在台面边缘,以免摔破伤人。

(2)在使用刀具前,应检查其是否存在裂纹、松柄、锈蚀等现象,避免在使用过程中发生意外。

(3)刀具在使用完后应插入刀套或刀架内,不得放在操作台边缘及过高处,以免坠落伤人。

4. 其他注意事项

除上述注意事项外，在烹饪时，还应注意以下三点：

(1)烧制饭菜时，锅内的液体不宜过多，以免溢出引发意外。

(2)在拿刚蒸好或烤好的食物时，应戴隔热手套。没有隔热手套的，可用干毛巾代替。

(3)为减少烹饪过程中高温油飞溅，应提前滤干食材的水分。

实践活动

争做家务小能手——我劳动，我快乐

“黎明即起，洒扫庭除，要内外整洁。既昏便息，关锁门户，必亲自检点。”这是在我国流传甚广的《朱子家训》开篇第一句话，足见古人对家务劳动的重视。

家庭生活能力是一个人最基本的生存能力，它不仅可以培养人的劳动观念和习惯，还可以培养一个人的责任心——我爱我家，我是家庭一员，我要为我家出力，学会自己的事情自己做，学习与家人进行交流和沟通，感受亲情的温馨，自觉了解家庭生活的技能和技巧，养成自理、自立的生活习惯，培养自身热爱劳动、尊敬长辈、自立自强的品质。

为了达到以上目的，可以指定一个家务劳动计划表。根据自己制订的家务劳动计划，每天在家做一些家务劳动，并把当天所做的家务记录下来，每一到两个星期让家长对自己在家的劳动进行评价。每个月结束时学生要进行小结，写出自己的收获。

【过程记录】

具体计划：

计划实施情况：

计划实施难点及解决方案：

家长点评：

【结果评价】

教师可以参考表 4 - 1 对学生制订的家务劳动计划及实施情况进行评价。

表 4 - 1 “争做家务小能手——我劳动，我快乐”家务劳动计划及实施情况评价表

评价标准	评分细则	分值	分数小计	教师评价
计划切实可行	劳动时间安排合理	10		
	劳动内容丰富	10		
	家长指导过程	10		
	需要达到的效果	10		
计划有层次，目标有阶梯	物品归纳	10		
	房屋清洁	10		
	衣物清洗	10		
	烹饪	10		
积极主动，能够按照计划做家务劳动	做家务时认真细致	10		
	家务完成出色	5		
	心得	5		

第五章　上好校园劳动必修课

联合国教科文组织曾经对教育下过这样的定义:“学会生存。”劳动是生存的基本能力,是做人的起点。古人讲“一屋不扫,何以扫天下”,连自理自立能力都没有,将来怎能成为国家的栋梁之材呢?

学习目标

1. 搜集相关清洁工具的信息,了解各种家庭常用的清洁工具的名称和用途。
2. 学会安全使用一些简单的清洁工具,感受清洁工具给生活带来的便利。

第一节　校园保洁内容与要求

一、室内保洁内容与要求

校园室内空间一般包括寝室、教室、实训实验室、办公室、会议室、接待室、资料室、档案室、图书馆、机房、仓库等。需要保洁的内容主要有天花板、墙面、黑板、门窗、玻璃、桌椅、柜子、讲台、地面等。

(一)教室保洁工作内容

(1)桌、椅统一:桌子、椅子一条线,离开座位、凳子归位,桌面无任何物品。

(2)书、本、笔统一:课前准备,桌面上书、本、笔放左上角,抽屉里书左边、本子右边、笔等其他物品摆中间。

(3)讲桌统一:讲桌上左上角按顺序摆放粉笔、黑板擦,讲桌里边不能摆杂物,讲桌上下要整洁。

(4)劳动工具统一:扫帚、拖布、垃圾桶、簸箕放在教室窗户边,有序摆放好。

(5)图书角统一:在电视边上,两张课桌。

(6)衣服等其他物品统一:叠放好,放在教室后边。

(7)饮水机统一:放教室后边。

(8)水杯统一:放在饮水机旁边。

(9)小盆栽统一:摆放一个小盆栽在讲桌右边。

(10)张贴统一:所有学校下发资料张贴在前门后边。

(二)文明寝室建设要求

寝室是我们学习、生活、休息的重要场所,寝室文明环境建设直接体现我们的精神面貌和个人素质,直接关系我们的身心健康。我们应将维护整洁文明寝室环境内化为自觉追求,外化为自觉行动,达到以下要求:

鞋子摆放一条线;

牙具摆放一条线;

被子叠放一条线;

床单拉直一条线;

衣物晾挂一条线;

毛巾晾成一条线;

箱包放成一条线;

脸盆摆放一条线。

知识链接

寝室美化小窍门

1. 衣柜整理

宿舍里的衣柜大多都是直筒式的,几乎没有隔断,在放置衣物时,往往浪费了很多空间。衣柜隔板能够在衣柜中划分出合适的区域,充分规整空间。此外,还可以在衣柜中放一些多层收纳挂筐,这样既充分利用了收纳空间,又能将贴身衣物、帽子、包分类收纳。如果宿舍的衣柜里没有挂衣杆,可以用"伸缩棒"代替。

2. 桌面美化

如何让桌子拥有更多收纳空间?

(1)网格板收纳:网格板是一种轻便又实用的收纳工具,而且价格便宜。将网格板放置在桌面旁边的墙上,不仅能够收纳桌面的小东西,而且能够很好地装饰空间。

(2)桌下挂篮:桌下挂篮能创造隐形的收纳空间,用于放置各种小物件。

3. 床边装饰

床边挂篮和床边挂袋是寝室非常实用的收纳和装饰工具,不仅能够放水杯、纸巾、书籍等,避免了爬上爬下拿东西,还可以保证床铺的整洁。

(三)实训实验室等保洁工作内容

1. 检查

进入室内,先查看是否有异常现象、有无损坏的物品。如发现异常,应先向有关部门报告后再进行保洁作业。

2. 推尘

推尘要按照先里后外、先上后下、先窗后门、先桌面后地面的顺序,先清扫天花板、墙角上的蜘蛛网和灰尘,接着抹窗户玻璃外面的灰尘,实验器材等设备挪动后要原位摆好。

3. 顺序

从门口开始,由左至右或由右至左,依次擦拭室内桌椅、柜子、讲台和墙壁等。抹布应拧干,擦拭每一件物品时,应由高到低、先里后外。擦墙壁时,重点擦拭门窗、窗台等。操作时,先将湿润的涂水毛头(干净的)装在伸缩杆顶部,沿顶部平行湿润玻璃,然后以垂直下落法湿润其他部分的玻璃。再用干净的抹布擦干净窗框及窗台,最后用干燥的无毛的棉布擦干净玻璃四周和中间的水珠。大幅墙面、天花板等的清洁为定期清除(如每周清洁一次)。

4. 整理

桌面、实验台上的主要用品,如粉笔盒、粉笔擦、实验器具等抹净后按照原位摆放整齐。

5. 清倒

清倒室内的纸篓、垃圾桶。

6. 更换

收集垃圾并换垃圾袋

7. 关闭

清洁结束后,保洁人员退至门口,环视室内,确认清扫质量,然后关窗、关电、锁门。

(四)保洁质量标准

(1)室内整体干净无灰尘。

(2)桌椅设备摆放很整齐。

(3)桌面无乱涂乱画痕迹。

(4)地面没有污迹和垃圾。

(5)墙面无张贴张挂乱象。

(6)窗户明亮空气更清新。

探讨与研究

你心目中别具一格的特色寝室是什么样的?

二、休闲空间、走廊保洁内容与要求

室内学习休闲的空间一般有室内敞开式休息间、走廊过道、楼梯平台、报告厅、礼堂、门厅等。需要保洁的内容主要有天花板、墙面、窗户、玻璃、桌椅、柜子、墙面、地面、门面等。

(一)保洁工作内容

1. 检查

进入各种休闲空间后,先查看是否有异常现象,有无已损坏的物品,如发现异常,应先向有关部门报告后再进行保洁作业。

2. 清扫

公区内无纸屑、果皮、塑料袋、痰迹、杂草、碎石、瓦块、枯叶、蜘蛛网等;走廊、楼梯、墙面等无痰迹、无污染、无脚印、无乱写乱画等现象；公区内宣传栏、张贴物、垃圾箱、知识牌、警示牌等做到无灰尘。

3. 整理

椅、柜子等抹净后，按照原位摆放整齐。

4. 礼仪

不在公共区域打闹，乱丢垃圾，跟同学见面用礼貌用语。

（二）保洁质量标准

（1）道路平整干净无垃圾。

（2）没有垃圾和积水。

（3）墙面干净无灰尘。

（4）桌椅干净摆整齐。

（5）门窗干净很明亮。

知识链接

维护校园环境秩序

为维护良好的校园秩序，营造一个文明、整洁、健康、高雅的校园环境，建设平安校园、和谐校园，我们应遵循以下校园文明行为规范：

1. 着装整洁得体，仪容端庄。

2. 行为举止高雅，谈吐文明。

3. 爱护学校花草树木，节约用水。

4. 乘坐电梯遵守秩序，先下后上，相互礼让。

5. 遵守学校环境卫生的有关规定，保持学校环境卫生，不随地吐痰、不乱扔杂物。

6. 文明如厕，保持卫生间清洁，爱护其设施。

7. 上课时遵守课堂纪律，候课时不得在楼道内大声喧哗。

8. 爱护教室设施，合理使用教学设备，保持干净整洁的教学环境。

9. 汽车、电动车、自行车停车入位，摆放有序。

10. 严禁在教学楼内的教室、办公室、楼道楼梯、卫生间及公共场所吸烟。

11. 观看教学展演展示、听公共课讲座、参加会议等活动时，主动服从现场管理，遵守秩序，爱护礼堂、会议室等设施。

12. 进行教学和汇报演出活动时，要合理使用场地及设施设备，降低环境噪声分贝，防止影响学校周围单位和居民正常工作和生活。

13. 自觉遵守学校的各项规章制度，尊师爱友、团结和睦，共同营造绿色健康的学习氛围和积极向上的工作环境。

14. 参加学校在本市组织的和赴外省、市教学汇报演出、比赛或游学活动时，保障安全、遵守纪律；尊重当地风俗习惯、文化传统；爱护文物古迹、风景名胜、旅游设施。

15. 如遇突发事件发生时，应当服从学校统一指挥，配合应急处置。

16. 遵守网络信息管理的法律法规和有关规定，维护微信群安全和秩序，自觉抵制不良信息，不传播网络谣言。

三、公共卫生间保洁内容与要求

卫生间的清洁工作主要包括地面、墙面、门窗、天花板、隔板（隔墙）、卫生洁具及其他室内设施的清洁等。

（一）卫生间的清洁、保洁标准

（1）天花板、墙角、灯具目视无灰尘、蜘蛛网。

（2）目视墙壁干净，坐便器、小便器等卫生洁具洁净无黄渍。

（3）室内无异味、臭味。

（4）地面无烟头、纸屑、污渍、积水。

（二）卫生间的每日常规清洁

卫生间每日常规清洁的主要内容是按清洁质量标准进行地面的清扫、卫生洁具的清洁、用具的擦洗等。

1. 清洁程序

准备工作→放水冲刷大、小便器（槽）→收集废弃物→清洁大、小便器（槽）→清洁盥洗器具及其他设施→清扫地面→检查及整理。

卫生间的清洁一般应“从左到右，从上到下，从里到外”依次进行，对于单个器具的清洁，应按先内后外再对各附件进行清洁的顺序进行。

2. 清洁方法

卫生间的清洁工作一般应安排在人流量小的晚间或清晨进行，操作程序和方法如下：

（1）准备工作

①准备好所需的工具和用具，如扫把、地拖、带柄尼龙刷、抹布、干毛巾、工作服、橡胶鞋、橡胶手套和口罩等。

②准备和配制好清洁剂和用品，如洁厕水、万能清洁剂、皂液、厕纸、擦手纸等。

③打开门窗，启动排气扇通风换气，在门口放置清洁工作标志牌。

（2）放水冲刷坐便器、小便器

开启冲水阀将坐便器、小便器（槽）内的粪尿冲净，用夹子将小便器内的烟头等杂物夹出。在坐便器内倒入定量的洁厕水（小便器无法存水，故不必倒入洁厕水浸泡），浸泡一定时间，以利发挥其最佳的效用。

（3）收集废弃物、清扫地面垃圾，清倒垃圾篓，换新垃圾袋后放回原位。

（4）清洗坐便器、小便器（槽），依次逐个彻底清洗，包括各配件、附件。

①清洁蹲式坐便器(槽)

先用带柄尼龙刷蘸洁厕水刷洗坐便器内壁和蹲位台面,并注意入水口和出水口的清刷,然后用清水冲净,最后用干地拖将蹲位台面的水迹擦干。

②清洁座式坐便器

先用带柄尼龙刷蘸洁厕水刷洗坐便器内壁,洗净后用清水冲净,然后用湿抹布蘸万能清洁剂擦洗水箱,坐便器的座沿、盖子外侧、底座,再用清水抹布擦洗干净,最后用干抹布擦干水迹。

③清洁小便器(槽)

先用带柄尼龙刷蘸洁厕水刷洗小便器(槽)内壁、注意凹槽及出水口的清刷,并放水冲洗干净,然后用湿抹布擦洗冲水阀和外壁;必要时蘸少许万能清洁剂擦洗,最后用干抹布擦干水迹。

(5)清洁盥洗器具及其他设施

①清洁盥洗台

先用湿抹布蘸万能清洁剂擦洗台面、洗手盆、水龙头,再用清水抹布擦洗干净,最后用干毛巾擦干水迹。

②清洁梳妆镜

先均匀喷上清洁玻璃水,然后用湿抹布擦洗干净,最后用干毛巾擦净。

③清洁厕纸架、烘手器、空气清新剂架等

一般采用湿抹布擦拭,清除灰尘、污迹,最后用干毛巾擦净水迹。

(6)清扫地面

先清扫地面,然后用湿地拖擦干净地面,必要时可使用万能清洁剂,最后从里到外,用干地拖将地面拖干。

(7)检查及整理

清洁作业完毕,应环视整个卫生间一遍,看是否有遗漏和不彻底之处,如有应及时补做。然后喷洒适量的空气清新剂,在小便器内放入卫生球;检查是否需要补充皂液、厕纸和擦手纸;废物筐放在固定的地方,清倒垃圾,更换新的垃圾袋,最后收拾好工具和用具,关好门窗等。

(三)注意事项

(1)要注意自身保护,防止清洁剂损伤皮肤,预防细菌感染,作业完毕后,应使用肥皂洗手。

(2)清洁卫生间所用的器具应专用,使用后应定期消毒,与其他清洁工具分开放。

(3)清洁卫生间内的通风设备异常应及时反映,公共洗手间随时保洁。

四、机动车道、人行路保洁内容与要求

校园道路指可提供各类机动车辆和行人行驶(走)的道路,人行路指校内道路两侧的人行路和可供师生上下课(班)和休闲行走的小路。

校园道路和人行路保洁的内容与流程：清扫各种垃圾、树叶，清捡树枝和废弃物，清拔路沿石缝杂草、清除人行道边上绿化带的树叶杂草，清扫人行道和道路上的灰尘等。

（一）保洁工作内容

（1）根据劳动课安排进行分组、分路段、分区域。明确清扫范围，合理安排清理垃圾、树叶等任务。

（2）每天采取分时段收集沿路垃圾，做到定时清扫、及时堆放、及时运送，做到不慢收、漏收。

（3）保洁人员利用竹扫把，对校园道路进行全面清扫。要做到“六洁净”，即不花扫、漏扫；不见积水（无法排除的积水除外）；不见树叶、纸屑烟头；不漏收堆；不乱倒垃圾（一律送到中转站）；不随便焚烧垃圾。从而达到路面净、路尾净、人行道净。

（4）进行路面清扫保洁时，垃圾收集应及时送往中转站，严禁将垃圾倒在道路两侧绿化带里或随便乱倒，严禁焚烧垃圾。

（5）校园路面清扫保洁要做到晴天与雨天一个样，主干道与人行道一个样，检查与不检查一个样。严禁串岗、脱岗、坐岗等。

（二）保洁质量标准

（1）道路平整干净无垃圾。

（2）道路无枯叶枝和杂物。

（3）道路灯杆干净无张贴。

（4）绿化绿地平整无缺憾。

（5）校园整体漂亮人人夸。

寄语

知识是从刻苦劳动中得来的，任何成就都是刻苦劳动的结果。

——宋庆龄

劳动使人建立对自己的理智力量的信心。

——高尔基

劳动可以使我们摆脱三大灾祸：寂寞、恶习、贫困。

——歌德

未来将属于两种人：思想的人和劳动的人。实际上这两种人是一种人，因为思想也是劳动。

——雨果

五、广场、台阶、水沟等保洁内容与要求

校园露天广场、停车场、台阶和房屋周边的水沟的保洁内容与流程：清扫各种垃圾、树叶，清除各种杂草、树枝，清扫或者清洗灰尘，清理明水沟内各种垃圾和杂草等。

(一)保洁工作内容

(1)对广场、停车场、台阶和楼房周边的水沟进行检查,先用扫把或垃圾夹清理面上的垃圾、树枝、树叶等。

(2)对广场台阶周边的杂草进行清除。

(3)用小扫把对广场、停车场、台阶地面进行清尘处理。

(4)清理垃圾,运送到垃圾中转站。

(5)不得把垃圾和树叶倒在道路两边的绿化带,更不能就地焚烧。

(二)保洁质量标准

(1)广场地面干净、无灰尘、无各种垃圾、无枯叶残枝。

(2)运动场内桌椅摆放整齐,桌椅面干净、无垃圾。

(3)广场内无堆放物品、无张贴张挂。

知识链接

劳动之歌

劳动如多彩的光是那么明媚,劳动创造出千般快活,劳动使机器在飞速地动,
劳动使万物承载世界,我要为劳动者唱赞歌。无论坚守在什么岗位,
无论岗位是多么平凡,都是劳动创造新的生活。劳动是事业的根本,
劳动才能获取新的生活。劳动是人类永久的旋律,劳动是勤劳者心灵之歌。

六、生态林、绿化地(带)保洁内容与要求

在校内有规划和科学、合理地栽植一些生态林、绿化地和绿篱带是建设美丽校园不可缺少的项目,更是建设生态学校、保护校园环境的决定性环节。

保洁维护生态林、绿化带的主要内容与流程:清捡绿化地和绿篱带内的各种垃圾、大树叶,清捡各种树枝和废弃物,清拔绿化地和绿篱带内杂草,清捡生态林中的干枯树枝并进行合理修剪,科学艺术地整修绿篱带和花草苗木等。

(一)保洁工作流程

(1)首先用耙子把生态林、绿化地、绿篱带地面上的树叶、树枝耙成一堆。再用捡垃圾的夹子把绿化地、绿篱带里的塑料袋、快餐盒、烟头等夹走。

(2)用大竹扫把对生态林、绿化地、绿篱带地面进行清扫,然后将垃圾、树叶、树枝等送到垃圾中转站,不得随意乱倒或焚烧。

(3)安排人员进行文明督查,对做出不文明行为的师生进行劝阻。

(二)保洁标准

(1)绿化带内和生态林内应保持干净、整齐,无各种垃圾、无枯叶残枝。

(2)无各种废弃物堆放堆积。

第二节　劳动(保洁)工具功能与使用方法

一、大、小扫帚

(一)功能介绍

扫帚是最常用的清洁工具,由多种不同的材料制成,有竹梢扎制的、高粱穗扎制的、芦苇扎制的、棕树叶子或棕树皮扎制的、塑料合成丝压制的等(见图5-1、图5-2)。

图5-1　高粱穗做的扫帚图

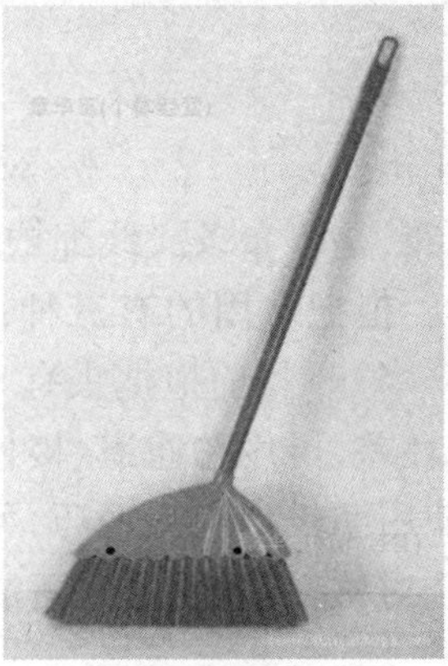

图5-2　塑料合成丝压制的扫帚

其作用是扫除地面垃圾及灰尘。扫帚的形状和材料都在不断改进变化,种类很多,且各具特色,运用最多的是高粱扫、塑料扫、棕扫和竹扫。扫帚都有长短扫帚之分,这里主要介绍两类扫帚:

1. 棕树叶子或棕树皮制的棕扫

用来清扫平坦、干燥的地面,只能清除地面上的垃圾,如纸屑、果皮及其他杂物,不能清除地面上的灰尘(高粱扫、芦苇扫几乎与它用途相同)。

2. 竹扫或塑料扫

主要用来清扫不平处、潮湿或有水的地方,也可以用来清扫干燥、平坦的地方,只能清除地面上的垃圾,不能清除地面上的灰尘。

(二)使用方法

1. 握法

用一只手的大拇指按在扫帚的把端上(既可用力,又控制方向),并用其他手指把握住,另一只手则在把端下方30~40厘米处握住。

姿势:上身向前微探,但不可太弯曲,取不易疲劳的自然姿势。

2. 清扫方式

(1)室内地面多用按扫方式,扫帚不离地面,挥动扫帚时,稍用臂力向下压,既可把灰尘、垃圾扫净,又防灰尘扬起。地面灰尘多时,每扫一次,应在地上墩一墩,以拍除沾在帚端上的尘土、垃圾。

(2)为了不踩踏垃圾,应不断向前方扫,从狭窄处往宽广处清扫,从边角向中央清扫,室内清扫时,原则上由里向门口扫。

(3)清扫楼梯时,站在下一阶,从左右两端往中央集中,然后再往下扫,防止垃圾、灰尘从楼梯旁掉下去。

(4)随时集中垃圾、灰尘,将其扫入簸箕。

(5)顺风扫,勿逆风扫。

二、拖把

(一)功能介绍

拖把又称拖布,是将布条式线绳或棉纱条安装在把柄上的一端扎制而成,是擦洗、拖净地面的常用工具。拖把常用的有三种:圆形布条地拖、扁形活动式地拖和除尘地拖(尘推)(见图5-3、图5-4)。目前拖把头有木柄、塑料柄、铝合金柄、可拆卸柄等。木柄拖布价格低,实用,但美观性差,可用在通道、楼梯等地方的保洁;而塑料柄、铝合金柄、可拆卸的拖把价格昂贵,手柄使用期长,美观、轻巧,可用在公共场所保洁。清洁的效果主要取决于布条部分的材料,只有选对材料,才能达到清洁的效果。

图5-3 棉纱条拖把

图5-4 面板套布拖把

选拖把要注意以下几点:

(1)吸水性强、柔软、纤维要长。

(2)去污力好、不结团、松散性要好。

(3)耐摩擦性、耐腐蚀性要强。

(二)拖把的作用

在使用的过程中,有干拖把和湿拖把两种。湿拖把用在已清扫的地板,除去地板上浮动的灰尘和污渍;而干拖把则是将地板上湿拖把清洁后留下的水迹、水渍拖干。拖把的操作有如下要求:

(1)湿拖把的要求:湿拖把在做清洁前,要拧干,不滴水。

(2)干拖把的要求:使用前不沾带灰尘、脏物。

(3)拖把种类不同,操作也不相同,如圆形布条地拖是用左手握住拖柄上端,用右手握住拖柄中央,先拖边角部分,然后再按顺序左右来回地向后拖地。

(三)使用拖把应注意的问题

(1)清洁完毕时,将湿(干)拖把放在水桶中拎走,不能将脏拖把直接拎走,以免脏拖把上的垃圾、污水再次污染地面。

(2)及时清洗拖把布头,擦拭拖把柄,受油污等脏物污染的拖把应用热水浸泡,用清洁剂清洗。

(3)把拖把漂洗干净,晾干待用。

三、簸箕

(一)功能介绍

簸箕是收集、撮起垃圾的工具,一般情况下和扫帚一起使用。清洁所用的簸箕都有长柄,操作起来不用弯腰,比较省时省力。它从原始的竹片或柳条编制演变到今天的铁皮或塑料簸箕。铁皮簸箕强度好,长木柄与簸箕用螺钉紧固,牢固度好,操作方便,其缺点是造型较差,易生锈。塑料簸箕造型美观,色泽鲜艳,又不生锈,但塑料长杆与塑料簸箕之间是螺纹连接,不牢固,易脱落,强度也不够(见图5-5、图5-6)。

簸箕一般可按有无盖分为两类:带盖式簸箕和敞开式簸箕。敞开式簸箕收集的垃圾较多;而带盖式簸箕装垃圾不多,但能起到闭合作用,垃圾不易被风吹走,也避开客人视野接触垃圾,给人以清洁的感觉。

图5-5 塑料簸箕

图5-6 竹片簸箕

（二）使用方法

清洁保养过程中一般选用塑料簸箕，其操作要求如下：

（1）清扫完毕后，用簸箕将垃圾装好，并及时将簸箕中的垃圾倒掉。

（2）装有垃圾的簸箕移动时，簸箕的敞口处不得低垂，防止簸箕中的垃圾掉落在地上，造成再次污染。

（3）簸箕中装有轻质垃圾（如纸片、泡沫塑料等）和灰尘时，要用扫帚抵住垃圾，以免垃圾和灰尘再次扬起、撒落污染地面。

（4）簸箕使用后，应及时清洗，晾干待用。

探讨与研究

情景一：李东在上楼时发现楼梯上不知道谁洒了饮料，黏糊糊的，踩得到处都是。

情景二：开学典礼之后，李琦发现礼堂里不知道谁丢了很多垃圾。

想一想上述两种情景中，李东和李琦应该分别用哪些清洁工具清洁？

四、现代保洁常用工具

（一）吸尘器（见图 5－7）

图 5－7　吸尘器

1. 吸尘机：直立式、旁冷式

（1）组成

电机、电源开关、吸扒、喉管、尘袋、尘隔、储尘箱、滚刷（直立）、底盘、配件。

尘袋分一次性和永久性的。比较易损坏的是碳刷直立式吸尘机，适用于电梯、公区、走廊等人多地方的地毯。

（2）注意事项：

①有水分的地面不可吸尘。

②大块的硬物不可以吸（铁钉、牙签、大头针）。

③大团垃圾不可吸入（大团纸等）。

④燃烧的烟头不可吸入。

⑤不可把电线绞到滚刷中。

⑥使用前检查机械是否正常(是否装有尘袋)。

⑦带载情况下不可工作。

⑧有异声、异味的情况立即关机。

⑨不可用喉管、电线牵拉吸尘器。

⑩吸大理石地面灰尘要打开吸扒上的刷毛。

2. 操作步骤

(1)放入真空袋。

(2)在污物箱内放置过滤袋,检查过滤袋边缘与污物箱扣是否密封。

(3)合上上盖,上紧插销。

(4)连接好真空软管和附属工具。

(5)可放下高效吸刷,用于吸细小颗粒。

(6)通上电源,合上开关,开始吸尘。

(7)及时检查真空袋,看是否吸满杂物。

(二)洗地机

1. 功能介绍

洗地机是一种适用于硬质地面清洗同时吸干污水,并将污水带离现场的清洁机械,具有环保、节能、高效等优点。洗地机分为半自动洗地机、全自动洗地机、手推式洗地机、驾驶式洗地机(见图5-8)。

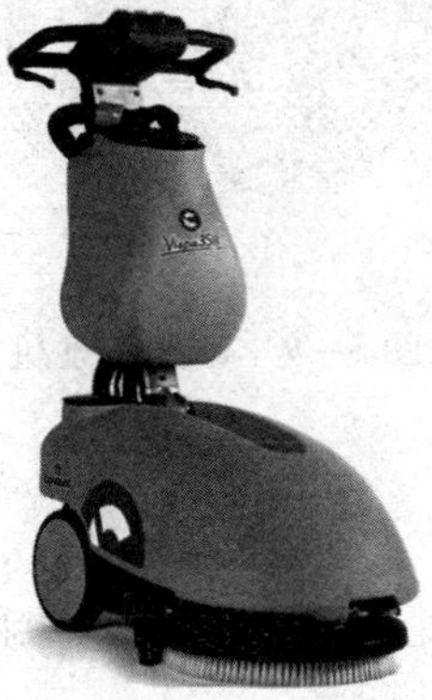

图5-8　洗地机

2. 使用方法

(1)解开电源线,检查电源线有无破损,若完好,则可以在机体底部逆时针方向安装针座、洗地垫或洗地刷,洗平滑地面时,应装针座压紧百洁垫;洗不平滑地面应装上刷子,将手柄调节到便于自己操作的角度。

(2)检查确认开关处于关闭状态后,插上电源使用。

(3)将电源线放在背面,双手握住把柄,然后打开开关,此时刷盘或针盘与地面保持水平，抓稳操纵杆上下控制使机器左右移动，刷盘开始转动，确认无故障后，即可开始作业。

(4)工作时，不要靠臂力强制使机器前后左右移动，而是通过按压把手，使机器本身移动，人体自然地随着机器移动。

(三)扫地机

1. 家用扫地机

(1)简介

扫地机是指扫地机器人，在不久的将来会如同白色家电一样成为每个家庭必不可少的清洁帮手，产品也会由初级智能向着更高级的智能化程度发展，逐步地取代人工清洁。

随着中国国内生活水平的不断提高，原本一直在欧美市场销售的扫地机器人走入平常百姓家，并被越来越多的人接受。

(2)特点

家用扫地机为无线机器，以圆盘形为主(见图5－9)；使用充电电池运作，操作方式为遥控器或是机器上的操作面板；一般能设定时间预约打扫，自行充电。前方设置有感应器，可侦测障碍物，如碰到墙壁或其他障碍物，会自行转弯，并根据不同的设定，而走不同的路线，有规划地清扫地区(部分较早期机型可能缺少部分功能)。因为其简单操作的功能及便利性，现如今已慢慢普及，成为上班族或是现代家庭的常用家电用品。

图5－9　家用扫地机

2. 手推式扫地机

(1)简介

手推式扫地机是纯机械传动免维护的清洁工具(见图5－10)，用以清扫院落、路径、厅堂、贮存等区域。

图5－10　手推式扫地机

(2)特点

使用方便——推着行走就可以将垃圾轻松回收到集尘箱内。

无须任何动力源——纯机械传动,无须电池、电线、柴油、汽油等动力源。

维护简单——全机身用水冲洗即可,无须更换电池等部件维护。

省工省力高效——将清扫与收集同时完成,扫地效率是人工的 4 ~6 倍。

经久耐用——整机采用工程塑料制造,防腐蚀、耐老化、不变形。

储运方便——手提把手方便搬运,直立存放节省空间。

损耗小——主刷和双侧高度可以调节,保证工作效率的同时,最大限度减少损耗。

3. 工业型扫地机

(1)简介

工业电动扫地机是采用环保新能源蓄电池为动力,在小型车辆底盘上加装风机、电机,下面安装边刷、滚刷扫吸结合的清扫机械(见图 5 -11)。

图 5 -11　工业型扫地机

(2)优势特点

工作效率高:每小时可以清扫 8000 平方米左右,同样的作业面积,时间却大大缩短。

成本低:电动扫地车可以替代 12 ~15 人工打扫,节省很多人工工资、福利待遇,不用应对工资待遇上涨问题。

效果好:电动扫地车采取扫、吸结合的方式,比传统人工打扫得更干净。

安全性能高:让清洁工人身处安全环境(马路上快速行驶的车辆太多,人工打扫不够安全)。

实践活动

绿色校园,从我做起

进入 21 世纪以来,全球气候变暖、生存环境日益恶化,严重威胁着人类的健康与生存。遏制气候变暖,发展绿色低碳经济,是全人类共同的使命。为了你、为了我、为了他,也为了我们赖以生存的地球大家庭，更为了明天的美好生活，全国各校的学生理应率先身体力行，倡导绿色低碳生活、共建绿色校园。

请围绕"低碳生活"制订一个"绿色校园，从我做起"的个人计划，并在生活中执行计划。

【过程记录】

计划要点：

计划思路：

计划可行性评估：

计划实施要点：

【结果评价】

教师可参考表5－1对学生制订的个人计划进行评估。

表5－1 "绿色校园，从我做起"个人计划评价表

评价标准	分值	分数小计	教师评价
计划完成	30		
计划切实可行	20		
计划有层次，目标有阶梯	20		
计划有反馈提升机制	10		
计划可评测	10		
计划有奖励机制	10		

第六章　垃圾分类

今天,"垃圾围城"成为困扰全球大城市的难题,具体现象包括填埋场侵占土地、垃圾造成长期污染、垃圾焚烧厂被周边居民抵制等。解决垃圾围城问题,离不开垃圾分类。近年来,我国加速推行垃圾分类制度,全国垃圾分类工作由点到面、逐步启动、成效初显,46 个重点城市先行先试,推进垃圾分类取得积极进展。2019 年起,全国地级及以上城市全面启动生活垃圾分类工作,到 2020 年年底46 个重点城市已基本建成垃圾分类处理系统,到 2025 年年底前全国地级及以上城市将基本建成垃圾分类处理系统。

学习目标

1. 知道垃圾的分类,认识垃圾分类的标志,认识垃圾分类的重要性。
2. 认识垃圾是宝贵的再生资源,初步学会垃圾分类的方法。
3. 树立节约资源和保护环境的意识,以实际行动做好垃圾的分类。

第一节　垃圾分类概述

一、垃圾分类的背景

当前,随着经济社会的快速发展和城市人口的快速增长,生活垃圾产生量不断攀升与垃圾处理能力严重不足的矛盾日益突出。如果不及时采取有效措施,将对我们生活的环境、大气造成污染,直接威胁公民的身心健康。近年来,政府高度重视生活垃圾分类处理工作,采取多项措施,缓解垃圾快速增长的趋势。其中,垃圾分类是垃圾减量的有效措施,是每个公民,尤其是我们大学生应尽的义务。

党的十九大报告指出:"建设生态文明是中华民族永续发展的千年大计,必须树立和践行绿水青山就是金山银山的理念。""要坚定走生产发展、生活富裕、生态良好的文明发展道路,建设美丽中国,为人民创造良好生产生活环境,为全球生态安全作出贡献。"

二、垃圾分类概念

垃圾分类，一般是指按一定规定或标准将垃圾分类储存、分类投放和分类搬运，从而转变成公共资源的一系列活动的总称。分类的目的是提高垃圾的资源价值和经济价值，力争物尽其用。

垃圾在分类储存阶段属于公众的私有品，垃圾经公众分类投放后成为公众所在小区或社区的区域性准公共资源，垃圾分类搬运到垃圾集中点或转运站后成为没有排除性的公共资源。从国内外各城市对生活垃圾分类的方法来看，大致都是根据垃圾的成分、产生量，结合本地垃圾的资源利用和处理方式来进行分类的。

进行垃圾分类收集可以减少垃圾处理量和处理设备，降低处理成本，减少土地资源的消耗，具有社会、经济、生态等几方面的效益。

2019 年 6 月 25 日，《固体废物污染环境防治法修订草案》初次提请全国人大常委会审议。草案对“生活垃圾污染环境的防治”进行了专章规定。

2019 年 9 月，为深入贯彻落实习近平总书记关于垃圾分类工作的重要指示精神，推动全国公共机构做好生活垃圾分类工作，发挥率先示范作用，国家机关事务管理局印发通知，公布《公共机构生活垃圾分类工作评价参考标准》，并就进一步推进有关工作提出要求。

2019 年 12 月 6 日，垃圾分类入选“2019 年中国媒体十大流行语”。

2020 年 5 月 1 日起，《北京市生活垃圾管理条例》实施。

寄语

世界上没有垃圾，只有放错地方的宝藏。

——但丁

1 吨废物 =700 千克的错误条件 +200 千克的懒惰思想 +100 千克真正的废物。

——舒尔茨

从垃圾中淘宝不如变垃圾为宝。

——日本民谚

知识链接

垃圾的处理方法

填埋处理

填埋是大量消纳城市生活垃圾的有效方法，也是所有垃圾处理工艺剩余物的最终处理方法，中国普遍采用直接填埋法。所谓直接填埋法是将垃圾填入已预备好的坑中盖上压实，使其发生生物、物理、化学变化，分解有机物，达到减量化和无害化的目的。

焚烧处理

焚烧法是将垃圾置于高温炉中，使其中可燃成分充分氧化的一种方法，产生的热量用于发电和供暖。美国西屋公司和奥康诺公司联合研制的垃圾转化能源系统已获成功。该系统的焚烧炉在燃烧垃圾时可将湿度达7%的垃圾变成干燥的固体进行焚烧,焚烧效率达95%以上,同时,焚烧炉表面的高温能将热能转化为蒸汽,可用于暖气、空调设备及蒸汽涡轮发电等方面。焚烧处理的优点是减量效果好(焚烧后的残渣体积减小90%以上,重量减少80%以上),处理彻底。但是,根据美国的报道,焚烧厂的建设和生产费用极为昂贵。在多数情况下,这些装备所产生的电能价值远远低于预期的销售额,给当地政府造成巨额经济亏损。由于垃圾含有某些金属,焚烧具有很高的毒性,产生二次环境危害。焚烧处理要求垃圾的热值大于3.35MJ/kg,否则,必须添加助燃剂,这将使运行费用增高到一般城市难以承受的地步。

堆肥处理

将生活垃圾堆积成堆,保温至70℃储存、发酵,借助垃圾中微生物分解的能力,将有机物分解成无机养分。经过堆肥处理后,生活垃圾变成卫生的、无味的腐殖质。既解决垃圾的出路,又可达到再资源化的目的,但是生活垃圾堆肥量大,养分含量低,长期使用易造成土壤板结和地下水质变坏,所以,堆肥的规模不宜太大。

三、垃圾分类的意义

随着生态文明首次进入到五年规划,我国越来越重视环境保护,而如何解决城市最重要的污染源之一——生活垃圾,成为城市环保的难点和痛点。"垃圾是放错了地方的资源。"垃圾分类就是将垃圾分门别类地投放,并通过分类地清运和回收使之重新变成资源。习近平总书记在上海市考察时指出,"垃圾分类工作就是新时尚",并勉励大家把这项工作抓实办好。全民参与垃圾分类,具有以下几方面的意义:

(一)节省土地资源

我国目前垃圾的处理方式有两种,一是垃圾填埋,二是垃圾堆放。无论是哪一种,其实质都是将垃圾从一个地方运到另一个地方,仍然占有土地资源。就目前而言,垃圾填埋是最简单也是最方便的处理方式,但是对于未来的发展而言却是极为不利的。一个国家的土地资源是固定的,中国人均土地特别是人均耕地土地处于世界平均水平之下。填埋场都属于不可复场所,即填埋场不能够重新作为生活小区。如果将土地资源变成垃圾的处理地,那么就相当于慢性自杀,未来进行土地修复的费用会很昂贵。

(二)减少土地侵蚀

生活垃圾中有些物质不易降解,使土地受到严重侵蚀。垃圾分类,去掉可以回收的、不易降解的物质,减少垃圾数量达60%以上。

(三)减少污染

由于我国垃圾没有进行分类处理,现代的垃圾含有化学物质,有的会导致人们发病率提升。如果通过填埋或者堆放处理垃圾,即使远离生活场所对垃圾进行填埋,并且采用了相应的隔离技术,也难以杜绝有害物质渗透,这些有害物质会随着地球的循环而进入到整个生态圈中,污染水源和土地,通过植物或者动物,最终影响到人们的身体健康。

探讨与研究

出示有关垃圾危害的资料，请大家结合自己的经验谈谈垃圾的害处。

（四）变废为宝

中国每年使用塑料快餐盒达40亿个，方便面碗5亿~7亿个，一次性筷子数十亿双，这些占生活垃圾的8%~15%。1吨废塑料可回炼600千克的柴油。回收1500吨废纸，可免于砍伐用于生产1200吨纸的林木。一吨易拉罐熔化后能结成一吨很好的铝块，可少采20吨铝矿。生活垃圾中有30%~40%可以回收利用，应珍惜这个小本大利的资源。

而且，垃圾中的其他物质也能转化为资源，如食品、草木和织物可以堆肥，生产有机肥料；垃圾焚烧可以发电、供热或制冷；砖瓦、灰土可以加工成建材，等等。如果能充分挖掘回收生活垃圾中蕴含的资源潜力，仅北京每年就可获得11亿元的经济效益。可见，消费环节产生的垃圾如果及时进行分类，回收再利用是解决垃圾问题的最好途径。

（五）提高民众价值观念

垃圾分类是处理垃圾公害的最佳解决方法和最佳的出路。进行垃圾分类已经成为一个国家发展的必然路径。垃圾分类能够使得民众学会节约资源、利用资源，养成良好的生活习惯，提高个人最终的素质素养。一个人能够养成良好的垃圾分类习惯，那么他也就会关注环境保护问题，在生活中注意资源的珍贵性，养成节约资源的习惯。

垃圾分类是一项功在当代、利在千秋的工程，垃圾分类能够保护珍贵的土地资源，减少环境污染问题，构建绿色环保的社会环境。人们只有养成了垃圾分类的习惯，在生活中意识到节约资源的重要性，才能够不断地提升自我修养，从自身出发，为环境保护作出贡献。此外，垃圾分类还能够促进经济的增长，通过不断地进行垃圾回收利用的技术研究，实现垃圾的“变废为宝”。

寄语

垃圾应该成为当今时代的一首诗。

——安蒙斯

继农业革命、工业革命、计算机革命之后，影响人类生存发展的又一次浪潮，将是在世纪之交时要出现的垃圾革命。

——托夫勒

地球所提供的足以满足每个人的需要，但不足以填满每个人的欲壑。

——甘地

四、垃圾种类

2019年11月15日，新版《生活垃圾分类标志》标准发布，同年12月1日起正式实施。与2008版标准相比，新标准将生活垃圾类别调整为可回收物、有害垃圾、厨余垃圾和其他垃圾四大类，其对应标志如图6-1所示。

图 6－1　四大类生活垃圾标志

新版《生活垃圾分类标志》分别由 4 大类标志和 11 个小类标志组成，具体如表 6－1 所示。其中，厨余垃圾和其他垃圾又可称为湿垃圾和干垃圾。

表 6－1　标志的类别构成

序号	大类	小类
1	可回收垃圾	纸类
2		塑料
3		金属
4		玻璃
5		织物
6	有害垃圾	灯管
7		家用化学品
8		电池
9	厨余垃圾（湿垃圾）	家庭厨余垃圾
10		餐厨垃圾
11		其他厨余垃圾
12	其他垃圾（干垃圾）	

（一）可回收物

可回收物是指适宜回收利用和资源化利用的生活废弃物，如废纸张、废塑料、废玻璃制品、废金属、废织物等。这些垃圾通过综合处理回收利用，可以减少污染、节省资源。如每回收 1 吨废纸可造好纸 850 千克，节省木材 300 千克，比等量生产减少污染 74%；每回收 1 吨塑料饮料瓶可获得 0.7 吨二级原料；每回收 1 吨废钢铁可炼好钢 0.9 吨，比用矿石冶炼节约成本 47%，减少空气污染 75%，减少 97% 的水污染和固体废物。

1. 可回收物

主要包括报纸、纸箱、书本、广告单、塑料瓶、塑料玩具、油桶、酒瓶、玻璃杯、易拉罐、旧铁锅、旧衣服、包、旧玩偶、旧数码产品、旧家电等(见图6－2)。

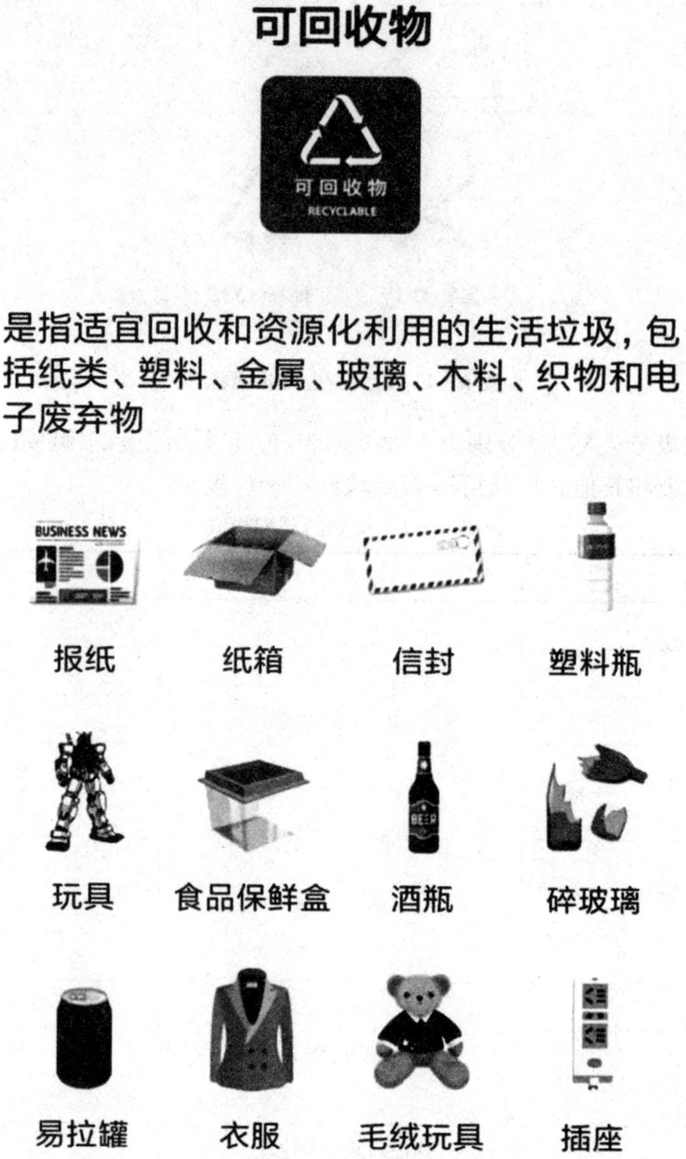

图6－2　可回收物

2. 可回收物投放要求

(1)轻投轻放。

(2)清洁干燥、避免污染,废纸尽量平整。

(3)立体包装请清空内容物,清洁后压扁投放。

(4)有尖锐边角的,应包裹后投放。

(二)有害垃圾

有害垃圾是指对人体健康或者自然环境造成直接或潜在危害的废弃物。这些垃圾一般使用单独回收或填埋处理。

1. 有害垃圾

主要包括废电池(充电电池、铅酸电池、镍镉电池、纽扣电池等)、废油漆、消毒剂、荧光灯管、含汞温度计、废药品及其包装物等(见图 6-3)。

图 6-3　有害垃圾

2. 有害垃圾投放要求

(1)投放时请注意轻放。

(2)易破损的请连带包装或包裹后轻放。

(3)如易挥发,请密封后投放。

(三)厨余垃圾

厨余垃圾是指居民日常生活及食品加工、饮食服务、单位供餐等活动中产生的垃圾。厨余垃圾经过生物技术就地处理堆肥,每吨可产生 0.6 ~ 0.7 吨有机肥料。

1. 厨余垃圾

主要包括丢弃不用的菜叶、剩菜、剩饭、果皮、蛋壳、茶渣、骨头等。

2. 厨余垃圾投放要求

(1)厨余垃圾应当提供给专业化处理单位进行处理。

(2)严禁将废弃食用油脂(包括地沟油)加工后作为食用油使用。

(3)纯流质的食物垃圾,如牛奶等,应直接倒进下水道。

(4)有包装物的厨余垃圾应将包装物去除后分类投放。

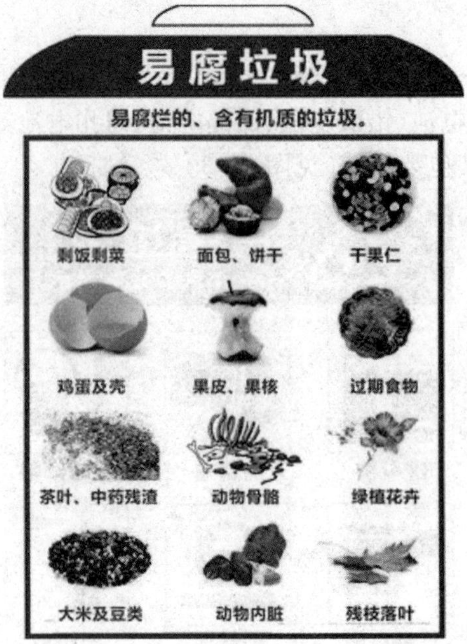

图 6－4　厨余垃圾

（四）其他垃圾

其他垃圾是可回收垃圾、厨余垃圾、有害垃圾剩余下来的一种垃圾种类（见图 6－5）。其他垃圾（上海称干垃圾），虽然危害较小，但无再次利用价值，如建筑垃圾类、生活垃圾类等，一般采取填埋、焚烧、卫生分解等方法，部分还可以使用生物解决，如放蚯蚓等。

图 6－5　其他垃圾

1. 其他垃圾

主要包括砖瓦陶瓷、渣土、卫生间废纸、瓷器碎片等难以回收的废弃物。

2. 其他垃圾投放要求

(1)采取卫生填埋可有效减少对地下水、地表水、土壤及空气的污染。

(2)难以辨识类别的生活垃圾投入其他垃圾容器内。

知识链接

分类后的垃圾都到哪里去了

可回收物

可回收物通过"直接卖给废品回收企业""投放到设置在居住区公共区域可回收物收集容器中""投放到两网融合服务站点"三种方式进入废品回收系统,然后经再生资源回收服务点、站、场收集后,通过市场化渠道运往各类资源再生工厂再生利用,变废为宝。

有害垃圾

有害垃圾投入到有害垃圾收集容器后,专用的收集车会将有害垃圾运送到暂存点,随后由环卫专用有害垃圾车辆运输至中转站进行分拣和存储,最后进入各类危废处理企业进行无害化处理。

湿垃圾(厨余垃圾)

湿垃圾投放到湿垃圾收集容器中后,经分类短驳至垃圾箱房,再由湿垃圾专用收集车辆收运至湿垃圾资源化利用厂,实现日产日清。

干垃圾(其他垃圾)

干垃圾投放到干垃圾收集容器后,经分类短驳到垃圾箱房,随后由干垃圾专用车辆运输至再生能源利用中心,实现定期清运。

第二节　国外垃圾分类简述

就发达国家的垃圾分类状况来说,已达到很高的水平,并有广泛的普及度,此外还有专门的政府部门以及一些专门的公司执行垃圾分类。对于外国的居民来说,垃圾分类投放在他们日常生活中很普遍,分类的观念已十分深入。在德国80%的居民参与生活垃圾源头分类,德国的生活垃圾分类起步于20世纪70年代,到90年代玻璃的回收量已达到其生产量的50%,纸张的回收量已达到其生产量的41%,塑料的回收量已达到其生产量的5%,纸板的回收量已达到其生产量的1/3;85%的美国人参与街道资源化利用的废物收集工作;加拿大在20世纪70年代已经开始进行城市生活垃圾的分类回收,并形成了一套完整有效的垃圾分类回收系统;瑞士、奥地利人保护环境是非常自觉的,他们不需要任何"环境卫生条例"来约束,其生活垃圾分类自觉执行;日本是生活垃圾分类做得最好的国家之一,其国民是生活垃圾分类的主体,其生活垃圾分类教育是“从娃娃抓起”的,目前已经形成一套完整的生活垃圾分类法律体系和分类后的垃圾分类处理处置体系。

一、欧盟:随意乱倒垃圾是犯罪

在欧盟的一些村庄里,张贴着“随意乱倒垃圾是犯罪,此类行为将记录在案”的告示。而同样,如果地方政府不能为农村社区居民提供垃圾收集的服务或不按分区规划管理新住宅的开发,也将受到农村社区居民的起诉。

欧盟所有的农村社区生活垃圾都由市政当局集中收集和处理。垃圾箱和垃圾收集处理的费用由地方政府征收的房地产税及其他税收支付。

农民家中一般有两个不同颜色的垃圾箱,一个装有机垃圾,另一个装无机垃圾。收取垃圾时,工作人员如果发现没有按规则对垃圾进行分类,或把不适当的东西放到垃圾里,将会拒绝收集这些垃圾箱甚至罚款。

下面以德国和比利时为例。

(一)德国:废品收集和处理是生活中不可或缺的一部分

对于德国人来说,废品收集和处理是生活中不可或缺的一部分。

德国早在1904年就开始实施城市垃圾分类收集,至今已有100多年历史了。

在通常情况下,德国每栋住宅楼都会有3~4个垃圾箱,分别存放各种包装物、不可回收垃圾、纸制品以及玻璃瓶。德国垃圾箱是不同颜色的,功能也不同,很容易识别。

蓝色的垃圾箱是装废纸、报纸的,黄色的垃圾箱是装塑料和纸板的,褐色的垃圾箱是收集餐厨垃圾的,还有几个垃圾箱专门装其他垃圾。垃圾箱大多藏在后院里,没有院子的就在附近建一个栅栏围起来,没有围栏的就在垃圾箱的盖子加上锁,摆在门口。可以说,垃圾箱在德国是极其私人的东西,绝不能公用。

德国的垃圾回收不仅很贵,而且还要清楚分类,如果乱丢的话就会遭受巨额罚款。由于垃圾清运费用高,所以德国公共垃圾桶很少。

19世纪初,德国人已经认识到市政对垃圾管理的缺失会导致某些疾病的广泛传播,也认识到建设城市排水系统和废品回收系统的重要性。

因此,出台了废品管理法案,其目的旨在最大限度地减少废品产生以及最大限度地对废品进行回收利用,同时确保最终剩余的废品以符合共同福利的方式被处置。

日常的垃圾分类分为纸、塑料、可分解垃圾和厨余垃圾。

其中塑料在日常家庭的垃圾中只涉及包装物,至于使用最多的瓶子之类,是在另一个押金回收系统(Pfandsystem)里解决。

日常生活中最主要的可回收垃圾就是各类纸和塑料包装物,纸和塑料分别进入不同的回收途径。

Biomüll是可分解的有机垃圾,比如菜叶、果皮、树枝等,这部分可以进行有机分解,除此以外的就是真正需要处理的垃圾。

德国大部分的瓶子上都注明了是否可以回收,可以回收的瓶子需要交一部分押金。德国销量很大的啤酒、矿泉水和大部分饮料瓶子都是可以回收的。

每个超市都有自助的瓶子回收机，其他不能回收的瓶子需要丢到专门装瓶子的垃圾箱。

几十年来，德国已形成了“避免垃圾形成、垃圾分类回收、垃圾循环处理”的“一条龙垃圾经济方案”。在德国，垃圾收费政策也实施了几十年。

在德国，垃圾处理公司根据住宅楼的住户密度决定垃圾箱的大小，确定住户需要缴纳的垃圾处理费用，并且遵循“谁污染谁付费”的原则，也就是谁扔垃圾多，谁就得多付费。

例如，弗莱堡的垃圾收费是按垃圾桶的大小以及清理次数等来计算。如 35 升的垃圾桶，每星期清理一次年费为 68.88 欧元，每两星期清理一次收费减半；60 升的垃圾桶，每星期清理一次年费为 118.08 欧元，每两星期一次则减半。

据了解，在德国，企业不仅需缴纳工厂的垃圾费，还要缴纳产品的包装垃圾费。前者由城市垃圾处理公司收费，后者由德国绿点组织收取。

德国很多产品的包装都有“绿点”标志，绿点组织对这些垃圾进行循环处理。据统计，按这些方法，德国人均垃圾量与 20 年前相比减少了 100 千克以上，大城市垃圾回收率已达 50% 以上。

知识链接

垃圾分类，重立法更重执法

德国还是第一个为“垃圾经济”立法的国家。1991 年，德国通过了《包装条例》，要求生产厂家和分销商对其产品包装全面负责，即包括负责回收废弃包装，再利用或再循环其有效部分。1996 年颁布实施的《循环经济与废弃物管理法》，奠定了德国垃圾回收的总体基调，谁污染谁治理。在法律的支持下，德国建立了“双向回收系统”。该系统“一收一送”，一方面由制造商、包装商、分销商和垃圾回收部门多方投资成立专业回收中介公司，建立起统一的回收系统；另一方面，公司组织垃圾收运者集中回收消费者废弃的包装，分类送到相应的资源再利用厂家进行循环使用，能直接回收的则送返制造商。2016 年 7 月，德国另一项针对电器回收的新法案生效，规定电器零售商有义务免费提供电器回收服务。对于小型家电，无须小票就可将其交给任一电器零售商回收；大家电则需要送至面积超过 400 平方米的大型电器商，并同时向该电器商购置同类功能的新电器。

（二）比利时：垃圾分类是家庭必修课

作为较早实行垃圾分类的国家，比利时对垃圾分类和回收工作十分重视，相应的环保理念早已深入人心，学会垃圾分类更是比利时人的家庭必修课。

比利时人一般会从超市购买好几种不同颜色的垃圾袋来分装家庭垃圾，白色垃圾袋用来装厨余垃圾等无法回收的垃圾，黄色垃圾袋用来装旧报纸、纸质广告宣传品等，绿色垃圾袋则主要用来装花园里修剪下来的树枝、杂草等园林垃圾。此外，像玻璃制品、纺织品、过期药品、旧电池等则要送到专门的回收垃圾箱，有色玻璃和无色玻璃也要区分开来。而对于淘汰的家具、家电等大件垃圾，环保部门会一年一次上门收取，如果错过了，居民就需要自己送到指定垃圾回收点。

比利时政府大力推广节能知识，让环保理念从家庭垃圾分装开始深入人心。孩子从小就要学会辨认垃圾，学习不同垃圾的处理方法。有调查显示，大约有95%的比利时家庭会按照规定自觉进行垃圾分类，家庭垃圾回收率居世界前列。

比利时拥有较为完善的、严格的垃圾管理制度。例如，在没有安放垃圾集中回收箱的地方，垃圾回收服务就必须延伸到各家各户的大门口。如果居民违反了垃圾分类规定，就需要缴纳高额罚款。当回收人员发现有人没有按照规定进行垃圾分类，他们会在垃圾袋上贴一个拒收的标志作为警告，让居民重新对垃圾进行分类。如不改正，当事人将面临60～600欧元不等的罚款，罚款金额将综合未分类垃圾的体积、是否是“惯犯”等多种因素得出。

此外，如果居民在非回收时间提前堆放或非法倾倒垃圾，也会面临数额不等的罚款。比利时政府希望通过惩罚措施强化公众的垃圾分类意识。

在比利时，回收后的不同类型垃圾也都有各自的去处：白色垃圾袋所装的生活垃圾会被送到专门的下一级处理厂；绿色垃圾袋则会存放在开放式垃圾场，等待微生物处理后变成有机肥料重回大自然；黄色或蓝色垃圾袋所装的垃圾则需要进一步分拣打包，并在制成环保产品后再出售给厂家使用。此外，比利时还鼓励废旧物品回收再利用。根据垃圾分类法令，相关部门应开设“废旧物品再利用连锁店”，对回收的衣物、家电、玩具等进行分类、清洗、消毒、修理，然后再低价出售。以衣物为例，如果是还可以再穿的衣服，则会经过处理后送到二手商店进行销售，或送到其他欠发达地区。如果不能再穿了，则会被送到专门的回收和再利用工厂制成其他相关产品。

为了更加完善垃圾分类处理工作，比利时首都大区政府又推出了红色垃圾袋，用来进一步细分厨余垃圾。正是由于比利时政府的努力以及居民的自觉，该国的垃圾分类处理才取得了显著的成效。这个面积只有约3万平方千米的国家，也因此成为全世界在垃圾分类处理方面的样本。

二、英国

英国可以算是垃圾分类制度最严格，也是最成功的国家之一。

一般来说，每家都有三个垃圾箱：一个黑色大垃圾箱，装普通生活垃圾；一个绿色大垃圾箱，装花园及厨房垃圾；一个黑色或者绿色小垃圾箱，装玻璃瓶、易拉罐等可回收物，区政府会安排三辆不同的垃圾车每周一次将其运走。普通生活垃圾主要是填埋；花园及厨房垃圾用作堆肥；垃圾回收中心则回收42种垃圾，如眼镜、家具等。

三、美国

垃圾回收作为一种产业得到了迅速发展。在许多发达国家，回收产业正在全国产业结构中占有越来越重要的位置。以美国3个城市巴尔的摩、华盛顿和里奇蒙为例，过去回收垃圾每处理1吨需要花40美元，分类处理以后，这些回收的垃圾在1995年就创造了5100个就业机会。而美国这3个城市只是很小的一个地区，其垃圾回收不仅节约了处理垃圾的费用，而且创造了5亿美元的财富。

被称为垃圾生产大国的美国,垃圾分类逐渐深入公民的生活,走在大街上,各式各样色彩缤纷的分类垃圾桶随处可见。

政府为垃圾分类提供了各种便利的条件,除了在街道两旁设立分类垃圾桶,每个社区都定期派专人负责清运各户分类出的垃圾。

居民对政府的垃圾分类工作也表示了极大的支持。这不仅表现在他们每个人对垃圾分类知识的耳熟能详;而且,在这里为垃圾分类处理付费,就像为能饮用到洁净的自来水付费一样天经地义。

四、澳大利亚

一般人家的院子里,都会有三个深绿色大塑料垃圾桶,盖子的颜色分别为红、黄、绿。绿盖子的桶里,放清理花园时剪下来的草、树叶、花等;黄盖子的桶里,则放可回收资源,包括塑料瓶、玻璃瓶等;红盖子的桶里,则放不可回收垃圾。

由于规定复杂,因此市政部门每年都会向各家邮寄相关宣传资料,孩子们更是早早地学会了如何给垃圾分类。

五、日本

一是分类精细,回收及时。

最大分类有可燃物、不可燃物、资源类、粗大类、有害类,这几类再细分为若干子项目,每个子项目又可分为孙项目,以此类推。

可燃类:简单讲就是可以燃烧的——但不包括塑料、橡胶制品、一般剩菜剩饭和一些可燃的生活垃圾都属于可燃垃圾。

不可燃类:废旧小家电(电水壶,收录音机),衣物,玩具,陶瓷制品,铁质容器。

资源类:报纸,书籍,塑料饮料瓶,玻璃饮料瓶。

粗大类:大的家具,大型电器(电视机,空调),自行车。

有害类:电池,医用垃圾,对人身体有害的物质。

前几年横滨市把垃圾类别由原来的 5 类更细分为 10 类,并给每个市民发了长达 27 页的手册,其条款有 518 项之多。如口红属可燃物,但用完的口红管属小金属物;水壶属金属物,但 12 英寸以下属小金属物,12 英寸以上则属大废弃物;袜子,若为一只属可燃物,若为两只并且“没被穿破、左右脚搭配”则属旧衣料;领带也属旧衣料,但前提是“洗过、晾干”。不过,这与德岛县上胜町相比,那就是小巫见大巫了。该町已把垃圾细分到 45 类,并在 2020 年实现了“零垃圾”的目标。

在回收方面,有的社区摆放着一排分类垃圾箱,有的没有垃圾箱而是规定在每周特定时间把特定垃圾袋放在特定地点,由专人及时拉走。如在东京都港区,每周三、六上午收可燃垃圾,周一上午收不可燃垃圾,周二上午收资源垃圾。很多社区规定早 8 点之前扔垃圾,有的则放宽到中午,但都是当天就拉走,不致污染环境。

二是管理到位,措施得当。

外国人到日本后,要到居住地政府进行登记,这时往往就会领到当地有关扔垃圾的规定。当你入住出租房时,房东也许在交付钥匙的同时就一并交予扔垃圾规定。有的行政区年底会给居民送上来年的日历,上面一些日期上标有黄、绿、蓝等颜色,下方说明每一颜色代表哪天可以扔何种垃圾。在一些公共场所,也往往会看到一排垃圾箱,分别写着:纸杯、可燃物、塑料类,每个垃圾箱上还写有日文、英文、中文和韩文。

三是人人自觉,认真细致。

养成良好习惯,非一日之功。日本的儿童打小就从家长和学校那里受到正确处理垃圾的教育。如果不按规定扔垃圾,就可能受到政府人员的说服和周围舆论的压力。日本居民扔垃圾一丝不苟,非常严格:废旧报纸和书本要捆得非常整齐,有水分的垃圾要控干水分,锋利的物品要用纸包好,用过的喷雾罐要扎一个孔以防出现爆炸。

四是废物利用,节能环保。

分类垃圾被专人回收后,报纸被送到造纸厂,用以生产再生纸,很多日本人以名片上印有"使用再生纸"为荣;饮料容器被分别送到相关工厂,成为再生资源;废弃电器被送到专门公司分解处理;可燃垃圾燃烧后可作为肥料;不可燃垃圾经过压缩无毒化处理后可作为填海造田的原料。日本商品的包装盒上就已注明了其属于哪类垃圾,牛奶盒上甚至还有这样的提示:要洗净、拆开、晾干、折叠以后再扔。

在垃圾分类方面,日本走在了世界最前列。20 世纪 60 年代的严重环境污染"逼"出了一流的环保技术,70 年代的深刻石油危机又促成了最好的节能技术。

寄语

非但不能强制自然,还要服从自然。

——埃斯库曼斯

人们常常将自己周围的环境当作一种免费的商品,任意地糟蹋而不知加以珍惜。

——甘哈曼

只有服从大自然,才能战胜大自然。

——达尔文

六、其他国家

垃圾分类不仅是美国那样的发达国家的时尚,也是不少发展中国家的趋势。在巴西,许多社区都实行垃圾分类,而在海滩上,分类垃圾箱更像是一道美丽的风景线。在菲律宾的一些地方,村民自发组织起来为清洁自己的生活环境而努力,垃圾分类是这个运动中的主要内容。总之,不管发达国家还是发展中国家,垃圾分类都在成为世界性的潮流。

第三节　高校垃圾分类

2018年，教育部办公厅等六部门发布《关于在学校推进生活垃圾分类管理工作的通知》（以下简称《通知》）。《通知》指出，到2020年底，各学校生活垃圾分类知识普及率要达到100%，要逐步建立包括生活垃圾分类知识教育的生态文明教育长效机制，根据不同年龄段学生的认知水平和成长规律，将生活垃圾分类知识融入教材，并与课堂教学内容有机结合。

一、校园垃圾的来源及种类

（一）宿舍

一次性碗筷、果皮、饮料瓶、食品包装袋、废弃纸质书籍、废纸、塑料包装袋、衣物、电子设备、废电池、快递包装等。

（二）教学楼

废弃文具、废纸、食品包装袋（早餐）、饮料瓶、果皮、未食用完的食物等。

（三）实验楼

损坏的仪器（如烧杯、试管）、饮料瓶等。

寄语

大地给予所有的人是物质的精华，而最后，它从人们那里得到的回赠却是这些物质的垃圾。

——惠特曼

我们违背大自然的结果是：我们破坏了自然景观的美，自然动态的美和天籁的美。

——诺曼·卡曾斯

大自然是善良的慈母，同时也是冷酷的屠夫。

——雨果

（四）食堂

剩饭剩菜、塑料袋、纸巾、饮料瓶等。

（五）体育馆

饮料瓶、纸巾、损坏的体育用品（如羽毛球、乒乓球）等。

（六）学校的建筑工地

建筑垃圾（如砖头、泥沙）、一次性碗筷等。

（七）校医院

医疗垃圾（如针头）。

（八）学校办公楼

废纸（试卷、废旧报刊）、果皮、食品包装袋等。

探讨与研究

学生日常生活中的垃圾分类回收的活动做得不太理想。究其原因，有三个方面：(1)平时学习忙碌，没有时间进行回收工作；(2)不知道如何处理分类回收的垃圾；(3)懒得进行分类回收工作。针对这些问题，你有什么好的建议吗？

二、高校垃圾特点分析

(1)校园垃圾的集中性很强。据平时观察可以发现，校园垃圾的主要集中地点为食堂、宿舍、教学楼。

(2)校园垃圾成分复杂、数量持续增长。生活垃圾组成以有机物成分（剩饭剩菜、果皮等）为主，废纸、玻璃、塑料、金属等可回收物质的比例相对较大，无机含量、易堆腐垃圾和可回收废品含量持续增长。

(3)校园垃圾的可再利用价值很高。大量废弃的纸质书籍、纸屑及废旧电池等可以回收再循环利用。

(4)校园中垃圾箱数量有限，放置地点不合理，甚至垃圾箱时有破坏，而且有些垃圾箱清理不及时，部分学生并没有做到垃圾丢进垃圾箱，或者大多为直接堆在垃圾箱旁边。平时在学校不难发现，校园中很难看到对垃圾的分类堆放，大多是各种垃圾都装在一起再统一运走。

(5)校园垃圾还有一定的隐蔽性，由于担心别人的态度，所以很多同学扔垃圾时都会扔在比较隐蔽的地方。

知识链接

废物处理的 3R 原则

减少（Reduce）

1. 在购物时，尽量选择精简包装的物品。
2. 购物时携带购物袋，少用塑料袋。

重复使用（Reuse）

1. 用过的塑料食品容器可以用来装剩下的食物。
2. 用过的玻璃罐可以用来装些干货，例如大米、豆子、糖和调料等。
3. 用过的布袋可以将食物从市场带回家。

循环利用（Recycle）

1. 根据垃圾箱上标明的相应回收标志，自觉进行垃圾分类，并鼓励邻居也这么做。
2. 对可回收垃圾分类处理，这样便于清洁工从其他垃圾中区别它们。
3. 亲戚朋友间进行衣物、用品交换，或把闲置不用的物品赠予他人。

4. 纸、硬纸板、易拉罐和瓶子等可以卖到附近的废品收购站。免费把有用的垃圾送给拾荒者,以鼓励他们持续回收。

三、高校垃圾分类的重要意义

(一)垃圾分类回收能提高学生环保意识,发扬中华传统美德

很多人认为垃圾分类只是环保问题,但事实上垃圾分类也是人文精神的一种展现。珍惜所有能够再利用的资源,就是中华传统美德"知福""惜福"的体现。而高校是教书育人的地方,大学生正处在世界观、人生观、价值观形成的阶段,思想活跃且可塑性强。如果形成某种意识,这种意识将会对其产生深远影响。在高校实行垃圾分类回收是高校服务育人、环境育人的深入体现,也是提高学生环保意识的重要阵地。

在高校开展垃圾分类有利于学生了解垃圾分类知识,亲身体验垃圾分类对环境带来的改变,养成垃圾分类的生活习惯,从而改变对垃圾的错误看法,使他们了解到垃圾的不当处理所带来的危害,认识到每个人都有义务保护环境,大家都应该为改善人类的居住环境而努力,以此为垃圾分类在社会的全面推广奠定人力基础。

(二)垃圾分类回收有利于优化垃圾处理,促进校园环境治理

高校是人员比较密集的场所,每天会产生大量的生活垃圾。在高校实行垃圾分类回收不仅有利于师生养成垃圾分类投放的良好卫生习惯,更有利于校园环境的美化和治理。

在高校开展垃圾分类不仅能降低校方清理的垃圾量,还能提高清洁的效率。开展垃圾分类活动,可以使师生逐步提高环保意识,改善校园的生活环境。

(三)垃圾分类回收能提高综合利用率,推进垃圾资源化进程

根据国家标准,校园垃圾可以分为可回收物、不可回收物、有毒有害垃圾三大类。在校园垃圾中,废纸约占55%,塑料包装约占8%,电池、碎玻璃约占2%,食物等饮食垃圾比重较大,约占35%。美国环境学家内贝尔研究认为,生活垃圾中90%都是可以回收的。校园垃圾实现分类回收综合利用的潜力较大。总体上看,在教学区的垃圾以废纸为主,数量所占比例较高,在食堂主要是剩菜剩饭等。这些潜在的原料资源可重新在资源循环中发挥作用。

校园垃圾中可利用成分含量较高,可回收利用的东西很多。比如办公废纸、废弃书本、过期杂志、陈旧期刊等纸质品,如果能够合理地回收利用,不仅可以节约资源,还能产生很大的经济价值。1 吨废纸可造出 850 千克好纸,节省 300 千克木材,等于少砍 17 棵树;1 吨废塑料瓶可回炼 600 千克无铅汽油和柴油。用再生玻璃做饮料瓶可少用 1/3 的能量,而用可重复灌装的玻璃瓶则可少用 90% 的能量。同时,垃圾分类回收还能显著减少垃圾填埋量,减少占用土地,节约垃圾填埋费用。实现垃圾分类可以提高垃圾的资源价值和经济价值,力争物尽其用。

对城市生活垃圾进行最大限度的资源化是今后固体废物管理的重要目标。分类收集可大幅度减少垃圾带来的污染,节约垃圾无害化处理费用,有利于进行资源回收利用,高校在这项活动中无疑应该是主力军、先锋队。

知识链接

2020年底各学校生活垃圾分类知识普及率要达到100%

《关于在学校推进生活垃圾分类管理工作的通知》(以下简称《通知》)提出了在学校推进生活垃圾分类管理工作的主要目标。各地教育部门和学校要通过多种形式全面开展生活垃圾分类知识教育工作,规范生活垃圾分类投放收集贮存工作,探索建立生活垃圾分类宣传教育工作长效机制和校内生活垃圾分类投放收集贮存的管理体系。到2020年底,各学校生活垃圾分类知识普及率要达到100%。

《通知》明确,规范做好生活垃圾分类投放收集贮存工作。各学校要遵循有害垃圾单独投放、其他生活垃圾分类投放的原则,建立完善校内生活垃圾分类台账制度,记录生活垃圾种类、数量、去向等信息,并与收运单位做好交接、登记和统计工作。要加强与当地收运体系、回收体系的协调沟通,在做好校内分类投放收集贮存的基础上,积极协调和督促收运单位根据约定及时收取相应垃圾,特别是易腐垃圾,要做到"日产日清"。充分发挥市场配置资源的决定性作用,鼓励有条件的学校探索引入社会资本参与校内生活垃圾分类服务工作。

《通知》强调,大力普及生活垃圾分类知识。各地教育部门和学校要高度重视学生生态文明教育,逐步建立包括生活垃圾分类知识教育的生态文明教育长效机制。要根据不同年龄段学生的认知水平和成长规律,将生活垃圾分类知识融入教材,并与课堂教学内容有机结合。要大力培育青少年生态文明实践学生社团或志愿者团队,充分调动广大青少年学生的积极性、主动性,开展形式多样、内容丰富、效果显著的生活垃圾分类综合实践活动。

要广泛采取讲故事、做游戏、知识竞赛等活动形式,利用挂图、黑板报、宣传橱窗、校园网站等宣传阵地,开展丰富多彩的生活垃圾分类主题宣传教育活动。在生活垃圾分类知识进教材、进课堂的基础上,每校每学年至少组织一次以生态文明教育和生活垃圾分类为主题的宣传教育活动,着力提高广大青少年学生的生活垃圾分类和资源环境保护意识,使学生从小养成勤俭节约、垃圾减量、低碳环保的行为习惯,形成教育一个学生、影响一个家庭、带动一个社区、引领整个社会的良好社会氛围。

《通知》要求,积极开展生活垃圾分类科学研究。各地教育部门要加大科研经费投入,积极支持生活垃圾分类科研项目立项。高等学校要充分发挥在科学研究和社会服务的传统优势,大力开展垃圾减量化、资源化、无害化研究,推动厨余垃圾处理等技术创新,促进科研成果转化,提高生活垃圾分类处理能力和生活垃圾资源化率,力争为社会提供可借鉴、可推广的生活垃圾分类处置实用技术。

《通知》还要求,进一步做好实验室废弃物等其他垃圾处理工作。各地教育部门和学校要加强教学和实验垃圾,特别是含有毒有害成分垃圾的分类处理。要严格区分教学和实验中产生的普通垃圾和有毒有害垃圾。对普通垃圾,学校要秉承可持续发展的理念,尽可能做到垃圾资源化;对有毒有害的垃圾,尤其是实验室危险废物,要坚守安全红线、专人管理、重点监控、定时巡查,建立实验室危险废物管理计划,包括废物产生的种类、数量、流向、贮存、处置等信息。

要做好实验室危险废物的源头分类,设立临时贮存场所,规范实验室废物分类收集、运送、贮存、交接及处置的相关要求。严格规范实验室危险废物贮存场所(设施)管理,并在醒目位置设立危险废物标识,不得露天堆放,防止二次污染。各学校应当将实验室危险废物交由有危险废物经营许可证的危险废物集中处置单位处置,建立交接登记制度,严格执行危险废物转移联单管理制度。校内产生的医疗垃圾、建筑垃圾等其他垃圾分类处理工作,参照行业规定执行。

实践活动

"互联网+"垃圾分类回收

在第20届中国环博会上,展会第一次专门为智能垃圾分类开辟展区,"互联网+"垃圾分类回收成为热点。"互联网+"垃圾分类正在多地推进。北京的多个居民社区就有各种智能垃圾分类回收机,也有不少居民参与到这种垃圾分类模式中来。

请查阅相关资料,以2~3个宿舍为单位,利用现有成形的小程序(或App),或者联合本校或临近院校的计算机系学生开发相关的垃圾回收小程序(或App),组织1~2栋宿舍楼尝试为期半个月至一个月的"互联网+"垃圾分类回收行动。

【过程记录】

活动开展计划:

活动开展关键点:

活动开展难点及解决方案:

心得体会:

【结果评价】

教师或者组长可参考表6-1对各成员参与"互联网+"垃圾分类回收活动的情况进行评价。

表 6-1 “互联网+垃圾分类回收”活动评价表

评价标准	分值	分数小计	教师评价
参与活动全过程	30		
积极主动,献计献策	20		
出色地完成自己的任务	20		
促进活动关键节点的推进	10		
有创新意识	10		
能合理调配资源	10		

第七章　做绿色环保践行者

生态文明建设是关系中华民族永续发展的根本大计。中华民族向来尊重自然、热爱自然，绵延5000多年的中华文明孕育着丰富的生态文化。生态兴则文明兴，生态衰则文明衰。

环保需要做的很多，任重道远，从食品行业废沟油、违法染色剂添加剂，工业非法排放废水、废气，工业垃圾、生活垃圾的处理，江河湖海、湿地、原始山林、野生动物的保护，到低碳工业和低碳生活，到处都需要大学生的参与和介入。

学习目标

1. 理解“绿水青山就是金山银山”的内涵。
2. 掌握绿色环保行动的要点。
3. 掌握践行低碳校园生活的方法。

第一节　绿水青山就是金山银山

习近平总书记强调：“良好生态环境是最普惠的民生福祉”，“环境就是民生，青山就是美丽，蓝天也是幸福”。改革开放以来，经济发展迅速，但环境问题也日益严重，环境保护对于经济的持续发展至关重要。目前，环境已然成为人们最关心的话题之一，并且我们一直在打一场反对破坏环境、污染环境的战争，同时也是一场反对人类自身错误行为及观念的战争。

生态文明强调人的自觉与自律，强调人与自然环境的相互依存、相互促进、共处共融，既追求人与生态的和谐，也追求人与人的和谐，而且人与人的和谐是人与自然和谐的前提。可以说，生态文明是人类对传统文明形态特别是工业文明进行深刻反思的成果，是人类文明形态和文明发展理念、道路和模式的重大进步。建设生态文明是一个系统工程。保护环境人人有责，特别是我们当代大学生要加强环境保护意识，充分认识建设生态文明的重要性，积极参加生态文明建设，承担生态治理的责任。

一、充分认识建设生态文明的重要性

生态文明，是指人类遵循人、自然、社会和谐发展这一客观规律而取得的物质与精神成果的总和，是指人与自然、人与人、人与社会和谐共生、良性循环、全面发展、持续繁荣为基本宗旨的文化伦理状态。生态文明将促进社会的全面发展。

生态文明是人类在改造客观世界的同时改善和优化人与自然的关系，建设科学有序的生态运行机制，体现了人类尊重自然、利用自然、保护自然、与自然和谐相处的文明理念。建设生态文明，树立生态文明观念，是推动科学发展、促进社会和谐的必然要求。它有助于唤醒全民族的生态忧患意识，认清生态环境问题的复杂性、长期性和艰巨性，持之以恒地重视生态环境保护工作，尽最大可能地节约能源资源、保护生态环境。

建设生态文明，进一步丰富了社会主义社会理论的内涵。生态文明意识的提高必将有力地促进包括政治文明在内的其他文明的进步，将对中国未来的发展产生长远而又深刻的影响。

探讨与研究

建设生态文明是关系人民福祉、关乎民族未来的大计，是实现中华民族伟大复兴中国梦的重要内容。2013 年 9 月 7 日，习近平总书记在哈萨克斯坦纳扎尔巴耶夫大学发表演讲并回答学生们提出的问题，在谈到环境保护问题时他指出："我们既要绿水青山，也要金山银山。宁要绿水青山，不要金山银山，而且绿水青山就是金山银山。"

谈谈你对环境保护的认识。

二、我国生态面临的问题与挑战

环境问题已经是我国 21 世纪面临的最严重的挑战之一。环境问题日益突出和扩大，已经影响到区域、流域的生态安全和可持续发展。我国的环境问题日渐突出，土地退化、生物多样性减少、水资源短缺、森林质量下降等呈上升趋势。环境问题不仅导致地区生存与发展的自然条件退化，而且出现大范围的生态失衡，加剧了贫穷、灾害风险和生态危机，使经济难以持续增长并引发社会不稳定。

《2019 中国生态环境状况公报》显示，全国 337 个地级及以上城市平均优良天数比例为 87.0%，同比上升 5.0 个百分点；细颗粒物浓度为 33 微克/立方米，同比下降 8.3%。PM_{10}年平均浓度为 56 微克/立方米，同比下降 11.1%。

从具体区域上看，京津冀及周边地区"2 + 26"城市平均优良天数比例为 63.5%，同比上升 10.4 个百分点；$PM_{2.5}$浓度为 51 微克/立方米，同比下降 10.5%。北京优良天数比例为 75.4%，同比上升 9.6 个百分点；$PM_{2.5}$浓度为 38 微克/立方米，同比下降 9.5%。

长三角地区 41 个城市平均优良天数比例为 85.2%，同比上升 8.7 个百分点；$PM_{2.5}$浓度为 35 微克/立方米，同比下降 14.6%。汾渭平原 11 个城市平均优良天数比例为 70.6%，同比上升 8.9 个百分点；$PM_{2.5}$浓度为 48 微克/立方米，同比下降 12.7%。

淡水环境方面，全国地表水国控断面水质优良（Ⅰ～Ⅲ类）断面比例为83.4%，同比上升8.5个百分点；劣Ⅴ类断面比例为0.6%，同比下降2.8个百分点。在监测的112个重要湖泊（水库）中，Ⅰ～Ⅲ类水质湖泊（水库）比例为76.8%，同比上升7.7个百分点；劣Ⅴ类比例为5.4%，同比下降1.9个百分点。

自然资源部门在10171个地下水水质监测点（平原盆地、岩溶山区、丘陵山区基岩地下水监测点分别为7923、910、1338个）中监测到，Ⅰ～Ⅲ类水质监测点占13.6%，Ⅳ类占68.8%，Ⅴ类占17.6%；水利部门10242个地下水水质监测点（以浅层地下水为主）中，Ⅰ～Ⅲ类水质监测点占22.7%，Ⅳ类占33.7%，Ⅴ类占43.6%，主要超标指标为锰、总硬度和溶解性总固体。

全国地级及以上城市902个在用集中式生活饮用水水源监测断面（点位）中，852个全年均达标，占94.5%。重点水利工程水体三峡库区水质为优；南水北调东线、中线取水口水质为优，输水干线水质均为优良。全国重点流域水生态状况以中等－良好状态为主，优良状态断面（点位）占35.7%，中等状态占50.4%，较差及很差状态占14.0%。

海洋环境方面，夏季一类水质海域面积占管辖海域面积的96.8%，与2019年基本持平；劣四类水质海域面积为30070平方千米，比2019年增加1730平方千米。主要超标指标为无机氮和活性磷酸盐。近岸海域水质总体稳中向好，优良（一类、二类）海水比例为77.4%，比2019年上升0.8个百分点；劣四类为9.4%，比2019年下降2.3百分点。

土壤污染状况详查结果显示，全国农用地土壤环境状况总体稳定，影响农用地土壤环境质量的主要污染物是重金属，其中镉为首要污染物。

《公报》显示，2020年全国生态质量优和良的县域面积占国土面积的46.6%。

我国生态环境质量持续改善，但改善程度距离老百姓对美好生活的期盼、距离建设美丽中国的目标还有差距，生态环境保护仍然面临着严峻的形势，环境问题的复杂性、紧迫性和长期性没有改变，加之发达国家要求我国承担更多的环境责任，国际压力也日益加大，所以我国生态仍然肩负着艰巨的任务。

寄语

我们既要绿水青山，也要金山银山。宁要绿水青山，不要金山银山，而且绿水青山就是金山银山。

——2013年9月7日，在哈萨克斯坦纳扎尔巴耶夫大学回答学生问题时指出

生态文明是人类社会进步的重大成果。人类经历了原始文明、农业文明、工业文明，生态文明是工业文明发展到一定阶段的产物，是实现人与自然和谐发展的新要求。历史地看，生态兴则文明兴，生态衰则文明衰。古今中外，这方面的事例众多。

——2013年5月24日，在十八届中央政治局第六次集体学习时的讲话

三、大学生环保意识及习惯的现状

生态文明意识的普及和提高需要全社会的广泛参与，生态文明的提出是社会物质文明进步的体现。在当前经济发展中，我们仍然存在高开采、高消耗、高排放、低利用的“三高一

低”的线性发展模式,这种发展模式造成了严重的环境污染和水土流失、沙漠化、水旱灾害等生态环境破坏问题,尤其是在一些矿产资源比较丰富的地区,生态环境破坏尤为严重。在人类社会进入物质文明丰富的今天,需要的是人与自然和谐发展,又好又快发展,这才是更高层次的发展。

当代大学生具有较强的知识与行为传播能力,作为时代的新生力量,大学生的思想观念以及生活方式对于我国社会的发展有着举足轻重的作用。当前大学生的环保意识不断提高,保护环境的责任感也不断提升,但还存在着以下几点不足之处:

(一)环保意识不断提高但环境科学知识认知度低

大学生环保意识、环保行为与社会责任紧密相连。大学生环保意识是大学生社会责任意识的重要组成部分。大学生在未来会从事不同的职业,可能会在不同部门、不同层次担任决策者、管理者、执行者,他们会在环境政策下工作,树立浓厚的环境保护意识、正确的环境保护行为,直接关系我国的可持续发展。

但大部分学生对环保知识了解较少,对环境热点问题不关注,对水体富营养化、重金属污染、水污染、大气污染、生物多样性破坏、持久性有机物污染等问题知之甚少,缺乏发展意识、战略眼光。大学生对生存的环保知识的缺乏,并不是缺乏了解的渠道,而是缺乏了解意识。

(二)能清晰了解人与自然的关系但缺乏责任认同

大学生环境保护的思想觉悟是较高的,但知行脱节,常常对社会上破坏环境的现象义愤填膺,但不能理性认知,自己应该是环境保护的践行者。保护环境是每个公民义不容辞的责任和义务,有些学生环保意识比较薄弱,对环保事业漠不关心,对参与环保活动也无动于衷。

(三)拥有保护环境的责任感但没有养成环保的行为习惯

环保行为是环保意识的最终表现和衡量标准。环保行为受到环保意识的支配。广义的环保行为是指有利于生态环境品质或者环境保护的行为。一般环保行为包括自觉维护环境整洁的行为,积极参与支持环境保护的公益事业。

培养大学生的环保意识,养成良好的日常行为习惯,是大学生应具有的基本素质之一。但在高校空无一人的教室里长时间开着灯是常态,寝室里经常会看到飞转的电风扇或者无人理会的空调,笔记本才用几页就被随手扔进了垃圾箱,等等,不环保现象随处可见,可见大学生的环保意识尚浅。

从意识的产生和认识的来源看,要提高环境保护意识,必须让大学生亲自参加实践,特别是到环保问题突出的地方去亲身实践。大学生的社会实践活动是大学生认识社会、服务社会的重要途径,不仅能够提升综合素养还能切实提升工作能力。大学生多组织和参加公益性质的环保活动,对自身成长、今后工作决策和环保事业的发展有重要影响。大学生可以依托各个环境保护日、纪念日,开展宣传和实际工作,树立“爱护环境,从我做起”的理念。

知识链接

2019 年全球变暖正悄悄改变地球的模样

2019 年临近尾声，这一年，世界在前行，人类赖以生存的地球也在悄然变化。

威尼斯的洪水已然退去，但美国阿拉斯加州沿海小镇基瓦利纳的水，却无法退去。因海平面上升，这个小镇面积正不断缩减。到 2025 年，这里就会被海水淹没。

人类居住的城市，说淹就淹，说没就没，这一切的罪魁祸首，或许都源于气候变暖导致的南北极地区冰川大量融化。

这些冰川本来安静地“沉睡”在两极，雄壮美丽。但是，气温升高却让它们慢慢融化消逝。当冰川褪去，冰下的岛屿显露出来，北极的地貌正因此悄悄改变。科学家警告称，北极圈中的格陵兰大片冰层的融化速度比预期快许多，在 21 世纪末之前，恐让全球数百万人面临洪灾风险。

冰川融化背后，是变暖加速。自 20 世纪 90 年代起，北极变暖速度是地球其他地区的 2 倍。过去 6 年，更是北极地区最热的 6 年。

北极圈边上的俄罗斯，甚至可能因此修订课本上的气候带边界，而以严寒著称的首都莫斯科，也打破了 133 年来 12 月的最高温，并因降雪少无缘白色圣诞。

气候变暖威胁栖息地，物种在灭绝！

气候变暖还严重威胁到了北极的象征——北极熊的生存。2019 年北极海冰数量显著减少，习惯在浮冰上生活的北极熊，失去了厚厚的冰层，难以捕猎食物。很多饥饿的北极熊被迫去村庄觅食。

同样面临生存威胁的还有万里之外的孟加拉虎和深海中的小丑鱼。

位于恒河三角洲的孟加拉国孙德尔本斯地区，是孟加拉虎的主要栖息地。由于海平面上升，这一地区预计会在 2070 年彻底消失，这里的孟加拉虎也会随之灭绝。

电影《海底总动员》中可爱的小丑鱼“尼莫”，也正面临威胁。小丑鱼对栖息地相当挑剔，如果它们的自然栖息地珊瑚礁继续受到破坏，在不久的将来，人类或许只能在电影中与它们“见面”。

也有一些生物已经与地球告别。2019 年 2 月，澳大利亚官员正式把珊瑚裸尾鼠从濒临灭绝的物种名录，转移到了灭绝类别。这是第一种因全球变暖而灭绝的哺乳类动物。

科学家认为，未来几个世纪，气候和人类的活动可能会毁掉 300 多种哺乳类动物和鸟类，也许会有更多物种从“濒临灭绝”走向“灭绝”。

呼吸的空气日益浑浊，人会变笨？

全球变暖不仅关系到冰川融化、物种灭绝，也和我们的生活息息相关。多项研究发现，气候变化可能还会导致早产率增加、GDP 减少，甚至让智商变低。

气温变暖为何会增加孕妇早产概率？研究发现，当气温超过 32.2℃时，出生率增加了 5%，妊娠期长度平均缩减了 6.1 天，有些婴儿甚至会提前两周出生。

此外，科学家还发现，二氧化碳浓度升高会让人变笨。目前，已经有大量相关证据表明，人类认知功能与吸入二氧化碳的含量有关。在不通风的房间里学习，学生成绩会下滑。

美国一名教授表示，如果空气中二氧化碳浓度继续高速上升，室内二氧化碳浓度也将攀升，到了2100年，人类将变迟钝。

美国国家经济研究局近日发布的一份报告还显示，如果忽视气候变化问题，全球人均GDP将受气候变化影响而降低7.22%。

少吃肉、少开车，这样做关系地球未来！

联合国政府间气候变化专门委员会曾警告称，如果不把全球升温幅度控制在1.5℃以内，2030年之后，地球会迎来毁灭性气候。地球留给人类的好日子，或许只有10年了。

应对全球变暖，不仅需要各国从宏观层面作出努力，普通民众也可以用切身行动作出贡献。

联合国专家给出了看起来简单易行的建议：多吃菜、少吃肉。报告认为，以肉食为主的饮食会加速全球变暖。我们只需要适当地减少一些肉食，就能为减碳贡献力量。

其次，汽车尾气是导致气候变暖的“罪魁祸首”之一，我们平时出行时，应尽量选择公交和单车等绿色方式，既能减肥，又能环保。

此外，选用节能电器、随手关灯等行为，也有助节能减排。

2019年，气候变暖对地球的深刻影响，再次给人类敲响了警钟。

应对气候变暖，刻不容缓。

四、大学生与生态文明的关系

大学生是祖国的未来，民族的希望。大学生对生态文明建设的认识程度和生态文明素质的高低，不仅直接关系到生态文明建设能否取得预期成果，更关系到国家的前途和命运。因此，要站在民族振兴和国家兴旺的高度认识和审视大学生参与和投身生态文明建设的历史意义和现实意义。

当代大学生承担着人类文明延续、社会模式转型、建设小康社会的历史使命，只有将生态文明与和谐社会、全面小康社会建设紧密联系，才能更加清晰地认识到大学生群体的历史使命并为之努力和奋斗。

（一）大学生应是生态文明观念的宣传者

大学生群体思维活跃、思想前卫，易接受新的思想和事物，要充分发挥和利用这个优势，加强生态文明理念的宣传，影响和带动周围群众和社会公众积极了解生态文明的基本内涵、历史背景、发展阶段、建设要求等。只有这样，才能使全民族、全社会发自内心地主动将生态文明建设融入实际工作和生活中，投身生态文明建设。

（二）大学生是生态文明建设的实践者

大学生广泛开展绿色环保、生态建设、环境保护等实践活动，是生态文明建设的具体体现。大学生要进一步加强生态文明建设的使命与责任理念的学习，进一步加强生态文明意识的培养，进一步加强生态文明建设的实践，在学习和实践中不断提高自身的本领，不断投身生态文明建设，用理论指导实践，以实践锻炼能力，将生态文明建设自然而然地融入和体现在实践中。

(三)大学生是生态文明创新的推动者

大学生群体要发挥自身优势,在生态文明基本理念、主要内涵、建设方式等方面不断加以完善和创新,使生态文明更符合经济建设和时代进步的要求,从而为人类文明的延续和人类社会的发展作出积极贡献。

(四)大学生是生态文明发展的引领者

在当今社会,青年大学生不仅要成为生态文明的宣传者、实践者、推动者,更要成为生态文明发展的引领者。大学生群体只有站在时代发展和社会进步的历史高度来推动和引领生态文明建设,才能使自身不断融入生态文明建设,才能带动更多的人投身生态文明建设,生态文明才能在全社会、全民族的共同努力下得到实现和发展

第二节　绿化环保行动

绿色发展人人有责、人人共享,要求我们在价值取向、思维方式、生活方式上实现全面刷新和深刻变革,在身体力行中走向生态文明新时代。

国家一直向大家倡导"绿色行动,低碳生活"的健康、环保的生活方式。节约地球上的有限资源,保护地球环境,关心地球健康,不仅是关系到国家的大事,同时也是我们身边的小事,时时刻刻关系到我们每个人的生活。

一、形成绿色价值取向

(一)绿色发展的内涵

绿色发展是在传统发展基础上的一种模式创新,是建立在生态环境容量和资源承载力的约束条件下,将环境保护作为实现可持续发展重要支柱的一种新型发展模式。具体来说包括以下几个要点:一是要将环境资源作为社会经济发展的内在要素;二是要把实现经济、社会和环境的可持续发展作为绿色发展的目标;三是要把经济活动过程和结果的"绿色化""生态化"作为绿色发展的主要内容和途径。

(二)绿色发展的理念

绿色发展理念以人与自然和谐为价值取向,以绿色低碳循环为主要原则,以生态文明建设为基本抓手。

(三)形成绿色价值取向

价值取向决定价值标准和价值选择,是理念的重要组成部分。那么什么是绿色价值取向呢?习近平总书记关于绿水青山与金山银山作出了三个言简意赅的论断,"绿水青山就是金山银山","既要绿水青山,也要金山银山","宁要绿水青山,不要金山银山",这三句话言简意赅,生动形象。

“绿水青山就是金山银山”告诉我们自然环境和自然资源就是生产力,可以带来经济效益与社会财富;“既要绿水青山,也要金山银山”告诉我们在发展经济过程中也要保护环境,两者相辅相成;“宁要绿水青山,不要金山银山”告诉我们在发展经济过程中不能以牺牲环境为代价,如果二者相违背,那么就宁愿放弃发展经济,也要保护好环境。

坚持绿色发展理念,就要正确理解好绿水青山与金山银山的重要论断,坚持绿色价值取向,正确处理好经济发展与保护生态环境二者之间的关系,推动绿色发展、低碳发展、循环发展,绝不以牺牲生态环境为代价换取一切的经济增长。

故事欣赏

邹毅:一个人监测的力量

2014 年 12 月 31 日 8 点 04 分,北京市民邹毅拉开窗户,举起手中的手机,对着窗外的天空拍了本年度最后一张照片。为大气状况做这样的影像记录,邹毅已经坚持了两年。

他将近乎同一地点、同一时间拍摄的照片汇总起来,做成名为“一目了然”的年度北京空气质量组图,使大气质量一清二楚,进而呼吁大家关注雾霾,关注环境。

1 月 4 日,邹毅在北京鸿芷空间对比展示了 2013、2014 年“一目了然”的年度照片。

当天,北京市环保局正式发布 2014 年空气质量状况,2014 年北京主要大气污染物 $PM_{2.5}$ 年均浓度同比下降 4%,此前的政府工作报告以及清洁空气行动计划提出,2014 年 $PM_{2.5}$ 年均浓度目标为下降 5%,这表明,北京市没有完成预期目标。

对此,邹毅表示:“我不出具体结论,只做事实记录,大家可以通过直白的画面感受,对比一下 2013 年与 2014 年的达标天数。我稍微统计了下,2014 年蓝天天数有所下降。”

做见证者

2013 年以来,严重雾霾数度来袭,能见度一度降至 200 米,让北京 2000 万居民透不过气来。

“世界上最遥远的距离,是牵着你的手,却看不见你的脸。”无奈之下,很多人选择了在家躲避,毕竟重霾之下没有人能真正做到“自强不吸”。

“当时外边空气特别差,出不去门,能干什么呢?只能站在窗边看一看,把当时的状况、天景拍下来,让大家看到真相,就是想警醒大家,北京的天气很恶劣了。”邹毅坦陈当时自己并无太多既定初衷,但拍到了第 64 天时,他将所有的照片拼成了一张大图,在朋友圈里引起了很大关注,“一天天的可能不觉得,凑在一起才能发现,好天和坏天的比例究竟如何。”

这样的拍摄、拼图,就这样坚持了下来,如今 2013 年、2014 年的“一目了然”均已出炉,并得到了广泛关注。

“一目了然”的影响力不止步于邹毅的朋友圈,还得到了广大网友的支持和媒体的报道。

媒体对这样一位坚持不懈为北京空气质量做视觉日记的环保达人进行了追踪报道。问及“一目了然”这个活动的特别意义时,邹毅表示,“城市病”大家都有目共睹,可是大家都在责怪政府甚至“骂娘”,很少有人真正去反思自身作为现代社会公民能够去为改善身边的环境做些什么实质的有意义的事情。责怪和“骂娘”是解决不了问题的,只会让事情变得更加糟糕。希望通过“一目了然”这个活动传递正能量,让更多的人直观地了解我们身边的环境,让更多人关注环保，并且认识到要改善自己的生活环境和生活质量必须要从个人做起，从小事做起，而不是习惯性地依赖政府。

2013年11月初，邹毅通过网络发起全球各地的“一目了然”活动，24小时内，76个城市的人发来了当天的天气照片。而他微博发布的“一目了然”阅读量跃升到1000万，且数字还在持续增长中。

国内外的研究机构也对“一目了然”青睐有加。瑞典、法国、美国几所大学的研究机构向邹毅索要了“一目了然”电子版进行课题研究。“美国硅谷有两个课题组用这两张图来研究未来观测，开发相关技术。这个技术可能2015年4月份就能到中国来应用了。”邹毅告诉记者，国内清华大学、北京邮电大学等高校也已索要了电子原版进行课题研究。

但一个人的力量毕竟有限，邹毅呼吁更多的人加入拍摄队伍中来，做大气的记录者、见证者、监督者。

据了解，北京市目前已有35个环境监测点，但在邹毅看来，“北京太大了，这完全不够”。他期待有机构能提供更好的技术系统，形成大数据收集、分析、整合模式。“未来希望有更多人加入拍摄中来，每个人都是一个监测点，你拍完之后就上传，在终端系统那儿形成一个大数据。谁想用这个数据，都可以以第三方购买服务的形式来购买。”

习惯成为改变的力量

设想很多，行动起来却绝非易事。仅拿每天坚持拍照来说，就着实不易。

邹毅对记者说，每天按时、固定地点拍摄确实不容易，有时不得不重新调整个人工作计划，有段时间他出国，还将拍摄工作拜托给了物业工作人员。但他有自己乐此不疲的秘诀，那就是“简单、坚持、习惯”。

有人向他推荐用自控拍摄装置，他也专程去中关村看过照相机。但一是考虑到相机出问题会耽误事；二是窗外、窗内拍摄有区别，自动装置放在窗外不现实，放在窗内影响拍摄效果，他最终还是选择了简单易操作的手机。

“用手机相对简单，而且每天一拍，坚持下来，就会成为你的习惯，融入你的生活。这个习惯是我的东西，我做事是为我做，我不是为别人做的。变成我的习惯之后就变成我生活的一部分了，那动力在我这儿了。”邹毅笑言，有了这股不待扬鞭自奋蹄的劲儿，他的拍摄变得越来越容易了。

邹毅深信，关注就是力量，行动起来就能让习惯成为一种改变的力量。2015年，他期待能召集多名志愿者，跨越中国30多个直辖市和省会城市，发动大家一起拍，甚至计划组织“中国好城市”评选，给政府、公众压力和动力，撬动全社会的行动力。

早在2007年，世界银行和当时的中国国家环保总局共同进行了一项研究，形成的结论之一是：以PM_{10}为指标衡量的空气污染，每年在中国导致35万至40万人“早死”。《柳叶刀》周刊2012年12月发表的报告说，2010年全球死于空气污染者达到创纪录的320万人，是10年前的4倍，其中120万人来自东亚。治理空气污染不能再等了。

面对治霾起码需要30~50年的论断，邹毅没有太悲观。“对国内治霾我有信心，我认为不会超过10年。但前提是我们大家都关注，都行动。全世界没有一个政府像我们政府这么强大,我们有很多的资源优势。政府跟老百姓共同关注,共同参与进来,环保就会容易一些。"

创意开启环保行动

如今,邹毅从关注空气污染,到关注节能减排,到身体力行的行动,实现了从一个环保新兵到环保达人的角色蜕变。

他注重以身作则影响他人,封存了自己的两部车,四环以内基本只考虑公共交通;杜绝剩饭,呼吁通过个人微行动减碳减排;成立中国箭扣长城保护志愿者协会,每个周六组织志愿者在箭扣长城捡垃圾并进行分类无害化处理。

新的一年,他要做的不止于此

2015年,"一目了然"第三季继续进行中。新的每日发布分三部分:图片、数据、每日一问。邹毅与公众环境研究中心合作,将其发布的空气污染地图中离拍摄点最近的监测点的数据进行截图,这样数据配合图像发布,将更精准地呈现北京的"一目了然"了。"每日一问",针对空气质量问题,发布自己的疑问。近期,针对专家言论及媒体报道,他发布了"大气病因都没摸清,怎么治理?""让太阳能驱散雾霾?"等疑问。

他还在自己微博、微信上开通了"一目了然"早、中、晚报,对北京、济南、保定、天津等9个城市进行空气质量数据播报。

他正致力于通过一系列有创意的事情,呼吁大家关注环境,继而形成改变的力量。

"咱们这个社会缺钱吗?不缺钱。咱们缺激情吗?也不缺激情。缺什么?就缺我们有没有人想到这件事,而且这件事能想多深,能做多大。"采访最后,邹毅如此表示。

二、形成绿色思维方式

思维方式是理念的延伸和具体化,直接影响人们对事物的认识、分析和判断,影响人们认识和实践的成效。树立和践行绿色发展理念,要求我们形成绿色思维方式。具体说来,应形成"绿色"问题思维,坚持问题导向,抓住影响绿色发展的关键问题深入分析思考,着力解决生态保护和环境治理中的一系列突出问题;形成"绿色"创新思维,用新方法处理生态文明建设中的新问题,克服先污染后治理、注重末端治理的旧思维、老路子;形成"绿色"底线思维,推动经济社会发展既考虑满足当代人的需要,又顾及子孙后代的需要,不突破环境承载能力底线;形成"绿色"法治思维,用法治思维和法治方式谋划绿色发展,以科学立法、严格执法、公正司法、全民守法引领、规范、促进、保障生态文明建设;形成"绿色"系统思维,把生态文明建设放到中国特色社会主义"五位一体"总布局中来把握,把绿色发展作为系统工程科学谋划、统筹推进,避免顾此失彼、单兵突进。

寄语

在新的起点上，我们将坚定不移推动绿色发展，谋求更佳质量效益。我多次说过，绿水青山就是金山银山，保护环境就是保护生产力，改善环境就是发展生产力。这个朴素的道理正得到越来越多人们的认同。

——2016 年 9 月 3 日，习近平在二十国集团工商峰会开幕式上的主旨演讲

绿水青山就是金山银山，贯彻创新、协调、绿色、开放、共享的发展理念，加快形成节约资源和保护环境的空间格局、产业结构、生产方式、生活方式，给自然生态留下休养生息的时间和空间。

——2018 年 5 月，习近平在全国生态环境保护大会上的讲话

三、形成绿色生活方式

党的十九大报告明确提出："形成绿色发展方式和生活方式，坚定走生产发展、生活富裕、生态良好的文明发展道路。"在全国生态环境保护大会上，习近平总书记明确了绿色生活方式形成的时间表，即"到 21 世纪中叶，物质文明、政治文明、精神文明、社会文明、生态文明全面提升，绿色发展方式和生活方式全面形成"。要使绿色生活方式及理念深入人心，使之成为人民群众的生活常态和美好生活的重要内容，亟待明确绿色生活方式的理论蕴意和实践路径。

（一）绿色生活方式的内涵和基本特征

绿色生活方式是指一种与自然和谐共存，在满足人类自身需求的同时尽最大可能保护自然环境的生活方式，实质上是通过充分考虑资源环境承载力来平衡人类社会的需求，达到保护自然资源、动植物栖息地、生物多样性，实现经济社会可持续发展的目的。亲近自然、注重环保、绿色消费、节约资源等是绿色生活方式的基本特征。

1. 亲近自然

亲近自然也称自然教育。绿色生活方式本质上要求人类与自然和谐相处，其前提是人类通过接触自然、亲近自然，认识自然之美，了解自然的价值和重要性，从而身体力行地爱惜自然、保护自然。如，日本、瑞典等推行绿色生活方式比较成功的国家都非常重视公民的自然教育，这些国家普遍认为从幼儿阶段就开始的亲近自然的活动，是最好的自然教育。瑞典还制定了专门法规来保护公共绿地的生态多样性和公众自由进入的权利，遍布瑞典的城市绿地不仅为各种野生动植物提供了栖息地，也为公众亲近自然、放松身心创造了良好条件。其实，人类本身是自然界的一部分，生于自然、长于自然，爱护自然就是爱护人类自身。绿色生活方式的形成，始于亲近自然。

2. 注重环保

绿色生活方式是一种注重环保的、健康的、高质量的生活方式。在一些发达国家，注重

环保正成为时尚生活的风向标，不乱丢垃圾、节约用水、使用可再生能源、购买生态产品、废弃物循环利用、垃圾分类回收、减少碳排放、公共交通出行等节约资源、保护环境的行为，已经内化为国民生活的方方面面。当我们从“自行车王国”步入“汽车社会”时，在一些发达国家则出现越来越多的“自行车王国”，宽阔的自行车专用道与我国一些城市相对萎缩的自行车道形成鲜明对比。国民的生活质量与周围的自然环境密切相关，高品质生活离不开优美洁净的自然环境。而良好的自然环境，需要全社会共同努力保护。

3. 绿色消费

绿色消费指的是在不影响子孙后代对自然资源利用的前提下，为了提高当代人的生活品质，使用不会对人体健康和自然环境造成破坏的环境友好型产品进行消费的一种行为方式。绿色消费涉及范围比较广泛，既包括在生产和消费过程中对环境影响较小的绿色农产品、低耗能家电等，也包括物品的回收、能源的有效利用、对生态环境和生物多样性的保护等，涵盖了生产和消费的各个领域。绿色消费不仅是绿色生活方式的基本特征和重要内容，也是实现绿色生活方式的必要途径和手段。

4. 节约资源

绿色生活方式作为一种可持续的生活方式，强调对资源的有效利用和循环利用，提倡“从摇篮到摇篮”的循环经济理念。如，在日本各地的保育院、幼儿园，随处可见老师们用各种废弃的饮料瓶、塑料袋、旧报纸、旧衣服等教孩子们制作各种手工作品；在各种节日庆典、运动会上，孩子们和老师们一起用废弃物品制作的手工作品是常见的活动使用道具；大量少儿图书都有以生动形式详细介绍如何循环利用各种日常用品和保护自然资源、自然环境等方面的内容。这种“节约不是因为贫穷”的环境教育理念，在不同年龄阶段采取不同的教育方式，伴随国民一生。

（二）走出绿色生活方式的认知误区

在一些推行绿色采购、绿色消费等政策较早的国家，绿色生活方式已成为人们共同的生活理念和价值追求。当前，在我国，有些人对绿色生活方式的认知还存在一些误区，例如认为绿色生活方式会降低人们的生活水平，绿色生活方式就是消费“绿色”等。这成为践行和推广绿色生活方式的思想阻碍。

1. 绿色生活方式不等于降低生活水平

有些人认为，主张节约的绿色生活，不符合现代化生活的标准。他们所理解的现代化生活，无非就是某些人过度宣扬的物质主义、消费主义至上的生活，他们不仅没有看到越来越多的发达国家已经从“大生产、大消费、大遗弃”的生产和生活方式转型到以“可再生、可循环、可持续”为特征的绿色生产和绿色生活方式，更没有考虑到环境严重污染和能源短缺的现状已不足以支撑我国走传统工业化、现代化之路的现实。只有走绿色发展道路，才能实现永续发展，正如习近平总书记一再强调的，“绝不能以牺牲生态环境为代价换取经济的一时发展”，“绿水青山就是金山银山”。绿色生活方式是既提高生活水平，又保护自然环境、能源和生物多样性的科学、健康、可持续的生活方式。纵观全球，可以发现，绿色生活方式普及率越高的国家，国民的人均寿命越长。根据2021年5月世界卫生组织发布的最新报告《世界卫生统计2021》，日本、瑞士、芬兰均人均寿命超过80岁，位居世界前列，而这几个国家都是全球践行绿色生活方式最成功的国家。

2. 绿色生活方式反对破坏自然环境

近几年，崇尚亲近自然、回归自然之风盛行，我国旅游市场一片红火。各地大打"生态旅游""生态农庄"等招牌发展旅游业，但由于游客和某些景区管理者对生态旅游的错误认知和环保意识缺乏，导致出现白天景区人满为患、乱写乱画、乱踩乱踏，夜晚垃圾遍地、一片狼藉等现象。一些地区还出现由于旅游开发规模远超环境容量承载力，公路、旅馆、索道、餐饮等设施建设破坏野生动物的栖息地和生态环境等问题。

3. 绿色生活方式反对攀比和浪费

"绿色"意味着一方面对人体健康提供最大最好的保护，另一方面最大限度降低对自然环境的负面影响，因此，绿色生活方式本质上是保护自然环境，反对过度消费和铺张浪费。受"面子文化"等影响，在我国有的地方攀比和炫耀之风盛行，婚丧嫁娶大操大办、大吃大喝，热衷名牌、追逐新奇，近几年在网络上频频出现的晒珠宝、晒名车、晒名包、晒名表、晒天价餐单等现象，均表明很多消费并非出自真实的生活需要。这种奢侈浪费和过度消费的不良社会风气，造成资源大量浪费，增加了环境的污染荷载，与绿色生活方式所倡导的简约适度理念背道而驰，必须及时遏止。

绿色生活方式与我们每个人的生活息息相关，体现我们对绿色发展理念的认同度、践行力，对绿色发展和生态文明的最终实现具有基础意义、关键作用。保护环境，人人有责；绿色发展，人人应为。这个"应为"，就是倡导和践行勤俭节约、绿色低碳、文明健康的生活方式与消费模式。

推动形成绿色生活方式，需要我们坚持节约优先，强化集约意识，在衣、食、住、行、游等方面形成节约集约的行动自觉；倡导环境友好型消费，推广绿色服装，提倡绿色饮食，鼓励绿色居住，普及绿色出行，发展绿色旅游，抵制和反对各种形式的奢侈浪费、不合理消费。

促进生活方式绿色化，时时可做、处处可为。大到购买节能与新能源汽车、高能效家电、节水型器具等节能环保产品，小到减少塑料购物袋、餐盒等一次性用品使用，以至随手关灯、拧紧水龙头，都是在践行绿色生活方式和消费理念，都是在为绿色发展作贡献。

绿色发展是理念，更是实践；需要坐而谋，更需起而行。只要我们坚持知行合一、从我做起，坚持步步为营、久久为功，就一定能换来蓝天常在、青山常在、绿水常在，就一定能开创社会主义生态文明新时代，赢得中华民族永续发展的美好未来。

知识链接

环保小贴士

保护环境并不需要惊人之举，它就是生活中的日常小事，人人都能轻易做到。

1. 节约用水

随时关上水龙头，别让水白流；看见漏水的水龙头一定要拧紧它；尽量使用二次水。例如，淘米或洗菜的水可以浇花；洗脸、洗衣后的水可以留下来擦地、冲厕所。如果您家冲水马桶的容量较大，可以在水箱里放一个装满水的可乐瓶，你的这一小小行动每次可节约1.25升水。

2. 少用洗洁精

大部分洗涤剂是化学产品，会污染水源。洗餐具如果油腻过多，可先将残余的油腻倒掉，再用热面汤或热肥皂水等清洗，这样就不会让油污过多地排入水道。有重油污的厨房用具也可以用苏打加热水来清洗。

3. 节约用电

随手关灯、少用电器、少用空调为减缓地球温暖化出一把力；不要让电视机长时间处于待机状态，只用遥控关闭，实际并没有完全切断电源。每台彩电待机状态耗电约1.2瓦/小时；使用节能灯，节能灯虽然价格贵，但比普通灯要省电。用温水、热水煮饭，可省电30%。

4. 交通工具

出行尽量选择公交车、地铁、自行车，少开私家车，减少尾气排放；有私家车的人尽量使用无铅汽油，因为铅会严重损害人的健康。

5. 节约森林

少用快餐盒、纸杯、纸盘等，尤其要少用一次性筷子。充分利用白纸，尽量使用再生纸，用过一面的纸可以翻过来做草稿纸、便条纸。拒绝接受那些随处散发的宣传物，制造这些宣传物既会大量浪费纸张，又会因为随处散发、张贴而破坏市容卫生。再生纸是用回收的废纸生产的。1吨废纸=800千克再生纸=17棵大树。

6. 选购绿色食品

很多蔬菜水果都喷洒过农药，使用过化肥，还有很多食品使用了添加剂。这样的食品会危害健康。所以，要选购不施农药、化肥的新鲜果蔬，少吃含防腐剂的方便快餐食品、有色素的饮料和添加剂的香脆零食。或者认准“绿色食品”标志选购食品。

7. 选无磷洗衣粉

含磷洗衣粉进入水源后，会引起水中藻类疯长，水中含氧量下降，水中生物因缺氧而死亡。水体也由此成为死水、臭水。

8. 用充电电池

我们日常使用的电池是靠化学作用，通俗地讲就是靠腐蚀作用产生电能的。当其被废弃在自然界时，这些物质便慢慢从电池中溢出，进入土壤或水源，再通过农作物进入人的食物链。用完的干电池攒到30千克后，可联系当地垃圾回收中心回收。

9. 拒绝过度包装

不少商品如化妆品、保健品的包装费已占到成本的30%～50%。过度包装加重了消费者的经济负担，增加了垃圾量，污染了环境。

10. 自带菜篮买菜

为了减少白色污染，买东西时少领取塑料购物袋，上街购物时带上布袋或菜篮子。在超市买的购物袋也可以重复利用。

第三节　低碳校园生活

生活方式是指人们在生活上和活动上的较稳定的习惯、方式。人们的生活方式虽然林林总总，但备受关注的主要有两种：一种是勤俭适度、文明健康的生活方式；另一种是享乐主义的生活方式。生活方式在很大程度上取决于人们的价值取向、嗜好和追求。有什么样的价值观，就会选择什么样的生活方式。

一、绿色低碳的生活方式

绿色低碳的生活方式是指生活作息时所耗用的能量要尽力减少，从而减低含碳物质的燃烧，特别是减少二氧化碳的排放量，从而减少对大气的污染，减缓生态恶化，减缓温室效应。党的十八大以来，在习近平总书记的倡导和引领下，绿色发展观和绿色低碳生活方式渐渐深入人心。“绿色出行”“义务植树”“观鸟护鸟”“光盘行动”等绿色低碳行动在祖国大地如春潮涌动，倡导节约、绿色低碳生活的理念犹如一股股清泉，正在渗入社会的方方面面。习近平指出：“建设生态文明，关系人民福祉，关乎民族未来。党的十八大把生态文明建设纳入中国特色社会主义事业‘五位一体’总体布局，明确提出大力推进生态文明建设，努力建设美丽中国，实现中华民族永续发展。这标志着我们对中国特色社会主义规律认识的进一步深化，表明了我们加强生态文明建设的坚定意志和坚强决心。”

随着我国经济的迅速发展和工业化、城市化速度的加快，资源紧缺程度和环境压力日益增大，资源问题和环境问题越来越引起人们的重视。我们必须转变生活方式，倡导绿色低碳的生活理念，在生活中时刻注意节约资源、保护环境。

绿色低碳生活，对于我们普通人来说是一种生活态度，每个人都可以做到。“从人之欲，则势不能容，物不能赡。”绿色低碳生活的核心内容是低污染、低消耗和低排放，以及多节约。践行绿色生态观，要从生活中的小事做起，有意识地培养自己的绿色低碳生活习惯，从自己做起、从现在做起，从节约电、节约水、节约油、节约气、节约钱、节约食品、节约衣物、多栽花、多植树做起。只要有低碳意识，我们随处随时都可以为保护生态环境作贡献。习近平指出：“节约资源是保护生态环境的根本之策。要大力节约集约利用资源，推动资源利用方式根本转变，加强全过程节约管理，大幅降低能源、水、土地消耗强度，大力发展循环经济，促进生产、流通、消费过程的减量化、再利用、资源化。”

寄语

推动形成绿色发展方式和生活方式，是发展观的一场深刻革命。这就要坚持和贯彻新发展理念，正确处理经济发展和生态环境保护的关系，像保护眼睛一样保护生态环境，像对待生命一样对待生态环境，坚决摒弃损害甚至破坏生态环境的发展模式，坚决摒弃以牺牲生态环境换取一时一地经济增长的做法，让良好生态环境成为人民生活的增长点、成为经济社会持续健康发展的支撑点、成为展现我国良好形象的发力点，让中华大地天更蓝、山更绿、水更清、环境更优美。

——2017 年 5 月 26 日，习近平在十八届中央政治局第四十一次集体学习时的讲话

二、低碳校园生活

首先，要树立绿色低碳意识。绿色低碳经济与校园息息相关，打造绿色低碳校园生活大学生责无旁贷，大学生要不断增强节能绿色低碳的紧迫感和使命感，牢固树立绿色低碳理念，人人争做绿色低碳标兵，处处体现绿色低碳文化，时时参与绿色低碳行动。

其次，要养成绿色低碳习惯。绿色低碳既是一种美德，也是一种生活方式，节约用电、节约用水、节约用纸、节约粮食是绿色低碳；爱护树木、不践踏草坪，讲究卫生、不乱丢杂物，健康出行、少乘机动车，也是绿色低碳；不用一次性用品、少用塑料袋、不买不必要的物品更是绿色低碳……

探讨与研究

绿树成荫、鲜花竞放、空气清新、地面洁净——这是人人都喜爱的校园环境。可是在校园中，不少人的所作所为却让人很痛心：对教室里、操场上的小纸屑不屑一顾，对飘扬的各种垃圾不理不睬，对污水和污物熟视无睹，水龙头下，清水长流人已远去……

你在校园里还发现了哪些不环保的现象？针对这些现象你有什么好的建议？

再次，开展“校园绿色低碳生活”主题系列活动。大学生与其坐而论道，不如起而行之，以实际行动参与绿色低碳绿色校园建设。包括大学新生在内的所有大学师生，应该尽量做到：

节能减排。倡导每天步行或骑自行车或乘坐公交车进校，少开车或者不开车、不骑摩托车，以减少二氧化碳排放量。

节约用电。随手关灯，做到人走电停；不开电风扇；不使用电器时，关闭电源，不使用待机状态。

节约用水。及时关闭水龙头，不浪费一滴水。

节省资源。重复使用纸张，双面打印。

合理回收。不用一次性木筷、纸杯、纸巾、餐盒等，减少垃圾。认真进行垃圾分类，合理回收有效资源。

爱护学校树木和环境卫生。不践踏草坪，不乱扔杂物。

最后，大学生应通过发现日常节能减排行动中的难题，发明一些节能减排的作品，利用科技创新更好地解决实际问题。

不积跬步，无以至千里；不积小流，无以成江海。节能减排、绿色低碳生活，当代大学生义不容辞，任重道远。期待所有的大学生携起手来，自觉绿色低碳生活，共建绿色低碳的大学校园，进而为共建生态环保、绿色低碳的社会作出应有的贡献。

知识链接

绿色行动

绿色行动（原绿色中国行），成立于2007年，是一个由山东省蒙阴县第一中学2007级8班王晓阳同学倡议，由众多学生志愿者联合发起的从事环境保护宣传实践活动的公益NGO。组织围绕环境保护宣传、资源节约、废旧电池回收利用、校园生态文明建设、生物多样性保护等主题开展了一些环保活动。该组织受到蒙阴县教育局退休干部胡本正（2006年“临沂市首届十大民间环保杰出人物”）的支持和指导，进行过一些全县范围内的环保实践活动，如今，绿色中国行已不是一个单纯的组织，而成为一种可持续发展的理念。

“苟得其养，无物不长；苟失其养，无物不消。”人赖自然万物而生，又受到自然的制约。践行绿色生活理念，让全社会形成积极向上的精神追求和健康文明的生活方式，让绿色生活成为我们自觉自律的行为与习惯，美丽中国就会早日到来。

实践活动

“绿色环保行动”活动方案

随着世界各国经济的迅速发展和生产力水平的不断提高，人类对环境的影响越来越大，环境问题已日益突出和尖锐化。严重的生态破坏和环境污染问题已成为当代人类社会面临的重大问题。青少年是生态环境保护和建设的生力军和突击队，肩负着保护生态环境、建设美好家园、促进可持续发展战略实施的重要历史使命。为进一步增强广大青少年绿色文明意识、生态保护意识和可持续发展意识，在实践中养成良好的生态道德理念，开展“认领绿地，争创绿色”活动，特制订本方案。

一、活动主题

认领绿地，争创绿色。

二、活动目的

增强同学们的环保意识与社会责任感，向广大市民宣传环保知识，为绿色环保作出我们自己的贡献。

三、参与对象

广大学生、青年志愿者。

四、活动内容

1. 分发倡议书。为了让更多的人认识地球环境的现状，支持绿色环保行动，校团委向学生下发环境保护倡议书，并要求学生将倡议书带回家，向家长、邻居等宣传，呼吁人人懂环保理，人人做环保事。

2. 绿色环保主题黑板报。通过学习环保知识，各班级出刊环境保护主题黑板报，让同学们充分关注环保，利用这个阵地宣传环保的任务和意义。

3. 环保体验活动。保护环境，创造一个良好的学习生活空间，需要你我伸出手来共同去实践。校团委组织志愿者高举队旗，在认领的绿地、社区和街道，清扫地面，擦洗栏杆，清理草坪中的纸屑、烟头、果皮，拔除杂草，用自己的行动创造优美的社会环境和氛围，感召他人，影响社会，并以此增强大家的生态环保意识和绿色文明意识。

【过程记录】

活动要点：

活动难点及解决方案：

心得体会：

【结果评价】

教师可参考表 7 – 1 对学生参与活动的情况进行评价。

表 7 – 1 "绿色环保行动"活动计划表

评价标准	分值	分数小计	教师评价
参与活动全过程	30		
积极主动，献计献策	20		
出色完成自己的任务	20		
促进活动关键点的推进	20		
能合理调配资源	10		

劳动实践“参与”篇

第八章　积极投身新时代文明实践志愿服务

志愿服务是社会文明进步的重要标志，是加强精神文明建设、培育和践行社会主义核心价值观的重要内容。据统计，目前我国实名注册的志愿者超过 1.6 亿人，各类志愿服务组织超过 58 万家，在推进精神文明建设、解决群众实际困难、维护社会和谐稳定、服务各项重大活动等方面发挥了积极作用。

学习目标

1. 让学生更加了解志愿服务，体验志愿服务的快乐，感悟“奉献、友爱、互助、进步”的精神。

2. 树立正确的世界观、人生观以及价值观，强化青年的服务意识和社会责任，从而提高学生对志愿服务的认知和参与度。

第一节　志愿服务基础知识

一、志愿者与志愿服务概念和特征

“志愿者”是指不以获取物质报酬为目的，利用自己的时间、技能等资源，自愿为社会和他人提供服务和帮助的人。“志愿者”，英文的表述是 Volunteer，在香港、深圳、广州等地通常（把“志愿者”）称为“义工”，在台湾地区称为“志工”。志愿者组织主要是各级志愿者协会和各类专业性志愿者协会。

“志愿服务”是指自愿、无偿地服务他人和社会的公益性活动。

二、志愿者精神

联合国前秘书长安南在“2001 国际志愿者年”启动仪式上的讲话中指出：“志愿精神的核心是服务、团结的理想和共同使这个世界变得更加美好的信念。从这个意义上说，志愿精神是联合国精神的最终体现。”这句话指出了志愿服务的本质，表达了志愿精神的时代价值。

志愿服务的精神的时代内涵概括起来就是“奉献、友爱、互助、进步”。

(一)奉献

奉献是志愿服务精神的核心,是指没有任何附加条件的单纯付出行为。奉献是信仰、主义、目标、意志的综合精神产物。一个民族的兴盛,一个国家的富强,一个政党的发达,一个团体的凝聚,一项事业的辉煌,离不开奉献精神。奉献是一种精神开拓,是灵魂的再现,是感情的流露,是“大我”的创造。古往今来,无数事实告诉我们,没有勇于奉献的精神,就没有现实中的伟大成就。奉献的最大价值不在于实在的业绩,而在于它开拓出了一代人的风范,带动了一代人的激情,激励了一代人的强劲,鼓舞了一代人的精神。这种精神是脚踏实地,看得见、摸得着的,是人人倍受鼓舞的,是实实在在的无私。具有奉献精神,志愿服务就有了活的灵魂和行的力量。

(二)友爱

友爱是志愿服务精神的源泉,是心灵深处真实情感的流露。从本质上而言,每个人的内心都是孤独的,在孤独的背后,都隐藏着一种对爱的渴求和对归属感的盼望。正是这种内心深处强劲的渴求和盼望,才让人们源源不断地付出友爱,并在友爱中得到别人的安慰、支持和帮助。然而,现实中,人与人之间的隔阂却日渐加重,关系日渐疏远,虽心里渴望友爱,却不愿主动敞开心门。而志愿精神就是要把对爱的渴求转化成爱本身,主动打开心门,去接纳无数需要爱的人。因为奉献和友爱,志愿精神让整个世界充满光明与温情,志愿者们彼此之间,志愿者与服务对象之间,永远是亲密的朋友,是兄弟姐妹,他们在细微的服务中传递着人与人之间的关心、爱护与帮助。它用源于内心的爱愿让彼此都得到满足,用自己的行动感召着周围的人,使更多的人加入这个队伍,进而不断壮大。

(三)互助

互助是志愿服务精神的延伸。互助是一种集体文化,其核心就是要求集体成员互相帮助,齐心协力,密切配合。这样,将每个集体成员的积极性都发挥出来,充分调动起来。互助,可以是精神方面的,也可以是物质方面的,但更多的是二者交融在一起的。志愿服务包含着深刻的互助精神,它提倡“互相帮助、助人自助”。志愿者凭借自己的双手、头脑、知识、爱心开展各种志愿服务活动,帮助那些处于困难和危机中的人们。志愿服务者以“互助”精神唤醒了许多人内心的仁爱和慈善,使他们付出所余,持之以恒地真心奉献。“助人自助”帮助人们走出困境,自强自立,重返生活舞台。受助者获得生活的能力后,也会投入关心他人、帮助他人、为社会作贡献的志愿活动中,这些志愿活动都涵盖着深刻的“互助”精神。

(四)进步

进步是志愿服务精神的目的,是指志愿者通过参与志愿服务,使自己的能力得到提高,同时促进社会的进步。在志愿者服务活动中,志愿者可以得到机会发挥锻炼自己的能力,同时在活动中发现自己的种种不足,加以及时、适当的弥补,以提升自己的综合素质。进步的更大意义是,通过志愿服务,促进社会整体事业的进步发展。志愿者通过精神的感召、情感的传递、现实的行动,让周围洋溢着一股正能量,也让更多社会人士知道,从而加强社会对志愿服务机构的支持。在志愿活动中无处不体现着“进步”的精神,正是这一精神使人们甘心付出、追求社会和谐之境的实现。

三、我国志愿服务是传统文化与先进文化的统一

虽然“志愿者”和“志愿者组织”等外来词在我国出现的时间不是很长,但志愿精神早就扎根于悠久的中国传统文化。现代志愿文化脱胎于慈善文化,而慈善关爱早已融入中国人的日常生活中。儒家文化的“仁爱”思想构建了中国传统慈善思想传统。我国另一位思想家墨子主张“使天下兼相爱”。“兼爱”可算是一种古老的“博爱”思想。墨家的“兼爱”是对儒家“仁”的发展与超越。墨子平等的“兼爱”“爱己”的思想,与现代志愿精神的互助友爱、共同进步的宗旨是一致的。我国的宗教文化也对慈善思想有重要的影响。佛教大慈大悲的思想将慈善思想的外延扩展到一种人所能及的可能范围,不仅关注人而且将此种慈悲扩及其他一切有生物体,这是对爱的扩大。道教的“积善成仙”思想从某种意义上可以说是道教慈善思想落实的激励机制,这与西方志愿服务的宗教动机是一致的。

志愿精神是中国的传统文化和传统精神的延伸,是传统文化在当代的另一种表现形式,并赋予时代意义。无论是儒家的“仁者爱人”,还是墨家的“兼爱”,无论是道教的“功过格”,还是佛教的“慈悲为怀”,其都拥有浓厚的爱人济世色彩,其济人、利人、惠人的思想与志愿精神是一致的。作为近现代社会的新生产物,志愿从这个意义上讲,从西方引入的志愿文化,对我国传统文化的仁爱思想起着提升的作用。

探讨与研究

有人认为,做志愿服务很简单,准点上岗、态度好就可以了。你认同这种观点吗?为什么?

四、志愿服务的特征

志愿服务有志愿性、无偿性、公益性和组织性四个基本特征,其特征的精髓是奉献精神。奉献意味着无偿、不计报酬地为他人、为社会服务,具有奉献精神的人通常也自发自思地参加志愿服务。

(一)志愿性

志愿服务必须是个人自愿参加的。这个自愿是主动的而不是被动的,是自觉的而不是被迫的。相关组织可以通过各种方式动员志愿者,但应该让每个志愿者都在没有任何压力的情况下自愿投入志愿服务。强制参与、强制“奉献”、募集摊派或变相摊派、对志愿者进行单位化管理等,都不符合志愿服务活动的志愿性原则。

可以想象,如果志愿服务不是每个人都自愿参加的,而是在某些组织或个人的强迫和压力下参加的,其社会意义就会大打折扣。被迫参与到志愿服务之中的人员不是真正意义上的志愿者,他们即使参加了志愿服务活动,也很难持续发挥积极的作用。

(二)无偿性

无偿性是指志愿服务属于无偿行为,志愿服务的提供者从事志愿服务行为,不得向志愿

服务对象收取或者变相收取报酬，包括金钱、物质交换或礼物馈赠等形式，但是，志愿服务组织为志愿者提供交通补贴和午餐补贴等并不影响志愿服务的无偿性。

（三）公益性

公益性是指志愿服务必须指向公共利益，根据志愿服务的公益性，营利行为不属于志愿服务，偶发的帮助行为、基于家庭或友谊的帮助行为、仅仅针对特定个人的帮助行为和互益互助的行为也不属于志愿服务。对服务活动的组织者来说，志愿服务不应该被用来达到公益服务以外的目标，如经济目标，否则就会损害志愿服务者的动机。对志愿服务者而言，在提供志愿服务时应该始终坚持以利他和公益为基本目标，不能私自进行工作计划以外的服务内容，例如，志愿者不得向服务对象做宗教传道的工作，不得在活动时间内宣传与公益活动无关的事物。

（四）组织性

仅凭孤立的热情、爱心、体力，我们往往无法回应复杂的社会需求，志愿服务具有组织性，可以采取社会团体、社会服务机构、基金会等组织形式开展志愿服务，可反映行业诉求，推动行业交流，促进志愿服务事业发展。志愿服务组织的不断涌现对促进志愿服务活动广泛开展、推进精神文明建设、推动社会治理创新、维护社会和谐稳定发挥了重要作用，志愿服务组织已成为现代社会从事志愿服务最重要的主体。

故事欣赏

武汉抗击疫情公益志愿者联盟发起人之一李冰的战“疫”生活

据中央广播电视总台中国之声《新闻纵横》报道，为抗击疫情，来自全国各地的医疗队在武汉汇聚。而在武汉当地，一些普通人也纷纷行动起来，他们中有美容店老板、培训讲师、生意人、司机，一群素不相识的武汉人，形成了多个志愿者服务队，为前方提供力所能及的帮助。

土生土长的武汉人李冰，在疫情发生后，主动组织公益车队为前方运送物资。

“李会长，现在10点的单子没有，一般下午5点到晚上8点单子会很多。”武汉抗击疫情公益志愿者联盟发起人之一李冰没有接到上午的接送服务单，他说，最近接送医护人员的订单，随着政府统一用大巴接送后，明显少了。“我们的抗‘疫’志愿者联盟爱心司机群，有两个人在跟政府、社区对接，只要有单子就会发到群里面。然后我们会打电话跟护士确认时间、出发地点和上班目的地，是几点从哪里到哪个医院，司机师傅的电话、车号是多少。”李冰说。

李冰是土生土长的武汉人，进入在线教育行业之前，做过几年物流。疫情发生后，他和几位志同道合的朋友组建了武汉抗击疫情公益志愿者联盟，想着能为这座城市做点什么。2020年1月25日他们提出倡议，第一天就有100多个志愿者加入。“这个城市病了，我们就想为这个城市做点事，尽一点心意。这也是一个武汉人应该做的，我作为武汉人非常骄傲，面临这么大的事，我们很多人在这个时候都站出来了，目的就是想贡献自己的一份力量。每天都有担心也有焦虑，但是我相信我们最终一定会迈过这个坎。所以每天焦虑完了，第二天早上该出去还是继续出去。”李冰说。

每天接送医护人员、运送物资,也增加了自己暴露的风险,李冰的妻子去年因癌症去世,他就把儿子送到了弟弟家中,自己专心做志愿者。

记者:为什么把自己隔离了?

李冰:担心感染了传给自己的家人。

记者:所以就把孩子送出去。

李冰:对,这样就没有后顾之忧了。我基本上每天都在对接一些物资,能召集到的我就会尽力去召集,因为我觉得钱、物资,包括人,我们现在都稀缺。

不少志愿者经商多年的人脉派上了用场。对接蔬菜水果,找防护服、口罩,他们从全国乃至全球都募集了不少。位于江汉区万达广场写字楼内的两间美容院,就是志愿者联盟的总部,记者刚一到,就看到志愿者们在搬运从外地寄来的物资。

“这是我们的喷壶!刚刚看这里有一个破了,我还拍了照。这里一共是5件。这个我们要搬上去入库,入库之后再分配。”在朋友介绍下,美容院老板伍杨加入了志愿者联盟,她把自己的两间工作室变成了联盟“总部”,现在堆满了各种物资,随时准备送到一线。伍杨说:“这个是3M的手消毒液,这个是乳胶手套,这个是消毒片,里面那个是北京慈善基金会(捐赠)的,那个是杜邦的医用防护服。他们每次来领都会贴条,上面写着这个物资是给哪个单位的,我们都打印出来,有证可依,数量都清点好了才让发放。像这种整箱的防护服,医院来领得很快,刚开始堆得像山一样,现在再来领一次就没了。”

从志愿者项目启动至今,包括N95在内的各种口罩,志愿者们已经募集到了几十万只,但在现场,李冰和其他志愿者却仍然戴着普通口罩。在仓库中,记者看到,好口罩不是没有,李冰说,志愿者们都能领到口罩,但更好的还要捐给冲在更前面的医护人员。

记者:我看你这防护服挺专业,但口罩不是隔离级的啊!

李冰:是的。因为当时募集到N95口罩的时候,我们就全部把它送给了医护人员,我们觉得他们更需要。现在我们知道的医院都缺口罩,目前为止我们都搞了几十万只各种口罩,包括N95口罩。我们发动了全国的朋友、资源,连海外的朋友都通过我们的连接包机(运)回来。

李冰想,等未来疫情结束,志愿者联盟不要解散,他想和好不容易聚在一起的大家,继续为这座城市发光发热。“我是一个武汉人,我是一个中国人,当国家面临了这样一件事情的时候,我们就站出来为国家承担一份自己应有的社会责任,哪怕是一点点的小事。我相信所有的人都站起来的时候,这个事很快会过去。”李冰说。

五、志愿服务的育人优势

志愿服务是主体性育人的重要途径、隐性化育人的重要方式、实践化育人的重要载体。通过志愿服务活动,使大学生在了解国情中坚定理想信念、在社会参与中厚植爱国主义情怀、在实践中增长知识见识等,努力成长为有理想、有本领、有担当的时代新人。

(一)志愿服务是主体性育人的重要途径

强化志愿服务育人功能,可以有效解决当前育人工作普遍存在的忽略学生主体性,学生学习的主动性、积极性和创造性欠缺的问题。一般情况下，志愿服务是大学生利用课余时间在校内外进行的实践活动，大学生可以依据自身的发展需要和能力素质进行自主选择和安排，具有高度的自主性。学生能够充分运用自己所学的知识和技能，解决服务过程中遇到的难题，实现服务他人、奉献社会、提升自我三者的有机统一，从而促进个体身心健康全面发展。志愿服务可以充分发挥学生主体性，激活自我教育的内在动力和活力，实现教师“有效教”与学生“有效学”的有机结合，提高思想政治教育的实效性。

（二）志愿服务是隐性化育人的重要方式

一是志愿者的榜样示范，以志愿精神带动他人学好向善，这样的学习方式更容易被青年所认可和接受。二是志愿群体的压力，大家都去做志愿服务，个体不去的压力就会增加，所以很多人在从众压力下做志愿服务，但是在志愿服务的过程中逐渐被集体的氛围所感染，变被动为主动。三是志愿服务的生活化，通过基层社区服务生活化的活动方式和感性化的表达方式，让青年人在服务中受到生活化、感性化的教育，达到潜移默化、润物无声的效果。因此，志愿服务因其内容选择的开放性、场景设置的真实性、育人方式的间接性和服务活动的多样性而被越来越多的高校重视，是新时代“坚持显性教育和隐性教育相统一”的重要方式。

（三）志愿服务是实践化育人的重要载体

大学生因长期生活在校园里，生活阅历较浅，缺乏足够的社会经验。培养担当民族复兴大任的时代新人，只依靠理论教学是远远不够的，必须走出教室、走向实践，把学校育人的小课堂同社会育人的大课堂有机结合起来，教育引导学生立鸿鹄志，做搏击者、奋斗者，真正将理论内化于心、外化于行。志愿服务作为一种公益性实践活动，是青年学生走向社会、走向社区、走向基层，在实践中见证人生百态，用辩证思维观察问题、分析问题和解决问题，做到学思用贯通、知信行统一的重要途径，能够帮助大学生深入了解我国基本国情和社会现实，厚植爱国主义情怀，磨砺意志品质，肩负起新时代青年的使命担当。

知识链接

青年志愿者标志

标志的整体构图为心的造型，同时也是英语“青年”（YOUTH）的第一个字母Y；图案中央既是手，也是鸽子的造型，与红色的背景构成爱心图案。标志寓意中国青年志愿者向社会上所有需要帮助的人奉献一片爱心，伸出友爱之手，面向世界、奔向未来，表现青年志愿者“热心献社会，真情暖人心”的主题。

六、立足志愿服务，培育时代新人

（一）在了解国情中坚定理想信念

习近平总书记指出：“理想信念就是共产党人精神上的‘钙’，没有理想信念，理想信念不坚定，精神上就会‘缺钙’，就会得‘软骨病’。”通过志愿服务了解国情民意、参与社会治理、服务大众，在实践中看到国家发展的蓬勃新气象、中国共产党人的榜样示范，培养积极的认知图式和情感认同,增强“四个意识”,坚定“四个自信”,促进政治认同、强化国家认同、提升社会认同,坚定共产主义远大理想和中国特色社会主义共同理想,将理论与实践相统一、科学真理与价值导向相统一、个人发展与社会发展相统一,使时代新人在志愿服务中逐步成长为有理想的奉献者。

（二）在社会参与中厚植爱国主义情怀

志愿服务通过弘扬自强不息、扶危济困、孝老爱亲、见义勇为、敬业乐群等传统美德,鼓励大学生向上向善,通过参与社区服务、西部计划、应急救援等实践活动,大学生有更多机会走进西部、走进基层、走进社区、走向社会困难群体,运用所学知识扶危济困、敬老助残、保护环境,把国家、民族和个人作为一个命运共同体。通过互相帮助、助人自助的实际行动诠释新时代爱国主义精神,让爱国主义精神在学生心中牢牢扎根。志愿服务活动实际上就是大学生在为他人、社会和国家的服务中深刻体会对“国家的爱”和“为什么要爱”,促使志愿服务升华到为国家服务的层面,将志愿服务与强化国家认同、培育爱国情怀结合起来。

（三）在互助友爱中加强品德修养

一是在互助友爱的志愿服务中提升道德认知。提高大学生道德认知水平,关键是充分发挥内因的积极作用,不断提升道德认知的自觉性和主动性。志愿服务受内部动机驱动作用的影响,参与目的也是出于对他人、社会的关爱,有助于道德教育从被动转向主动,有利于大学生在实践中培养道德价值观,提升道德认知水平。二是在互助友爱的志愿服务中促进道德养成。大学生在参与志愿服务中帮助他人走出困境,同时自身也会获得一种道德体验,即得到其他志愿者甚至是帮扶对象的帮助,这种互助友爱使他们形成乐于助人、孝老爱亲、甘于奉献等高尚品德。三是在互助友爱的志愿服务中推进道德实践。志愿组织为大学生道德意识增强、道德责任强化、道德能力提升提供了多种形式的实践活动,让大学生在实践中锤炼品德意志。

（四）在实践中增长知识见识

志愿服务有助于大学生加强对专业知识的学习和掌握。在志愿服务过程中,当原有的知识结构和能力素养不能满足服务需要时,为推进志愿服务工作的完成,大学生会主动学习相关知识技能,激发学习的积极性,学习态度和行为易出现正强化。志愿服务能够帮助大学生深化理论知识,对抽象理论观点的认识更加具体,提高大学生对专业知识的内化吸收和转化运用能力。志愿服务还可以帮助学生开阔视野,是增长见识、丰富学识的重要途径。志愿服务组织不仅要对志愿者进行课程化的培训,还要组织科普服务、爱心医疗、法律援助等专业性的志愿服务,促使大学生创造性地运用专业知识、专业技能来解决问题。

（五）在扶危济困中培养奋斗精神

艰苦奋斗是中华民族的传统美德。青年志愿服务活动的帮扶对象大多是面临着各类生存、生活困难的弱势群体。大学生在志愿服务中认识到“奋斗本身就是一种幸福”,在亲身体验奉献之后明白“幸福都是奋斗出来的”,从而逐步确立人生的发展方向,明白实现中华民族伟大复兴的中国梦还需要“一茬接着一茬干”,绝不能懈怠,必须肩负时代责任和历史使命,勇于担当,敢于奋斗,自强不息,做奋进者、搏击者、践行者。

（六）在磨砺中增强综合素质

实证数据表明，志愿服务行为显著影响青年文化价值观的形成和发展，有助于青年培养合作能力、拓展社交网络、增强社会融合等。广大青年通过志愿服务，可以培养敏锐洞察社会现实、正确分析社会问题、提高创新创业素质、提升团队协作能力等硬实力；还可以培养亲社会、感恩等品质，使时代新人在人际交往等方面的软实力显著提升。这些能力在青年成长成才中发挥着重要作用，使他们更好地成为担当民族复兴大任的时代新人。

七、我国志愿服务事业发展阶段

我国志愿服务事业大致经历了以下几个发展阶段：

（一）孕育阶段（1986 年以前）

新中国成立以后，在继承民族文化传统的基础上，我国的社会主义道德文化建设跃上新台阶。20 世纪 60 年代，以雷锋为代表的英雄模范人物和全国范围内的“学雷锋”活动，拉开了全民团结互助、尊老爱幼、乐于奉献、学做好人好事的历史序幕，可以说，这是我们国家历史上最集中、最大规模的带有志愿色彩的行动，为今天的志愿事业奠定了良好的社会基础。但从本质上讲，学雷锋活动还不能算作真正现代意义上的志愿者行动。我国志愿事业的启动是在改革开放以后，伴随着社会经济的发展，以及社会的转型，才开始历史性的萌生与飞跃。

（二）启动阶段（1987—1993 年）

经过十几年的改革开放，我国的东南沿海一带已成为全国经济、文化改革发展的前沿阵地，党政分开、政企分开、私营企业成长、民间社团涌现、个人空间扩展，随着社会中产阶层的发展和各种社会组织的出现，公民参与社会管理的意识逐步得到加强。在改革开放前沿的广州、深圳，一批热心公益的民众在参考和借鉴香港、澳门“义务工作”活动的基础上，结合“学雷锋、做好事”，率先开始了志愿服务的探索，“志愿服务”的萌芽破土而出。1987 年，广州市诞生全国第一条志愿者服务热线电话；1989 年，天津市和平区新兴街道诞生全国第一个社区志愿服务团体；1990 年，深圳市诞生全国第一个正式注册的志愿者社团——深圳市义务工作者联合会；1992 年，在香港义工的直接指导下，广东省佛山市诞生“义工团”。许多省区市也陆续产生不同类型、名称各异的志愿组织。这个时期的志愿服务由于缺乏组织以及支持，力量仍然单薄，社会影响力有限。

（三）发展阶段（1994—2000 年）

1993 年年底，共青团中央决定实施中国青年志愿者行动。12 月 19 日，2 万余名铁路青年率先打出了“青年志愿者”的旗帜，在京广铁路沿线开展了为旅客送温暖志愿服务。为推动青年志愿服务事业的发展，团中央于 1994 年 12 月 5 日成立了中国青年志愿者协会。这期间依托各级共青团组织，建立起全国、省、市、县四级青年志愿者协会，部分地区延伸到社区、农村，建立镇（街）青年志愿服务中心和社区（农村）青年志愿服务站。由民政系统推动的社区志愿服务和中国红十字会推动的专业志愿服务也在发展。这些志愿者行动，为中国普及志愿事业奠定了基础。

（四）深化阶段（2001—2007 年）

在共青团中央的推动下，以中国青年志愿者协会为先锋，中国志愿服务事业步入了持续发展和深化阶段。联合国宣布 2001 年为“国际志愿者年”，中国为此开展了一系列宣布活动，促进中国青年志愿者协会等与联合国志愿人员组织合作，开展在中国境内的宣传推广，使志愿服务得到更多民众的认可。各种志愿组织协会如雨后春笋，蓬勃发展。民政部加快发展社区志愿服务的步伐，2005 年 3 月成立中国社会工作协会社区志愿者工作委员会（2007 年 2 月，更名为“志愿者工作委员会”）。中国红十字会和慈善总会扩大了公益志愿团队的力量，妇联成立“巾帼志愿服务总队”，等等，企业与民间组织对于发展志愿服务的热情也日趋高涨，许多企业公司都成立了志愿队。这期间，志愿事业在我国得到了迅速的发展，民众参与志愿服务的意愿也日益高涨。

2002 年 5 月，共青团中央、中国青年志愿者协会启动中国青年志愿者海外服务计划，通过公开招募、自愿报名、集中派遣的方式，派遣青年志愿者赴老挝等发展中国家服务，向世界展现中国青年志愿者的风采。

（五）全民参与阶段（2008 年以后）

2008 年，南方冰雪灾害、雪灾、“5 · 12”汶川大地震和北京奥运会，有力推动了当代中国的志愿事业。奥运志愿者是一个高度组织化、专业化的自上而下的志愿服务项目，而汶川抗灾志愿者是一个完全自发的自下而上的社会运动。奥运志愿者首先使志愿者这个概念植入社会，播下了人们对志愿行为憧憬的种子，而汶川大地震救援则展示了我国志愿运动的全面兴起。奥运志愿者和抗灾志愿者这两个精神实质完全一致的历史事件，谱写出一曲感天动地、大爱无疆的豪情壮歌，奏响了一部流光溢彩、精美绝伦的华彩乐章，在国际社会赢得了广泛赞誉，翻开了中国志愿服务的崭新一页。正如联合国志愿组织中国项目官员曾说，“2008 年是中国志愿服务元年”。

第二节　让志愿服务为新时代文明实践添彩

建设新时代文明实践中心，是党中央从战略和全局作出的重大决策，是打通宣传群众、教育群众、服务群众“最后一公里”的重大举措。中共中央办公厅印发的《关于建设新时代文明实践中心试点工作的指导意见》指出，文明实践中心的主体力量是志愿者，主要活动方式是志愿服务。志愿服务工作要把助力新时代文明实践中心建设作为重要任务，围绕学习科学理论、宣讲党的政策、培育主流价值、活跃文化生活、深入移风易俗来开展，精准对接群众需求，切实解决实际问题。在这次疫情防控中，各地新时代文明实践中心发挥了积极作用，广大城乡社区蕴藏并表现出推动社会文明进步的强烈诉求和巨大潜能，志愿活动如火如荼，倡导文明理念、培植文明生活日益成为全社会的共同追求，精神文明建设呈现逆风上扬的良好态势。

一、志愿服务是社会主义核心价值观的重要内容

志愿精神与中国传统文化一脉相承，与社会主义核心价值观相契合。党的十九大报告提出："社会主义核心价值观是当代中国精神的集中体现，凝聚全体人民共同的价值追求。"社会主义核心价值观既体现了社会主义本质要求，继承了中华优秀传统文化，也吸收了世界文明有益成果，体现了时代精神，是当代各种文化精华的融合与升华。志愿服务是社会主义核心价值观的重要内容，体现了当代中国精神与价值追求。

"奉献、友爱、互助、进步"的志愿服务精神，与当代中国人的理想信念、价值取向、道德准则相一致。"奉献"是志愿者以无偿奉献的独特方式，推动人类文明发展；"友爱"是志愿者跨越人类一切障碍与差异，传递关爱，使社会充满温暖；"互助"是志愿者以爱心、所长助人自助，促进社会和谐；"进步"是志愿者通过道德实践活动，服务他人，提升自我，促进社会进步。作为一种价值追求，志愿服务既能通过扶贫帮困、救援救灾等解决人们日常生活困难，满足人的自然需要；也能通过人际关爱、理解沟通，缓解社会矛盾，促进社会和谐，满足人的社会需要；还能通过奉献服务，使志愿者获得满足感和幸福感，满足人的精神需要。

当代志愿精神深植于中国传统文化的土壤。中华民族自古就有扶贫济困、助人为乐的优良传统。作为人类文明成果的体现，志愿精神与文明、和谐、自由、平等、敬业、诚信、友善等社会主义核心价值观内容相契合，价值取向相通共融。志愿者将无私奉献作为人生最高追求和终极目标，从事的是高尚事业，在服务他人过程中也实现了个人价值。

习近平总书记指出，志愿服务是"奉献爱心的重要渠道"。涵养社会主义核心价值观需要实践土壤，作为重要的道德实践活动，社区志愿服务为居民核心价值观养成与践行提供了载体，也是社会主义核心价值观"内化于心、外化于行"的重要途径。

探讨与研究

什么情况需要志愿服务？什么服务才合理合法？如何对服务进行评估？谈谈你的看法。

二、当前我国志愿服务发展的基本情况

志愿服务是人们奉献爱心、服务社会的重要方式，体现了人们对高尚精神境界的追求，在"赠人玫瑰、手有余香"中实现自我价值和人生意义。当前，我国志愿服务呈现出蓬勃兴盛的发展态势。志愿队伍越来越壮大，从青年志愿者、巾帼志愿者到文艺志愿者、医疗志愿者、环保志愿者、科技志愿者等，志愿者年龄层次更加丰富，人员构成更加多元。参与领域越来越广泛，拓展到扶弱助残、文化文艺、教育科技、卫生环保、法治宣传等各领域。服务大局越来越有力，广大志愿者面向改革发展主战场，在传播党的声音、服务国家战略、参与大型赛会、抗击重大灾害等方面发挥了重要作用。志愿服务已经渗透到我国经济、社会、文化、生态文明建设的方方面面，在决胜全面建成小康社会中发挥着越来越重要的作用，已经成为新时

代推进社会主义现代化建设、提升社会文明程度不可忽视的新兴力量。

我国志愿服务事业蓬勃发展、取得显著成效,最根本的在于以习近平同志为核心的党中央高度重视、坚强领导。习近平总书记对志愿服务事业倾情关心关怀,亲自主持会议审议通过一批有关志愿服务的重要文件,并在参观考察、座谈交流、批示回信时,多次对志愿服务作出重要指示、提出明确要求。2019 年 1 月,习近平总书记在考察天津朝阳里社区时,称赞志愿者是为社会作出贡献的前行者、引领者,所做的事业会载入史册,强调志愿者事业要同“两个一百年”奋斗目标、同建设社会主义现代化国家同行。2019 年 7 月,习近平总书记向中国志愿服务联合会第二届会员代表大会致贺信,强调志愿服务是社会文明进步的重要标志,希望广大志愿者、志愿服务组织、志愿服务工作者立足新时代、展现新作为,弘扬奉献、友爱、互助、进步的志愿精神,继续以实际行动书写新时代的雷锋故事。2020 年 2 月,习近平总书记在统筹推进新冠肺炎疫情防控和经济社会发展工作部署会议上,高度评价广大志愿者真诚奉献、不辞辛劳,为疫情防控作出了重大贡献。习近平总书记亲自指导、亲切关怀,让广大志愿者深受鼓舞、倍感振奋,为继续推进志愿服务事业指明了前进方向,提供了根本遵循,注入了强大动力。我们要把习近平总书记重要指示精神作为行动指南,强化责任担当,以更自觉的态度、更主动的作为、更有效的举措,推动我国志愿服务事业持续健康发展。

三、我国志愿服务特色

在中国开展志愿服务工作、发展志愿服务事业,必须植根中国大地、体现中华文化基因、适应我国国家制度和治理体系。我国志愿服务是社会主义国家的志愿服务,是党领导下的群众性道德实践活动,以奉献、友爱、互助、进步为精神内核,以促进人的自由全面发展为根本依归,反映了社会主义社会的新型人际关系。因此,它具有鲜明的价值导向,把培育和践行社会主义核心价值观贯穿全过程,传承了中华优秀传统文化蕴含的厚德仁爱、乐善好施、助人为乐、扶危济困等思想理念和道德精髓,弘扬了革命文化和社会主义先进文化蕴含的服务人民、团结互助、无私奉献等崇高追求。我国志愿服务还有一个优良传统,就是自觉服务党和国家工作大局,与实现“两个一百年”奋斗目标、建设社会主义现代化国家同向同行,成为凝聚实现中国梦强大力量的重要纽带。中国特色志愿服务最本质的特征是坚持党的全面领导,按照为人民服务的要求,把组织群众、宣传群众、凝聚群众、服务群众作为基本职责,紧紧围绕群众最现实、最迫切、最关心的问题开展便民利民活动,不断提升人民群众的获得感、幸福感、安全感。

知识链接

国外志愿服务的发展阶段

1. 萌芽阶段

志愿服务起源于 19 世纪初西方国家宗教性的慈善服务。英国为了协调政府与民间各种慈善组织的活动，在伦敦成立了“慈善组织会社”；而为了反抗宗教迫害从欧洲来到北美大陆的移民们，为了克服面临的困难，相互之间互相帮助，逐渐形成了志愿帮助别人的群体精神，这种精神作为美国人民的美德而保存下来，一大批怀有慈善之心的各阶层人士成为最早的志愿服务人员。

2. 扩展阶段

19 世纪末及 20 世纪初，欧美等国先后通过了一系列有关社会福利方面的法律法规。这些社会福利的方案除了要有大批具有职业献身精神的社会工作者去实施之外，也需要动员和征募大量的志愿人员投身于有关的各项服务工作之中。于是，志愿服务逐渐也受到了政府的重视和鼓励。

3. 规范阶段

第二次世界大战以后，西方国家的志愿服务工作不仅进一步规范化，而且扩大成为一种由政府或私人社团所举办的广泛性的社会服务工作。志愿服务工作的重心不仅在于调整被救助者的社会关系和改善他们的社会生活，更在于调整整个社会结构与社会关系。志愿服务工作逐渐制度化、专业化。

四、志愿服务在社会治理中的重要作用

党的十九届四中全会指出，建设人人有责、人人尽责、人人享有的社会治理共同体。志愿服务是人民群众自我组织、自我管理、自我服务的实践形式，也是群众参与基层社会治理的重要方式，能够有效弥补政府服务和市场服务的不足与缺位，为政府分忧、为百姓解难。当前，我国社会生活日益多元多样多变，社会公共事务日益繁多，社会治理任务更加繁重，人们参与社会事务的意愿更加强烈。特别是随着我国新型城镇化的快速发展，社区已经成为人们生活的主要场所，居民对社会服务的需求越来越大，对社区管理和基层治理工作也提出了许多新要求、新期待。通过开展志愿服务，依靠群众做群众工作，能够有效激发社区居民的主体意识和责任意识，调动他们自主管理自身事务、协同参与公共事务的主动性和积极性，让居民真正感到自己是社区的主人，让社区既成为“生活共同体”也成为“治理共同体”。近年来，各地积极推动志愿服务参与到管理公共事务、丰富社会服务等日常工作中，以共建推动共治，以共治促进共享，取得良好效果。今后，我们还要继续发挥志愿服务在推进社会治理现代化中的重要作用，实现政府治理与社会调节、居民自治良性互动，积极构建基层社会治理新格局。

寄语

近年来，中国红十字会在重大灾害救援、保护生命健康、促进人类和平进步等方面发挥了重要作用，涌现出郭明义等一批优秀红十字志愿者，为党、为国家、为人民做了很多好事、善事。

——2015 年 5 月 5 日，习近平在中国红十字会第十次全国会员代表大会上的讲话

> 雷锋精神，人人可学；奉献爱心，处处可为。积小善为大善，善莫大焉。当有人需要帮助时，大家搭把手、出份力，社会将变得更加美好。我国工人阶级应该为全社会学雷锋、树新风作出榜样，让学习雷锋精神在祖国大地蔚然成风。希望你们努力践行社会主义核心价值观，积极向上向善，从“赠人玫瑰、手有余香”中感受善的力量，以实际行动书写新时代的雷锋故事，为实现中国梦有一分热发一分光。
>
> ——2014 年 3 月 4 日，习近平给“郭明义爱心团队”的回信中指出

五、更好发挥志愿服务在应对重大突发事件中的重要作用

在这场疫情防控人民战争中，志愿服务活动广泛开展，小红帽、红马甲随处可见，广大志愿者踊跃参与，投身到疫情防控战线的各个领域，各尽所能、各展所长，舍小家为大家、讲奉献勇担当，成为联防联控、群防群治的重要力量。各地志愿者参与了许多方面的工作：一是助力防疫教育引导。广泛开展通俗易懂、形式多样的疫情防控宣传教育，引导群众正确理性看待疫情，增强自我防范意识和防护能力，为社会舆论注入更多正能量。二是参与疫情排查治理。积极配合基层组织做好体温检测、信息登记、疫情排查、人员隔离、秩序维护等工作，极大地缓解了抗疫人手缺乏的问题。三是作好综合服务保障。为一线奋战的医生护士、防控点值守人员、被隔离群众以及相关医疗用品生产企业，提供力所能及的生活保障和外围服务。四是提供专业技术支持。一大批具有医学、心理咨询、应急救援等专业技能的志愿者，在相关机构的统筹调配下，积极参与卫生防疫、心理辅导、救助救护等专业性较强的工作。在疫情防控最吃劲的关键阶段，中宣部、中央文明办在武汉启动实施“志愿服务关爱行动”，组织 2 万多名志愿者，帮助全市 800 万居家市民代购代送生活必需品，打通了民生保障“最后一百米”，成为精神文明建设服务党和国家工作大局的成功范例。全国各地广泛开展的疫情防控志愿服务，彰显了同舟共济、守望相助的家国情怀，展现了中国力量、中国精神，增强了广大群众共克时艰的信心和力量，为坚决打赢疫情防控的人民战争、总体战、阻击战发挥了重要作用。

疫情防控的实践证明，志愿服务在协助党委政府应对突发事件、提高社会治理能力上能够发挥重要而特殊的作用。针对各类突发重大灾害、公共卫生事件，提前制订应对方案，完善规范化流程，明确力量调用、现场指挥、物资保障等方面的要求，提高志愿服务快速反应能力，确保服务过程科学安全有序。积极培育应急志愿服务专业组织和团队，建立医疗、消防、救援、科技、心理疏导等各类专业志愿者队伍，作好登记管理，加强培训演练，完善调用机制，当发生重大突发事件时，做到招之即来、来之能战。

故事欣赏

新冠疫情中的武汉志愿者：点亮微光

1 月 22 日，34 岁的高校老师李轲回到咸宁，准备和家人过春节，但心里也惦记着春节期间需要回武汉的学校值班的事情。不承想，武汉当晚宣布翌日“封城”，他索性就在“封

城”的第二天开车回到了武汉。

这一决定让他有机会见证了“封城”至今武汉居民生活的酸甜苦辣，也让他和家人的分离超过了一个月。但他毫不后悔。

在这个月里，他没有让自己闲下来。李轲对记者说，春节值班期间，他和同学、朋友在微信群里聊天，都说面临疫情不能袖手旁观。于是大家说干就干，要为这个城市做一些实在的事情。

志愿者在行动

他们首先通过众筹的方式募集了一些款项。由于群里有人在经营企业，在武汉市区有比较大的门面可以作为仓库，还在外省有采购渠道、物流资源，所以，他们募集到款项后就直接从外省买了一批紧缺的医疗物资，包括口罩、防护服、酒精、护目镜等。当物资运到武汉，这批志愿者便自己出人出车，根据医院发出的求助信息和医院科室对接，把物资分发出去。

“我们这个志愿者组织筹集并捐赠了32000个口罩。此外还有10000件防护服，3000副护目镜，2000瓶消毒液，价值总金额将近80万元。”李轲说。

他们对接的大医院超过20家，还有三四十个社区医院。

然而当时，虽然有国家层面的大力调拨，还有像他们这样的志愿者八方支援，武汉各大医院还是出现了大面积物资紧缺情况。“这是因为一线的消耗量特别大，所有的医疗物资在武汉都变成了快消品。”

李轲谈到了一件让他很有感触的事。一次，他送了10箱口罩到武汉市的儿童医院去。在交接物资的时候，他惊讶地发现护士长只戴着普通的一次性口罩，穿着薄防护服。他一问才知道一级防护服数量有限，所以全部都集中起来给需要接触确诊患者的医生去用了。担心不已的他，第二天就组织送了一批高等级防护服给这个科室。科室主任发来短信感谢他，说护士长回来就哭了。“医务工作者压力很大，我们普通人愿意给他们送去我们的温暖，让他们知道有人在发自内心地关心他们。”李轲说。

“井然有序”的城市

1月17日，李轲供职的高校开始放寒假。那时，武汉城内，关于新冠病毒肺炎的传闻已经在坊间流传。“但那个时候，包括我个人在内，大家其实也没有特别地在意，总觉得这是一个小概率事件。”

真正觉得很紧张的时候，还是宣布要“封城”时。“对我而言，这是一个闻所未闻的事情。这么一个1000万人的超大城市，就‘封’起来了。交通怎么解决，物流怎么解决，生活物资怎么解决，就医怎么解决……当时还是有一些紧张的。”

后来这些问题都解决了，比如交通，每个社区都会分配出租车的指标，可以排队叫车，也可以开私家车出门。李轲说：“我回武汉值班的时候，便利店里方便面这些都被抢光了，人也很多，当时是有些恐慌的。但很快，你会发现，当天晚上被抢光的货物，第二天货架上就会全部补满。这个城市的供给能力还是超强的。”

和许多在“封城”时期宅在家里的人不同，李轲在半个多月的时间里一直在外送物资。他说，他只想用四个字来形容他看到的场景，那就是“井然有序”。

“我经常去医院，目睹了门诊和其他楼的排队情况，虽然大家压力很大，但绝对是井然有序的。”他描述道：“我也会去沃尔玛、家乐福这样的大卖场，依然看到一切井然有序。无论排队时间多长，每一个人都表现得特别安静，没有人抱怨。”

对李轲来说，唯一紧张的是，需要在早上10:00以前去抢购蔬菜。反倒是口罩供应充足。“在麦德龙这种大卖场是能买到口罩的，不过是那种一次性口罩。每次一人限购两包，每包50个，一包就够普通人用一个月了。”不过，防护级别更高的N95口罩，依然很难买到。

而从2月25日起，武汉、黄冈、荆州等地市民可通过小程序网上预约购买口罩，并可选择顺丰快递配送到家。日供应量超200万只，每只单价不超过1.8元，活动将持续至疫情结束。

恢复正常医疗秩序

在李轲看来，疫情暴发初期，太多人去医院，医疗需求陡增，就如同银行挤兑一般，医院根本就接待不过来。

他表示，当时媒体并没有注意到社区医院也面临着巨大压力。哪怕输液这样简单的工作，也因工作量实在太大，社区医院人手有限，而无法消化。“一个社区将近上万人，工作量特别大。”他回忆起自己给社区医院送防护服时看到的场景说道。

但这个状态并没有持续几天，政府通过建立火神山、雷神山、方舱医院，以及征用酒店和一些学校的宿舍作隔离点，来恢复正常的医疗秩序，并把压到社区的工作量分流了出去。

李轲也参与了清理高校宿舍的工作。前段时间，学生留在宿舍的物品堆积成山的照片在网上引发了争议。李轲说，整个过程分为两轮，教职工先把学生的物品清了一遍，然后志愿者、街道干部和国有企业的员工过去又清了一遍。“实际上我看到的是，大家对寻常物品还是比较负责任的，不能说每一个都归了类，但起码是把个人柜子里的东西、床上的东西，还有重要的东西，全都打了一个大包堆在一块儿了，学生回去以后可以清点、辨认、取回。”

他认为武汉市政府各部门正在超负荷运转。各种政策、措施和行动正在发挥作用。

星星之火可以燎原

李轲没敢告诉家人自己在武汉的义举，他的朋友也帮他保密。每天他都会和家人视频，看看孩子，报个平安。一个人在武汉的这段时间，他每天都会炒两个菜。从不下厨房的他，如今厨艺大涨。

每次出门，他都会戴上口罩，穿上罩住全身的防风衣，戴上帽子，并带上一瓶用花露水小喷壶灌上的酒精。

渐渐地，他发现自己跑的医院越来越多，任务越来越重，身边的志愿者同事却越来越少。向群主一打听，才知道有志愿者感染了病毒。

有时，他还会帮那些远在国外的同学去照看他们的父母，采购急需的药品、物资和器材。本来无助又着急的同学们，赞他是救命恩人。

但他并未居功，说道：“我就是一个普通的武汉市民。这个城市给了我们很多，我觉得能回馈一下这个城市和社会，是我们的责任。”

直到最近，李轲在家休整，开始整理抗“疫”日记。

他还清晰地记得大年初二的晚上，到家10点，准备睡觉，却在志愿者群里接到消息，说有一辆大货车拉着一批物资过来，凌晨1点到市区。于是他和另外一个志愿者赶了过去，心想这么一大车货，起码得卸货到下半夜。

就在他们等候货车到来的时候,忽然发现各个路口,四面八方开来十几辆车,星星点点的车灯,点亮了大年初三静谧而黑暗的凌晨。

原来,其他志愿者看到消息后,都不顾夜深,只身从家里开车赶来。这一下,就凑了十几个人。

车到以后,他们只用了大概一个小时就把整车的货全部卸下,并且分类摆放好。为了和时间赛跑,当晚他们就根据医院的需求,把物资全部送了出去。

李轲说当时他特别感动。“我们每个人都只是个体,力量非常有限;但是当我们汇聚在一起的时候,战斗力就特别强大。”

第三节　参与志愿服务

对技能的要求,是志愿服务走向有效发展之路的必然,只有这样,才能使受助对象得到最有力的帮助,同时,也可以避免对志愿者本人热情的浪费,避免“在其位不谋其事”状况的发生。每个人都有自己的特长,如何使这个特长在志愿服务中得到有效发挥,也是志愿服务作为人力资源再度分配的一个有益补充所要解决的问题。

一、志愿者的基本条件

2013 年 11 月,共青团中央、中国青年志愿者协会颁布新修订的《中国注册志愿者管理办法》。其中,对注册志愿者的基本条件作出了如下规定:

(1)年满十八周岁或十六至十八周岁以自己劳动收入为主要生活来源者;十四至十八周岁者,须经其法定代理人同意;未满十八周岁的在校学生申请注册的,按所在学校有关规定办理。

(2)具备参加志愿服务相应的基本能力和身体素质。

(3)遵守国家法律法规和注册机构的相关规定。

二、志愿服务类型

志愿服务的范围主要包括:扶贫开发、社区建设、环境保护、大型赛会、应急救助、海外服务等。

故事欣赏

从退伍军人到武汉志愿者司机:“疫情不散,我们不退!”

除夕夜当晚,容冰报名成为一名志愿者司机。“报名的原因很简单,我是一名退伍军人,当兵是保家卫国,现在作为网约车司机,也想着为抗疫做点力所能及的事。”容冰说。

每隔一天,他会接送一家社区医院的医护人员上下班,最忙的一天接送了十几名医护人员，跑了近300公里。其间，与医护人员的接触交流，让容冰更能理解他们的辛苦。

“这些医护人员几乎都放弃了休假，冲在抗疫第一线。交谈中从来没有听到抱怨，更没有退缩。我也从来没想过放弃，通过所有人努力，武汉一定会变好。”容冰说。

1月23日武汉“封城”，整个城市按下了“暂停键”。至今，武汉整个市区依然空荡荡的。然而，却有这么一群人每天开车频繁穿梭在武汉各个社区。他们是为医务人员和社区志愿服务的车队。疫情当前，他们临时充当起保障城市基本运转的“摆渡人”，为家乡战疫贡献自己的一份力量。

“有些事必须要有人去做”

在武汉“封城”当天，智慧出行平台“T3出行”成立了武汉特别行动车队，为101个社区提供应急服务。申建林，便是其中一位。

与容冰的“身份”类似，申建林也是一名退伍军人。1998年参加抗洪抢险时，正在部队服役的申建林冲锋在最前线。12年后，看到召集志愿者司机的消息，他又选择第一个报名。

“骨子里依旧烙着军人的印记，面对疫情，必须站出来做点什么。”申建林说。

作为第一批志愿者司机，申建林被分配到位于武汉东湖高新区五岭社区，承担起接送社区居民，为大家买药、买菜的工作。

进驻社区后，他就没回家住过，在社区里的一处酒店住了下来，这样一旦有突发情况，就能第一时间赶到。

每天早晨，车子充好电后，他就开始了一整天的忙碌。因为上厕所穿脱防护服实在麻烦，甚至会浪费一身防护服，申建林尽量少喝水，也不敢吃得太多。“这时候的防护服多珍贵啊。”

为了让防护服不被污染，每次接送居民后，申建林与同事们都要用喷壶往彼此的防护服上喷洒消毒水。武汉的冬季本就阴冷，穿上被喷湿的防护服，只觉冷上加冷。

“给居民买菜、买药、买生活用品，送居民去医院，我们都要管。”因为做事细致周到，申建林收到了一位老人手写的感谢信。

这户人家老两口已年过七旬，儿女因隔离不在身边，他们也无法出门。有些药很难买，申建林就开到很远的地方去买。老两口特别感激，就把写给申建林的表扬信贴在了自家门上。

20天“以车为床”

葛清也当过兵，退伍后做过小生意，现在是一名网约车司机。疫情袭来，那份军人的使命感和责任感促使他报名加入志愿者。

“我现在单身，没有牵挂，想为家乡战疫尽一份力。”葛清说。

因为怕父母担心，葛清刚开始并没有对他们说实话。每天结束志愿服务后，他干脆睡在车里，但却告诉父母，“单位给安排了集体宿舍，不回家了”。

这样的生活持续了20天。后来，葛清所在车队队长给他提供了一个住处，才结束了“以车为床”的日子。

现在葛清每天出行量在5至6单。接到送居民去医院检查的“派单”，葛清都会抢先把防护装备穿戴整齐，穿梭在社区和医院之间，主动去承担高风险工作。

对于自身和车辆的防护消杀，葛清都会要求严格："认真点，大家心里都踏实。"70岁的张婆婆从医院做完检查回来时，特地记下了葛清的名字和手机号码，打算疫情结束后邀请他去家里吃饭。

"挺过去，一切都会好起来"

黄南是"新"武汉人。2008年，他来武汉工作，并在这里定居。

2003年，正在江西赣州某部队服役的黄南，参加了抗击"非典"。当时的他，在被封闭隔离的居民楼前值守站岗，直至疫情结束。"我是军人，越是这个时候，越要往前冲，并没有想太多。"黄南说。

17年后，他又一次冲在了抗疫的"第一线"。能再次为社会奉献自己的力量，黄南认为"挺有意义的"。

不过，他的决定最初并不被家人所理解。"他们都劝我多考虑一下，但后来看到许多战斗在一线的医护人员故事后，家人也就慢慢接受了。"黄南说。

为了不让家人过多担心，除了出车时执行严格的防护标准外，黄南回家进屋前，第一步就是对全身进行消毒，把衣服都放在外面，再去洗澡、换衣服。

这么多天的志愿者工作，让他感觉到更多人需要帮助。黄南服务的社区有两位病人需要做透析，还有几名孕妇，每天接送他们去医院做检查和治疗是他的主要工作。而这样的工作对他而言，要比往常更加细心。因为乘客都是病人和孕妇，做好消毒就格外重要。

"每天的工作都很琐碎，可这些事情必须要有人去做。"黄南说，疫情不退，志愿者司机不退，相信等到武汉春花盛开时节，一切都会好起来。

三、应具备多种服务技能

随着社会的进步，人们对志愿服务的形式、内容、质量都提出了更高的要求。在一项针对志愿者的调查中，有超过半数的志愿者认为"自身知识水平以及社会实践能力的欠缺"制约了志愿服务的进一步开展，越来越多的志愿者也已经开始注意从事志愿服务所需技能的问题。

作为新时代的志愿者，还需要不断努力，在实践中进步，要学习更多的专业知识，提高自身能力素养。要加强能力建设，不断深化志愿服务实践。各志愿者组织要围绕中央关心、群众关切、社会关注的社会问题，设计开展形式多样、内容向上的志愿服务活动，为广大志愿者帮助他人、奉献社会搭建志愿服务平台。

深入农村的志愿者必须参加组织培训与学习，在了解农村的有关法律法规、文化习俗和农业知识的情况下才能起到帮扶作用。到边远地区支教的志愿者必须学习相关学科的教学方法以及和当地学生沟通的技巧，掌握专业之外的广泛的知识和技能。在一些社区提供社区服务的志愿者，要有多方面的能力以及积极向上的心态和聪明的头脑，这样才能够创造出丰富多彩的服务以满足社区不同人员的需求。到伤残人士、军烈属、生活有困难的人家中去，也必须想其所想，运用自己所掌握的服务技能提供最贴心的服务。做任何事情都需要秉持认真学习的态度，只有充分提高自己的专业能力和文化素养，用知识武装自己，新时代的志愿者才能在当下环境的志愿服务中为社会更好地贡献出自己的力量。

四、志愿者的权利和义务

（一）志愿者的权利

（1）参加志愿服务活动。

（2）接受相关的志愿服务培训，获得志愿服务活动真实、必要的信息。

（3）获得从事志愿服务的必需条件和必要保障。

（4）优先获得志愿者组织和其他志愿者提供的服务。

（5）对志愿服务工作提出意见和建议。

（6）相关法律、法规、政策所赋予的权利。

（7）可申请取消注册志愿者身份。

（二）志愿者的义务

（1）遵守国家法律法规及团组织、志愿者组织的相关规定。

（2）每名注册志愿者根据个人意愿至少选择参加一个志愿服务项目或活动，每年参加志愿服务时间累计不少于20小时。

（3）履行志愿服务承诺，完成志愿服务任务，传播志愿服务理念。

（4）自觉维护团组织、志愿者组织和志愿者的形象。

（5）在志愿者职责范围内，自觉维护服务对象的合法权益。

（6）自觉抵制任何以志愿者身份从事的赢利活动或其他违背社会公德的活动（行为）。

（7）依法应当承担的其他义务。

五、认真总结经验，优化志愿力量

新时代的志愿者应当具有反思失误、总结经验的能力，这样才能为以后的志愿事业作出更多的贡献，提高志愿服务的效率，优化志愿力量的分配。每一位志愿者都需要把宝贵经验转化为以后志愿行为的参考，切实加强行业自律，更好地发挥自己的作用。各行各业的志愿者们也需要释放出志愿服务的正能量，特别是在参与脱贫攻坚和精准脱贫，照顾老年群体、农村留守儿童、受灾群众等困难群众，参与城乡基层社会治理，提升社会文明程度等方面多作贡献、多出经验。

志愿者行业中最宝贵的资源便是在一次次活动中积累的宝贵经验，作为新时代的志愿者我们要积极总结经验，充分提升自己的志愿服务效率。只有按照“推进诚信建设和志愿服务制度化，强化社会责任意识、规则意识、奉献意识”，培养志愿者的责任心，并使资源运用到最需要的地方，我们的社会才能更加和谐。

六、明确自身立场，坚持正确方向

作为新时代的志愿者，我们首先要明确自身立场，坚持正确方向。这是确保志愿组织健康发展的根本保证。作为新时代的志愿者，要与时俱进，认真学习贯彻新时代中国特色社会主义思想和党的精神，自觉增强“四个意识”，党的前进方向，就是我们的前进方向。此外还需要切实加强志愿服务组织的党组织建设工作，发挥好党组织的政治核心作用，志愿者中的党员干部还要起到先锋模范的带头作用，让更多的志愿者有正确的前进方向和思想方针。同时，要引导广大志愿者听党话、跟党走，在思想方针、政治立场以及实际行动中和以习近平同志为核心的党中央保持高度一致，坚定不移地走中国特色社会主义发展之路。

志愿者在开展社会活动、投身志愿事业的时候，一定要明确自己的初衷，做志愿要以社会的和谐稳定为己任，而不是有所谋、有所求。志愿者要将自己的力量奉献给社会，让我们的社会更加美好和谐，让我们的祖国更加繁荣安康，而不是怀着对名与利的追求去做一名志愿者。要坚决杜绝贪污腐败事件的发生，所有的公益资金都是属于社会、属于国家的，不能被私人所侵犯。这要求新时代的志愿者要牢记使命，坚守立场，全心全意地投入志愿者事业中去。

实践活动

“12·5”国际志愿者日志愿服务活动策划

2021年12月5日是第36个“国际志愿者日”，请策划一次志愿者服务活动，活动重点围绕志愿服务、创建全国文明城市、移风易俗、厉行节约、扫黄打非、扶贫助困等内容，可以通过悬挂横幅、发放宣传资料等方式对学生和群众进行广泛宣传，同时围绕环境保护、文明劝导等工作，深入居民小区，用实际行动呼吁群众积极参与到志愿服务活动中来，营造人人奉献、人人参与的良好氛围。志愿者们还可以走访慰问周边特困家庭、环卫工人，为他们送去慰问金及油、米等慰问品。

此次活动旨在宣传和普及志愿服务理念，传承中华传统美德，大力弘扬“奉献、友爱、互助、进步”的志愿精神，引导群众自觉践行社会主义核心价值观，积极投身志愿服务事业，树立新风尚、唱响主旋律、传递正能量，营造全社会“有困难找志愿者、有时间做志愿者”的良好氛围。

【过程记录】

活动开展计划：

策划的关键点：

活动开展难点及解决方案：

心得体会：

【结果评价】

教师可以参考下表对各小组“志愿服务活动策划”进行评价。

评价标准	分值	分数小计	教师评价
提前做好活动方案的策划	20		
活动形式有新意	20		
分工合理，各成员均积极参与	20		
能合理调配资源	20		
策划有反馈提升机制	20		

第九章　踊跃参加社会实践

社会实践活动一直是培养德、智、体、美、劳全面发展的跨世纪合格人才的重要途径。学生社会实践是引导学生走出校门、走向社会、接触社会、了解社会、投身社会的良好形式，是培养锻炼才干的好渠道，是提升思想、修身养性、树立服务社会思想的有效途径。通过参加社会实践活动，有助于在校学生更新观念、吸收新的思想与知识。社会实践将加深学生与社会各阶层人的感情，拉近学生与社会的距离，让学生在社会实践中开阔视野、增长才干，进一步明确青少年学生的成才之路与肩负的历史使命。

学习目标

1. 让学生认识到参加社会实践活动的必要性。
2. 了解社会的发展和需求，激励学生好好学习，争取做个对社会有所奉献的合格人才。

第一节　假期实习与兼职

实习和兼职是大学生校园生活的两个重要组成部分，是学生积累社会经验的重要途径，它能够提高学生的沟通能力、适应能力及解决问题的能力等素养。学生应充分把握在校期间的实习机会，大胆尝试，广泛地接触社会，积累实践经验，以增强自己未来求职的竞争力。

一、假期实习指南

实习是一种实践，目的是让大学生有了解社会的机会，接触实际，增强劳动观点和社会主义事业心、责任感，学习业务知识和管理知识，巩固所学理论，培养初步的实际工作能力和专业技能，借以实际地运用学过的专业知识。从实习中认识社会，了解社会，开阔视野，增长见识，把课堂学习的理论在实践中学会具体运用，学习在社会上为人处世，待人接物。希望通过实习的机会找出自身状况与社会实际需要的差距，及时补充相关知识，掌握相关专业技能，为即将真正踏入社会、正式从事相关工作提前作好充足的知识和能力储备。

实习是学习与就业之间的一个重要环节，好的实习经历能为在校的学习交出一份满意的答卷，同时也能为将来的就业热身，打好"预备战"。

（一）获取实习信息

我们可以从以下渠道获取实习信息：

1. 学校公示栏

学校附近的企业或者公司通常会把招聘信息以纸质文稿的形式张贴在学校公示栏。希望在学校附近找实习单位的学生可在学校公示栏中获取实习信息，筛选出合适的实习单位。

2. 各地方劳动局

各地的劳动局每年都会有相应的政策支持学生假期实习。劳动局提供的用人实习单位不仅类别丰富，而且十分正规。

3. 各大企业官网

各大企业会在寒暑假期间，在其官网上发布学生实习招聘公告，有意向的学生可以多留意各大企业的官网，寻找适合自己的假期实习。

（二）结合自身专业或兴趣选择实习岗位

在选择实习岗位时应尽量选择与自己专业相匹配或者自己感兴趣的岗位，这样不仅可以学以致用，还可以挖掘自身蕴藏的潜力，为将来就业作好铺垫。在具体选择时，我们要摆正心态，客观分析自己的专业知识、沟通技能、思维能力及自身性格、兴趣等，分析实习机会是否能够提高自身能力和素质，进而选择适合自己的实习岗位。

（三）在实习中探索个人职业定位

实习是我们探索个人职业定位的好机会。在实习过程中，除了认真完成分配给自己的任务，我们还要主动总结对应岗位的核心能力要求、特性等，观察对应职位的上升空间，以及所处行业的发展前景，并以此为参照分析自己是否适合该岗位或行业，判断是否需要调整自己的职业定位。

（四）在实习中提高自身综合能力

进入企业实习后，要尽快完成从学生到工作者的身份转变和思路转变，不断提高自己的综合能力。

首先，要清楚工作都是结果导向的。客户需要的是成果，工作评估的也是成果，过程中无论做了多少事，没有达成目标或没有交付成果都不算完成工作。如果没有产出成果必须主动协调资源，推动问题解决。

其次，要分清事情的轻重缓急，对时间进行合理安排。不清楚手里的工作孰轻孰重时，要及时向上级领导反映或请示。

再次，对于工作内容切勿眼高手低，要以积极主动的态度认真对待接到的每一个任务，在规定的时间内保质保量完成工作。

最后，还要注意如何进行有效沟通、与同事和谐相处等问题。

探讨与研究

你选择实习时，比较看重什么？为什么？

二、假期实习实务

(一)实习初期

1. 熟悉环境，不做局外人

实习开始后，尽快熟悉环境，除了自己部门的业务内容，还要大致了解其他部门情况。学习使用打印机、扫描仪等办公设备。

2. 搞清业务关键词

对领导、同事提及的专业名词，做到心中不留疑，第一时间请教他人或查阅相关资料，明白其所指。

3. 多听、多想、多自学

凡事多留心，多问为什么，同时还要学会自学，特别是通过看报告、旁听会议等各种渠道尽快了解工作内容及业务流程。

这里要强调的是，在入职以前，一定要调整好自己的期望值，现实一些。即将踏上工作岗位的学生，很多想法都是理想化的，与现实有不少差距。很多同学不能适应新环境，大都与其事先对新环境、新岗位估计不足，期望值定得过高、不切实际有关。当他们按照这个过高的期望值接触现实环境时，往往会产生一种失落感，感到处处不如意、不顺心。因此，同学们在踏上工作岗位之前，一定要调整好自己的期望值，尽量把期望值定得现实一些。

知识链接

实习“必修课”攻略

实习之后，很多同学反映觉得没有学到技能，对以后的就业没有太大帮助。最主要的问题时，人际关系处理不好，而且单位并没有将他们当作“自己人”，只关心他们干了多少活，很少安排专人对他们进行引导和培训。实习的本意是让学生能够在最终就业之前提前感受身份的转化，对将来就业无疑是大有裨益的，那么，学生“实习之路”该怎么走？

攻略一：抛砖引玉

不能仅仅将实习当作一次实践的机会，而应该将其视作就业前的一个试探过程，深入了解该行业的发展前景，然后确定自己将来的职业定位。

攻略二：反客为主

在进行实习的前期，需要进行理性思考，既要有目的性，还要讲方法、懂技巧。建议学生在校期间做好自己的生涯规划或生活规划。生涯包括学业、专业、职业三方面，如果你想提升人际交往能力，则可以选择从销售工作做起，如发传单。实习不是简单的劳动经验的积累和态度的培养，更重要的是找到你今后希望从事、想要了解的领域。

攻略三:以逸待劳

现在的企业在招聘员工时,都会着重看面试者的实习经历和表现,关注他们能否扩展对行业的了解,对职业的感悟以及对自我的规划。所以学生在实习前可以通过招聘网站,了解一下相关信息,以免走弯路。

攻略四:曲线救国

对于实习,学生要抱着坦诚、淡定的态度,虚心接受老员工对你的批评,要学会危机公关的处理;要有能力甄别对自己不利的内容,学会筛选,时刻保持警惕,多用脑思考;要将这几点串联起来,同学们不妨请一个外援进行点拨,比如老师、同学或者其他人。我们常说,职场中有贵人,其实在实习中也同样可以遇到贵人。

当今天的实习和明天的饭碗或多或少会挂上钩,实习就可能成为一场压力颇大的竞争。尽管外界对我们有种种质疑或猜测,但从自身角度看,要想在实习大军中脱颖而出,需要我们前期的准备和认真的思考。

自信、懂得危机公关、有详细的调查和分析思维,再加上良好的心态,肯定会找到一份满意的工作。

(二)实习中期

1. 以正式员工的标准要求自己

要把自己当成一个有工作责任感的职场人,积极尝试承担新工作。

2. 做事靠谱、有章法

搞清工作任务,及时汇报工作进度,遇问题先想解决办法再寻求帮助,按时保质保量完成工作。

3. 多总结,多反思

要学会回顾工作、总结经验、思考不足。认真思考这项工作的重点环节是什么,如何避免出错,如何改进,如何更好地应对突发状况等。

(三)实习结束

1. 请实习单位提供一份鉴定,并签字盖章

《实习鉴定》应写明实习岗位、岗位描述、实习过程中完成的工作或项目、工作评价等。

2. 总结实习,并更新自己的简历

总结实习中的问题和收获,反思自己在哪些方面仍需要提升。及时更新简历,为毕业求职作好准备。

3. 保持联络,获取有效信息

如果有意毕业后到实习单位求职,可根据自身情况申请适当延长实习时间。离开实习单位后,与单位同事保持联络,及时了解业务发展情况,第一时间获得相关招聘信息。

探讨与研究

暑假你都做了什么?这个暑假的收获是什么?如果你参加了社会实践,你有何感想?

三、假期兼职陷阱

寒暑假期间，多数学生都会做兼职。假期兼职可以在锻炼自己、增加生活阅历的同时挣一些生活费，是一种常见的社会实践形式。在假期兼职时，我们应擦亮眼睛，谨防落入各种“陷阱”。

（一）传销陷阱

目前，不少传销组织打着“连锁销售”“特许经营”“直销”等幌子，或以“国家搞试点”“响应西部大开发号召”等名义诱骗学生参与传销活动。在形式上，传销组织也由此前的发展“下线”改为“网上营销”方式，打着“电子商务”“网络直销”等旗号利用互联网进行传销，其违法活动更加隐蔽，传播范围也更为广泛。

（二）培训陷阱

一些“骗子公司”通常会和一些培训机构联手，招聘时以“先培训，拿证后上岗”为由骗取求职者培训费、考试费、证书费等各种费用。实际情况往往是，经过一段时间的培训参加完考试后，公司便不知去向，或被告知“很遗憾，考试未通过，不能上岗”。

（三）“押金”陷阱

一些用人单位声称为了方便管理，向应聘者收取一定数额的押金或保证金，并承诺工作结束后退还，然而工作结束时学生只能领到工资，保证金却不见了踪影。更有甚者，在学生交过钱后说职位暂时已满，或者说暂时没有工作可做，要学生回去等消息，接下来便再也没有消息了。

国家人事和劳动部门明文规定，用人单位不得以任何名义向应聘者收取报名费、考试费等，对于员工的培训费用，应当从企业成本中支出。很多学生求职时不了解相关规定，又求职心切，往往会落入陷阱。

（四）“黑中介”陷阱

一些“黑中介”，抓住学生缺少社会经验且找工作心切的心理，收取高额中介费后，却不履行承诺，不及时为学生找到合适的工作。

“黑中介”的套路往往是不停地拖延，让学生耐心等待，最后不了了之。更有一些中介“打一枪换一个地方”，骗取一定中介费后，就消失得无影无踪。

寄语

心中醒，口中说，纸上作，不从身上习过，皆无用也。

——颜元

自古圣贤之言学也，咸以躬行实践为先，识见言论次之。

——林希元

理论在变为实践，理论由实践赋予活力，由实践来修正，由实践来检验。

——列宁

四、兼职劳动关系

以前，对于劳动者的兼职行为，一些司法审判机关会以劳务关系对待，以至于一些劳动者在从事兼职活动时，无法享受社会保险、节假日、最低工资标准等应有的劳动保障待遇。2008 年《劳动合同法》《劳动争议调解仲裁法》施行以后，若兼职者与用人单位签订了合同，则认为该兼职属于劳动关系；若双方当事人未签订合同也未达成口头协议，那么，则认为该兼职属于劳务关系。

因此，学生在从事兼职活动时，应仔细了解自己与兼职单位之间的各项权利义务，注重保护自己的合法权益。对于双方之间的法律关系以及权利义务，最好能通过书面合同的形式予以确认。

故事欣赏

兼职陷阱

（一）

大二学生小颖曾在一个兼职网站上看到一个大量招聘冲量办卡人员的工作，4 小时就能挣 300 元。当时接待她的工作人员说，让她办理的是“白卡”，一个星期后会自动注销，不产生任何费用。高薪诱惑下，刘颖与另外两名兼职同学一起，很快就办理好了 10 张电话卡。

然而过了很长一段时间后，有两家运营商通知她，说她名下的电话卡虽然注销了，但欠费并未处理。经查询，一张卡的欠费及滞纳金高达 4000 多元，而另一张则需要还款 300 多元。尽管她一次次向兼职网站投诉，但 3 个月过去了，依旧没有得到答复。

点评：例如以上案例所举的刷单兼职，正是利用了学生想挣钱又不想外出奔波的心理，以轻松方便的幌子吸引兼职学生。骗子们会让用户用小金额刷单，通过一定甜头建立起信任。时机成熟后，骗子就会让用户进行高额刷单，并承诺返利丰厚。一旦得手，骗子就销声匿迹，让兼职学生为之埋单。

（二）

大一学生小何在网上看到一家大型的贸易公司招聘临时销售人员，待遇优厚但工作地点却在某偏远县。经过电话联系，对方确认小何符合该公司的兼职条件，并且提供了相当优越的培训条件。小何收拾行李坐上了去该县城的大巴。谁料到约定地方之后，就被关进了一间 8 人宿舍。小何这才知道自己被骗进了传销组织。对方要求小何与其他人一起去“培训”，小何拒绝，并提出要离开。这时对方的真面目终于露了出来，不但扣押了他的证件、手机等个人物品，还将他关在宿舍内，由数人轮番“教育”“劝导”。好在小何趁看守他的人午睡之机，找了一张卡片写下求救信息丢到楼下，被路过的居民捡到后并报警，小何最终被成功解救。

点评：这是典型的传销案例，传销人员会利用工作把应聘者骗去偏僻地方，然后没收应聘者的证件、手机等个人物品，然后进行一系列的“洗脑”，最后还会让你投资、拉人头。

第二节　顶岗实习

李开复在给大学生的一封信中引用了这样一句谚语："我听到的会忘掉，我看到的能记住，我做过的才真正明白。"

实习是不同于课堂教学的另一种方式的学习。实习不仅能强化专业能力，更能提高适应社会、进入社会的能力。注重安全，是专业能力的重要内容；尊重师傅，是在实习期需要特别重视的社会能力训练。毕业生在实习期间，不要怕失败，不要怕"丢面子"，只要谦虚好学，就一定能获得许多书本上学不到的知识和能力。

一、顶岗实习概述

顶岗实习是高职教育培养学生职业能力、职业素养以及巩固专业基本技能的重要环节，是指学校在实施专业人才培养方案的过程中，根据高职教育人才培养规律，有目的、有计划地组织学生，采取分段集中或分散等形式，到企业事业单位的实际工作岗位上从事生产、服务和管理一线工作的一种教学活动。

采用顶岗实习方式，是使学生完全履行其实习岗位的所有职责，独当一面，具有很大的挑战性，对学生的能力锻炼起很大的作用；是《国务院关于大力发展职业教育的决定》中的"2+1"教育模式，即在校学习2年，第三年到专业相应对口的指定企业，带薪实习3~6个月，然后由学校统一安排就业。

它不是基于人际关系的经验性、个体随机行为，不是学校和企业之间一种简单的"对口实习"任务，而是涉及政府、学校、用人单位、高职学生，乃至家庭的一种规范、系统的常规化制度行为。

二、顶岗实习的意义

近年来，顶岗实习环节在高职院校的推行和实践得到了政府部门的高度重视和关注，政府从政策规范层面进行了积极引导与支持。早在2006年教育部出台的《关于全面提高高等职业教育教学质量的若干意见》（教高〔2006〕16号）中就明确提出，"高等职业院校要保证在校生至少有半年时间到企业等用人单位顶岗实习"，而之后教育部《关于加快高等职业教育改革，促进高等职业院校毕业生就业的通知》（教高〔2007〕3号）中再次强调，"高职院校要切实落实高职学生学习期间顶岗实习半年的要求，与合作企业一起加强针对岗位任职需要的技能培训，大力提升毕业生的技能操作水平，提高就业能力"。各高职院校积极进行顶岗实习的实践与探索，其积极效果已经初步显现。

（一）顶岗实习提高了学生的综合实践能力

每个参与顶岗实习的学生身兼两种身份，即"高校学生"和"企业准员工"，而且都有明确的工作职责。为完成本职工作,学生需将在校所学的专业知识和技能应用于实际工作,提高了学生的专业技能,从“做中学、做学合一”,真正做到理论和实践的有机结合,同时在工作实践中不断地发现书本中没有的新问题,并积极思考解决问题的方法,从而锻炼其解决问题的能力,促进了工作与学习的有机结合,提高了学生的岗位适应能力,使学生在会实践需求中找到了职业定位。

(二)顶岗实习提升了学生的职业素养

顶岗实习为学生提供了一个实实在在的工作背景,学生在进行顶岗工作时掌握了真实工作场景中的基本知识和技能,同时岗位责任感也逐步增强。学生必须严格按照企业规范和要求进行实习,爱岗敬业、脚踏实地地工作,以公司利益为重,学会控制自己的情绪,积极建立和谐友好的人际关系。学生们在顶岗实习的新环境中,提升了职业素养,增强了就业适应性,毕业生的社会认可度不断提高,促进了高职教育与毕业生就业岗位的“无缝对接”。

寄语

人类用认识的活动去了解事物,用实践的活动去改变事物;用前者去掌握宇宙,用后者去制造宇宙。

——克罗齐

有知识的人不实践,等于一只蜜蜂不酿蜜。

——萨迪

一个人怎样才能认识自己呢?绝不是通过思考,而是通过实践。

——歌德

三、顶岗实习的分类

根据目前用人单位的招聘情况,可将顶岗实习分为就业型和实习型两种。

(一)就业型顶岗实习

目前大部分用人单位均招收就业型顶岗实习学生,这类学生在校学习两年或两年半后,由企业直接招聘上班。对于企业来讲,虽然学生还要经过试用期或培训期,但学生已经在为企业劳动,事实上学生已经成为企业的职工,顶岗实习等同于就业。对于学校来讲,学生虽然已到企业进行顶岗实习,但由于学生并未真正毕业,也未颁发毕业证,因此仍是学校的学生。所以,学生在顶岗实习期间既是企业职工,又是学校学生,具有双重身份。因为企业在实习前已经办理招工手续,学生已成为企业的一名职工,学生也按照企业的分工和要求顶岗劳动,所以,在对学生管理上,企业负有直接责任,学校负有间接责任。这是因为,在这个时期,学生虽然还具有在校生的身份,但学生的全日生活全在企业,已完全融入企业的工作、生活环境中去,在对学生的日常管理中企业理所应当负有主要责任,而学校只是负次要责任,积极协助和配合企业的管理,另外,学校也负有跟踪调查学生的表现情况、对学生进行综合评价责任,负有对于有问题的学生进行疏导教育和配合企业进行严格管理的责任。

（二）实习型顶岗实习

这个类型的实习生具备以下特点：实习生具备职工和学生双重身份，企业和学校都具备对实习生管理的主体地位，实习环节主要作为教学环节进行管理，顶岗实习期满后将视具体情况留用毕业生，一般留用数量很少。

目前有少数用人单位招收实习型顶岗实习学生，这类学生到企业实习前，企业并没有确定安排就业，只是考虑安排顶岗实习，至于说学生顶岗实习期满后是否留用，将视具体的情况，一般情况是企业只留用极少部分优秀的学生。学生在这个时期只具有在校生一种身份。虽然学生的日常生活都在企业，也必须要遵守企业的有关规章制度和规定，但由于学生毕竟还不是真正意义上的企业职工，企业对学生的约束是有限的。所以，企业只在实习生产过程中及在安全生产方面对学生负有管理责任，而对学生的其他一切管理均由校方负责。

知识链接

职业学校毕业生顶岗实习管理规定

一、总则

（一）关于制定目的和依据的规定

第一条　为规范和加强职业学校学生实习工作，维护学生、学校和实习单位的合法权益，提高技术、技能人才培养质量，增强学生社会责任感、创新精神和实践能力，更好服务产业转型升级需要，依据《中华人民共和国教育法》《中华人民共和国职业教育法》《中华人民共和国劳动法》《中华人民共和国安全生产法》《中华人民共和国未成年人保护法》《中华人民共和国职业病防治法》及相关法律法规、规章，制定本规定。

（二）关于对职业学校学生实习概念的界定

第二条　本规定所指职业学校学生实习，是指实施全日制学历教育的中等职业学校和高等职业学校学生（以下简称职业学校）按照专业培养目标要求和人才培养方案安排，由职业学校安排或者经职业学校批准自行到企（事）业等单位（以下简称实习单位）进行专业技能培养的实践性教育教学活动，包括认识实习、跟岗实习和顶岗实习等形式。

认识实习是指学生由职业学校组织到实习单位参观、观摩和体验，形成对实习单位和相关岗位的初步认识的活动。

跟岗实习是指不具有独立操作能力、不能完全适应实习岗位要求的学生，由职业学校组织到实习单位的相应岗位，在专业人员指导下部分参与实际辅助工作的活动。

顶岗实习是指初步具备实践岗位独立工作能力的学生，到相应实习岗位，相对独立参与实际工作的活动。

（三）关于职业学校学生实习的功能定位和实施原则的规定

第三条　职业学校学生实习是实现职业教育培养目标，增强学生综合能力的基本环节，是教育教学的核心部分，应当科学组织、依法实施，遵循学生成长规律和职业能力形成规律，保护学生合法权益；应当坚持理论与实践相结合，强化校企协同育人，将职业精神养成教育贯穿学生实习全过程，促进职业技能与职业精神高度融合，服务学生全面发展，提高技术技能人才培养质量和就业创业能力。

（四）关于地方政府职能部门在学生实习方面应履行职责的规定

第四条 地方各级人民政府相关部门应高度重视职业学校学生实习工作，切实承担责任，结合本地实际制定具体措施鼓励企（事）业等单位接收职业学校学生实习。

《职业教育法》第十一条规定："县级以上各级人民政府应当加强对本行政区域内职业教育的领导、统筹协调和督导评估。"地方各级人民政府应切实履行职责，根据本地区实际，制定相应的制度和政策措施，鼓励企（事）业单位接收职业学校学生实习。

二、实习考核

（一）关于建立实习考核评价制度的规定

第二十八条 职业学校要建立以育人为目标的实习考核评价制度，学生跟岗实习和顶岗实习，职业学校要会同实习单位根据学生实习岗位职责要求制订具体考核方式和标准，实施考核工作。

职业学校应建立学生实习考核评价制度，突出育人目标。对跟岗实习和顶岗实习，职业学校应会同实习单位明确考核标准，细化考核方案，确定考核方式，实施考核工作。

（二）关于实习考核办法的规定

第二十九条 跟岗实习和顶岗实习的考核结果应当计入实习学生学业成绩，考核结果分优秀、良好、合格和不合格四个等次，考核合格以上等次的学生获得学分，并纳入学籍档案。实习考核不合格者，不予毕业。

跟岗实习和顶岗实习的考核结果应计入学生学业成绩。实习考核包括过程考核和结果考核，根据考核综合成绩，按照优秀、良好、合格和不合格四级评定实习等次。达到合格以上等次者，方可毕业；不合格者，不予毕业。

（三）关于实习学生违规处理的规定

第三十条 职业学校应当会同实习单位对违反规章制度、实习纪律以及实习协议的学生，进行批评教育。学生违规情节严重的，经双方研究后，由职业学校给予纪律处分；给实习单位造成财产损失的，应当依法予以赔偿。

（四）关于实习材料归档管理的规定

第三十一条 职业学校应组织做好学生实习情况的立卷归档工作。实习材料包括：(1)实习协议；(2)实习计划；(3)学生实习报告；(4)学生实习考核结果；(5)实习日志；(6)实习检查记录等；(7)实习总结。

职业学校应对实习协议等7个方面实习材料立卷归档，做到材料齐全、准确、规范，手续完备，归档及时。

四、顶岗实习期间的主要任务

职校生到企业的顶岗实习，是与岗位零距离接触，了解岗位对从业者素质的要求，找准自己努力方向标杆的难得机会，因此实习期间的主要任务有以下几点：

（一）了解并遵守安全要求和企业纪律

"安全重于泰山。"安全生产既是企业和社会的要求，也是对自己和家人的负责。实习是在企业真刀真枪地实干，因此要尽快熟悉相关岗位的安全生产要求，要把安全细则牢记于心，严格按章办事、规范操作，时刻都注意安全，绝不能掉以轻心。

(二)了解行业职业道德要求，养成相应行为习惯

每个行业都有自己特有的道德要求。但不论哪行哪业，爱岗敬业和诚实守信都是最基本的道德要求。行业道德要求，不是空泛的话，而是具体要求，必须落实在行动上。在实习过程中，要有意识、自我强制性地养成符合行业职业道德要求的行为习惯。

(三)了解岗位技术要求，强化技能训练

了解自己实习岗位对从业者的技术要求，是实习的重要任务。根据这些要求，把自己在课堂上学的知识综合运用于岗位劳动之中。实习既是边做边学的学习过程，更是把以往学到的东西综合运用并加以强化的过程，也是今后独立工作、胜任岗位的重要保证。

所谓强化技能训练，就是多做、多受点累、多长点本领。实习要做到吃苦耐劳，在实习时“做中学”，尽快使自己掌握过硬的专业技术。

(四)了解企业文化，注重人际关系

企业文化是企业成员共同的价值观念和行为规范。每个企业特别是成熟的企业，都有自己独特的企业文化，有些企业还用简洁的文字表述企业精神，作为凝聚全体员工的灵魂，成为企业文化的核心。高职生如果到企业实习，要尽快了解这个企业的企业精神，了解它特有的企业文化。

每个企业也都有自己特定的人际关系，而特定的人际关系其实是企业文化的一部分。到企业实习的高职生，在实习过程中要注意了解这个企业的人际关系特点，注重调整自己的人际关系，尽快融入企业团队之中。

此外，要养成及时总结的习惯，在反思与总结中不断提高自己。例如，坚持撰写实习日志，除了具体实习内容的“流水账”，还要注重写自己是如何完成任务的，获得了什么经验，有什么体会，存在什么问题，如何解决等。

探讨与研究

你知道企业喜欢什么样的员工吗？你身上具备几点这种特质？你知道该怎样对待顶岗实习中出现的问题吗？

五、顶岗实习中要注意的问题

实习就是我们进入职场的开始，是一个很重要的人生经历的开端，我们应该重视。在实习的过程中一般要注意以下几个方面：

(一)要有强烈的责任感

实习生既然在企业担任一个岗位，就要求担起这个岗位应有的责任。实习生要有责任感，对分配的任务要负责到底，对确实有困难的工作要直接向主管说明，绝不能含糊应承却不按时完工。只有脚踏实地、富有责任感的实习生才会引起公司、部门的注意，从而得到重用。

（二）有一个良好的态度

态度在工作中也起着至关重要的作用，没有一个好的态度，就很难有一个好的结果。一个好的态度自然会有好的表现，同时也能学到更多的知识。另外，还要严格遵守实习企业的各项规章制度，服从实习企业的管理。

（三）树立乐观积极的心态

顶岗实习时，有时候只看到企业光鲜亮丽的一面，往往对自己和实习企业期望过高，对基层工作的艰苦以及严格的企业规章制度缺乏充足的心理准备，在企业从事具体的一项工作，与心中所想的理想状态可能存在差距，所以这时候就更应该树立乐观积极的心态，从心理上适应顶岗实习才能更好地从行动上去适应实习的环境。

（四）树立充足的信心

很多人在实习时都会感到“书到用时方恨少”，认为自己平时学得不扎实，害怕在实践中难以胜任工作，以致忧心忡忡。其实，拥有充分的自信是实习生应该具备的精神状态，没有哪位领导会放心让一个不自信的人去办事，因此畏首畏尾会使你失去很多机会。

（五）着装举止要得体

其实在一个实习单位能和自己接触的人是很有限的，对于大多数的人只是见面打个招呼而已，因此要想给大家留一个好印象，着装举止便很重要。对于着装，男生穿衬衫即可，不要穿休闲装或者T恤衫，女生尽量穿着大方、简洁，不可穿吊带或奇装异服。

（六）调整好社会角色，处理好与实习单位的关系

在实习期间不少学生容易混淆自己所扮演的社会角色。作为一名学生，应该认真接受指导，虚心向指导教师学习请教，另外，实习生不是这个单位的正式职员，因此不要去做与自己身份不相符的事，如不涉及单位内部的纠纷，不参与一些当事人的请客吃饭，不涉及不该参加的讨论。在实习单位，一定要根据实习单位的工作要求、工作职责、工作内容，认真踏实地做好本职工作，多向周围的人学习，多向领导请教。要认真踏实地做好分内的工作，争取给实习单位留下良好的印象。和实习单位的教师保持较好的联系是很重要的，他们会把一些宝贵的经验传授给你，对于你是一个间接学习经验的机会。

（七）勤于思考，实践联系理论

在实习过程中，会遇到很多难题，而解决这些难题需要深入地思考，这就需要大家多动脑，把实践和理论结合起来，发现问题、研究问题、解决问题。这一点对于实习生来说十分重要，因为实习的目的不仅是完成学校的作业，更关键的是把在实习过程中的一些思路和进步，乃至不足都记录下来，以便日后改进提高。

（八）加强协作与沟通

在实习单位内部，一个项目的完成，以及平常的业务，都需要和其他同事或者部门进行合作，因此具有良好的沟通意识和沟通能力至关重要。良好的沟通意识和沟通能力会使实习生更快地适应工作环境，从前辈那里学习到成功的经验。

沟通是多方面的，既要和同事沟通也要和主管沟通，以便可以更好地了解自己在工作上

的表现，认识自己的不足和缺点，并及时改正。与主管交流也可以加深主管对你的印象，更容易得到主管的青睐。

（九）注意顶岗实习与就业求职的衔接

实习的过程不仅是接受企业考查的过程，还是学生和企业相互了解和考查的过程。在实习过程中，学生能够比较深入地融入企业，接触其他同事，感受企业文化，这时，要问自己，是不是适应这里的工作环境？是不是喜欢这份工作？是不是可以和其他人很好地沟通合作？如果答案全是否定的，那么你就要考虑自己下一步如何选择就业。从企业的角度来看，也不希望学生在正式签约之后因为这些原因而离职，给企业带来损失。

尽管是实习岗位，应聘者也不要有丝毫懈怠的想法，因为企业对于实习生的录用与正式员工几乎没有区别。虽然是短短的几个月时间，却可以决定一个人未来的就业“命运”，毕竟这是一条与未来就业相连的“绿色通道”。在一些参加 IBM 暑期实习项目的学生中，有 40% 最终留在了 IBM。如惠普每年会招募 200 名左右的实习生，其中大部分人能够获得任职机会。因此，实习生在工作中的表现将成为未来 offer 能否顺利到手的一个决定性因素。

（十）就业实习手续要规范

在实习结束时要写一份正式的《实习鉴定》。很多学生在简历上只是很简单地描述了某年某月在某单位实习过，这在求职过程中是没有说服力的。假如你可以出示一份正式的《实习鉴定》，那就不一样了。《实习鉴定》上可以写明实习的岗位、岗位描述、实习过程中完成的工作或项目、工作评价或项目评估等，最后让指导教师或企业负责人签字盖章。

探讨与研究

假设你顶岗实习与就业去的是一家和你专业一致的工厂，根据你的了解，学校和工厂有什么不同？请举出几个具体的例子。

六、顶岗实习安全

（一）常见的岗位操作安全事故

岗位操作安全主要是指学生在顶岗实习中所从事的工作面临的安全问题，基本方针是安全第一、预防为主。岗位操作安全关系着顶岗实习学生的实践操作能否在符合安全要求的物质条件和工作秩序下进行，关系着顶岗实习学生能否有效避免伤亡事故、设备事故及各种灾害，关系着顶岗实习学生的安全健康和岗位操作过程能否正常进行。

因缺乏工作经验和实践经验，顶岗实习的学生在工作时间可能会出现岗位操作的安全问题，如实习单位本身的设备问题引发的事故，生产过程中实习学生的违规操作造成的人身伤害事故，学生自身的过激行为引发的安全问题，等等。因此，造成事故的最直接原因主要是顶岗实习学生的不安全行为和设备的不安全状态。

1. 不安全行为

顶岗实习中的不安全行为是指实习人员违反安全生产制度和安全操作规程的行为，主要表现为在正常或非正常精神状态下判断错误而进行的错误操作，因知识和经验缺乏而进行的不安全作业,不使用或不按规定正确使用劳动保护用品,忽视确保安全的操作与警告,岗位操作中使用不安全的工具,岗位操作中在不安全的位置进行作业,等等。

2. 不安全状态

顶岗实习中的不安全状态是指导致事故发生的物质条件,主要包括物体、作业环境等潜在的危险。不安全状态具体表现为防护、保险、信号灯装置缺乏或有缺陷,岗位设备设施、工具等有缺陷,实习学生个人防护用品或用具有缺陷,岗位或生产环境差等。

(二)岗位操作安全事故的预防与处理

数据统计显示,顶岗实习过程中发生的安全事故,大多源自违章操作及主观上的疏忽大意和抱有侥幸心理。预防发生安全事故的发生,就要从思想上、技能上、操作规范上下功夫,稳扎稳打。

1. 岗位操作安全教育

安全重于泰山,安全是一切工作的第一前提。在顶岗实习中,无论学生从事的是什么工作,都会面临一定的安全问题,只是不同的岗位和工作性质面临的安全环境有所区别罢了。学生对企业的生产经营活动不是非常了解,没有从事相关工作的经验,比企业正式员工更容易出现安全问题。因此,学校和企业都应该重视学生的安全问题。

在顶岗实习前,学校要根据学生将要参与的顶岗实习企业及岗位做好安全教育工作安排专题安全教育。学校应积极创新安全教育学习方式,在集中培训、专题讲座等常规模式的基础上,充分利用新媒体,如微博、微信、QQ、手机新闻报、电子杂志等形式,或者组织一些安全法治宣传晚会等文娱活动,通过一些大家喜闻乐见且教育意义深刻的形式等进行安全法治宣传,组织一些正、反面典型的宣讲活动进行示范、警示教育。

学校应建立安全教育考核制度,对参加顶岗实习的学生进行培训考核,参加安全教育考核不及格的实习学生不得参加顶岗实习,直至安全教育考核成绩达标。安全教育考核制度是对学生、学校、企业三方负责,强化学生的安全意识,提高学生的劳动纪律观念,能够降低安全隐患。

在顶岗实习前,实习单位要对实习学生进行安全生产培训。针对学生的顶岗实习实际情况,重点培训安全实习的相关制度,如安全用电制度、安全生产制度、产品的安全包装制度等,要求学生提高纪律观念,在操作过程中要步调一致,不得随便拆卸机械零件或点击不熟悉的按键;遵守安全操作规程,防止刀伤、碰伤、撞伤、砸伤、烫伤、踩空跌倒及身体被卷入转动设备等人身事故和设备事故的发生;要服从实习指导教师的工作安排,对重大问题应事先向实习指导教师反映,共同协商解决,学生不得擅自处理。学校和实习单位要保证顶岗实习学生具备必要的安全生产知识,掌握本岗位的安全操作技能。未经安全生产教育和培训的实习学生不得上岗作业。

在顶岗实习中不可避免地会发生安全事故,但只要采取有效的预防措施,就能够做到将事故发生率控制到最低,将各方的损失降到最低,保证顶岗实习顺利进行。在顶岗实习中,工作环节是最容易发生安全问题的。因此,安全教育不仅是实习前的动员教育,而且应该贯穿整个顶岗实习期,在任何时候都不能松懈。在顶岗实习进行阶段,指导教师要引导学生学会作安全分析,发现问题及时纠正,帮助学生养成每天进行安全小结、定期向指导教师汇报的习惯。指导教师要将安全教育贯穿于顶岗实习的整个过程中,促进学生形成良好的职业习惯,培养学生良好的职业道德。

安全事故具有突发性和偶然性。学校必须与实习单位、保险公司建立应急预案,设定专门的应急负责人,保持相互间的密切联系,保证信息沟通的顺畅。在遇到突发状况的时候,应急负责人应能够在第一时间获取信息,赶赴现场进行处理。学校通过上述方式对学生进行生产安全、厂规厂纪教育,可以强化顶岗实习学生的安全意识,提高学生的自我保护意识和自我保护能力。此外,学校还应安排学生学习生产安全方面的法律法规,强化学生的法律意识。通过岗位操作安全教育,让学生学会应对简单的安全问题。同时,针对顶岗实习岗位,让学生了解相应岗位可能存在的安全问题,以及如何规避风险,保障安全。

2. 生产岗位安全操作规程

在顶岗实习工作岗位上,实习学生应严格遵守以下生产岗位安全操作规程:

(1)明确生产实习任务,遵守安全操作规程,严格遵守劳动纪律。严格执行交接班制度、巡回检查制度,禁止脱岗,禁止做与生产无关的一切活动。

(2)实习学生应在短时间内与自己的实习指导教师建立起较好的师生关系,在工作中要积极主动,遵守纪律,要认真执行岗位安全操作规程,防止发生人身伤害事故和设备事故。

(3)开机前,必须全面检查设备有无异常情况,对转动设备应确认无卡死现象、安全保护设施完好、无缺相漏电等,并确认无人在设备内作业,方能启动运转。启动后若发现异常情况,应立即停机检查原因并及时反映。

(4)严格遵守特种设备管理制度,禁止无证操作。正确使用特种设备,开机时必须注意检查,发现不安全因素应立即停止使用并挂上故障牌。

(5)按章作业,搞好岗位安全文明生产,发现隐患(特别是对泄漏易引起火灾的危险位)应及时处理及上报。及时清理杂物、油污及物料,切实做到安全消防通道畅通无阻。

七、顺利度过实习期间的磨合期

实习是不同于课堂教学的一种学习方式。实习不仅能强化专业能力,还能提高适应社会、进入社会的能力。注重安全,是专业能力的重要内容;尊重师傅,是在实习期需要特别重视的社会能力训练。实习期间,不要怕失败,而且学生能否顺利地度过实习期间的磨合阶段对他们能够完成实习任务,尤其是对他们未来的就业有很大的影响。

上岗前都要经过培训。岗前培训,主要包括单位和岗位了解与认知培训、岗位理论与技能培训、安全管理制度培训、劳动纪律等规章制度培训,这些培训对于新入职人员进一步认识和了解单位与岗位,掌握完成本职工作所需要的知识和技能,做到守规矩、讲纪律、安全生产,都具有非常重要的作用。学生只有认真学习,考核达标,才有资格上岗,才能尽快适应自己的工作。许多事实证明,新入职的学生只有放下架子,甘当“小学生”,从头学起,才能为自己顺利上岗工作、完成角色转换打下坚实的基础。

试用期为企业和个人提供一个了解与磨合的机会。要在新的工作岗位上站稳脚跟就必须在这段时间里给上司和同事留下一个良好的印象。

(一)嘴勤

评价一名员工是否合格,仅有专业知识或技能还不行,人际关系也是需要了解的重要方面。特别是一名新员工,处理好人际关系,对将来工作的开展必然起到良好的促进作用。值得一提的是,良好的人际关系应该建立在互相尊重的基础上。见到同事要面带微笑,主动与别人打招呼,学会尊重别人。做好这一点,对于良好人际关系的建立,就等于成功了一半。

(二)眼勤

有些新人到用人单位后,对于看似与自己关联不大的事,往往采取“视而不见”的态度。比如,邻桌的电话响了,他理都不理。某外资企业的人力资源部经理说:“这样的人,缺乏现代企业所必须具备的团队合作意识,即使再优秀,我们都不会留用。而有些新进的毕业生就很好,他们会主动地接听电话,询问对方有什么事,要不要转告或回电话等。其实,这也是一个新员工进入公司后与老同事沟通的一条很好的途径。”

(三)手勤

不少刚毕业的学生容易眼高手低,大事做不来,小事又不做。

有关人士建议,新参加工作的学生,不妨从身边的点滴小事做起。

(四)腿勤

面对领导吩咐的事,有的人立即就执行,不管结果如何,他都会全力以赴。相反,有的人却迟迟不动,非得领导一而再,再而三地催促才能完成。

两相比较,领导当然喜欢前者。这就需要毕业生们在实习期,必须能吃苦耐劳,主动发挥自己的能动性。

故事欣赏

在坚持中进步

小罗和小李是好朋友,而且学习成绩都很优秀。因为是同班同学又住在同一个宿舍,所以总是形影不离,被称为连体姐妹花。顶岗实习的时候,她们被分配到了同一家当地知名度很高的科技设备公司。但是实习结束之后,这对姐妹花没有如愿地都留在这家公司,小罗落选了。

当知道结果的时候小罗很失落,而且很不甘心,她不明白,为什么实习的人那么多,偏偏就自己落选了呢?于是她鼓起勇气找到了人事部的何主任。何主任请她坐下并语重心长地说:“因为你的实习表现并不能让我们满意,首先你没有集体观念,班组是企业的基本生产组织,班组要完成企业下达的任务,必须要依靠全组同志的共同努力,大家要拧成一股绳,可是你和班组的成员相处得并不融洽。据同事反映,你经常在背后议论其他人,而且有一次交接班时,你因为对接班的组员不满,在交班记录上没有写明注意事项,走的时候也没有交代其他人,所以导致接班的同事弄不清情况而处置不当,影响了生产。要不是当时工程师正好在场,并发现了问题,很可能会影响到产品的质量问题,从而造成事故。此外,在你实习期间,竟然有两次迟到。我不能否认,你的专业技能很不错,甚至比其他实习生还要优秀,但是一个好的员工并非具备了专业的技术就可以了。你没有发现吗？跟你同组的其他实习生几乎个个每天早来晚走，从不迟到，虚心好学，重视质量，注意班内的团结。”

顶岗实习的失败，给了小罗当头一棒。学生时代的任性，让她在实习时就饮下了失败的苦酒，她反复回味何主任的话，痛定思痛，下决心改正缺点、学会做人，去迎接另一个新的挑战。

实践活动

“高职生兼职，体验还是浪费？”主题写作

有人认为，做兼职可以锻炼自己的能力，增加人生阅历，也可以解决一部分生活费，何乐而不为。也有人认为，学生的主要任务是学习，不能本末倒置，学生还是要以学业为主。如果单纯只是为了赚钱而去兼职，则是一种时间上的浪费。有这个时间，多看点书，拿到的奖学金以及其他资源的回报远是兼职所不能比拟的。你是如何看待兼职的？请以“高职生兼职，体验还是浪费？”为主题，写一篇 800～1000 字的作文。

【过程记录】

写作题目：

写作思路：

写作框架：

【结果评价】

组长可参考表9－1对小组成员参与“高职生兼职，体验还是浪费？”活动的情况进行评价。

表9－1 “高职生兼职，体验还是浪费？”评价表

评价标准	分值	分数小计	教师评价
完成作文，字数符合要求	30		
逻辑清晰，层次分明	20		
重点突出，详略得当	20		
语言流畅，不拖泥带水	10		
过渡自然，文字有吸引力	10		
体现自己的见识和理解	10		

第十章　感恩参与勤工助学

随着我国经济发展和教育改革，勤工助学不再局限为一种经济资助的手段，更成为学生实践的重要组成部分。近年来，除了贫困生，许多家境较为富裕甚至是优越的学生竞相加入校勤工助学的行列。他们看中的不是勤工助学所带来的收入，而是勤工助学对自身成长的重要意义。

学习目标

1. 熟悉国家关于勤工助学的管理办法。
2. 明确勤工助学作为一种实践活动对于自身的意义。
3. 能够根据自身情况在学校生活中感恩参与勤工助学。
4. 在勤工助学过程中不断磨炼，体悟劳动成果来之不易，尊重劳动，并尝试创造性劳动。

第一节　勤工助学概述

勤工助学活动是指学生在学校的组织下利用课余时间，通过劳动取得合法报酬，用于改善学习和生活条件的实践活动。勤工助学（或勤工俭学）是用于改善学习和生活条件的实践活动，是学校学生资助工作的重要组成部分，也是提高学生综合素质和资助家庭经济困难学生的有效途径。

倡导和组织学生在课余时间通过参加勤工助学活动获取合法报酬，是贯彻教育与生产劳动相结合、推进素质教育全面实施、加强和改进学生思想政治教育的重要举措。作为社会实践活动的重要内容之一，勤工助学能帮助学生进一步了解国情、了解改革开放取得的伟大成就，增强学生社会责任感和对党的大政方针的理解，更加自觉地跟党走中国特色社会主义道路。同时，通过参与勤工助学，能够有效地帮助学生培养劳动观念和职业道德，锻炼品格毅力，提高综合素质，实现德、智、体、美、劳全面发展。

一、学校勤工助学的发展历程

从历史发展看，勤工助学的发展可分为两大阶段。一是勤工俭学发展阶段：留洋勤工俭学运动的发展和国内半工半读的探索；二是勤工助学发展阶段：包括恢复和起步阶段(1980—1991 年)、过渡和规范阶段(1992—1998 年)、持续和发展阶段(1999 年至今)。

(一)勤工俭学发展阶段

我国勤工俭学的历史可追溯到 20 世纪初期的留洋勤工俭学运动。19 世纪末，清朝政府的洋务派出于“洋为中用”的考虑，向国外派遣留学生。当时留学生的学费是一般家庭难以承受的。在这样的背景下，在当时自费留学生中兴起了“俭学”之风。

1914 年，在留美学生中首先出现工读会性质的组织；1915 年，巴黎成立“留法学生俭学会”，掀起一股勤工俭学的风潮。同年，蔡元培从“教育救国论”出发，将工学运动和平民教育作为社会改革的重要手段。他倡导“工学互助”，认为这样可以使人的个性得到全面和谐发展。1919—1920 年，勤工俭学运动处于最高潮。

随着勤工俭学活动对象逐渐从留学学生回归到大多数的国内学生中去，勤工俭学日渐成熟。社会、学校倡导“生活节俭，课余勤工”的勤工俭学思想，并通过国家助学金帮助学生安心学习，其针对的是那些经济困难但想通过勤工来继续求学的贫困学生。勤工活动使众多学校成立了勤工组织，从而对大量学生继续求学有着巨大作用。

1958 年，共青团中央发布《关于在中学生中提倡勤工俭学的决定》，第一次明确提出：“勤工俭学是具体实现知识分子和工农相结合、脑力劳动和体力劳动相结合的一个重要途径。”同时，教育部发出通知，大力支持共青团的决定，肯定了勤工俭学的意义和作用。

1958 年 9 月，毛泽东同志在视察武汉大学时，鼓励学校实行半工半读。此后，勤工俭学的教育改革尝试在全国范围内兴起，出现过“半工半读”“两条腿走路”的办学模式，推广过“燎原计划”“农科教结合”等改革经验，在当时的学校人才培养中起到了积极作用。

(二)勤工助学发展阶段

“文化大革命”结束后，整个社会对教育、知识的渴求日益升温，尤其是改革开放后，邓小平强调：“教育必须与生产劳动相结合。”“最重要的是整个教育事业必须同国民经济发展要求相适应。不然学生学的和将来要从事的职业不符，岂不是从根本上破坏了教育与生产劳动相结合的方针？那又怎么可能调动学生学习和劳动的积极性，怎么可以满足新的历史时期向教育工作提出的巨大要求？”因此，从 20 世纪 80 年代开始，大学生响应国家号召，参与社会变革，继承、发展了勤工俭学，掀起了一股新的勤工助学热潮。勤工俭学活动呈现新局面是在 20 世纪 80 年代以后，1982 年 8 月 1 日至 10 日，全国中小学勤工俭学工作会议召开，这次会议讨论制定了《中小学勤工俭学暂行工作条例》，于 1983 年 2 月以文件形式发布。1987 年，《国务院转教育部门关于进一步开展勤工俭学活动的请示的通知》下发，这些文件的发布使勤工俭学有了法规依据，学校勤工俭学活动得到了发展，此后至 1989 年，出现了以集中在北京、上海、天津等地高校，内容是家教和有偿服务为主的勤工俭学热潮。首次提出勤工助学这一名词的是复旦大学生科技咨询开发公司在深圳召开的全国勤工俭学交流大会上：“勤工助学，致力于自立成才，将所从事的活动与专业知识、学习、能力培养、自立素质提高及个人的全面发展紧密结合起来。”从“勤工俭学”到“勤工助学”，名称的变化体现了行为主体发生了变化。勤工助学的主体可以是学校或企业，也可以是学生个体，而勤工俭学仅是学生个体的行为。勤工俭学重在“济困”，而“勤工助学”概念的提出，使勤工助学进入了“济困与成才相结合”的社会实践阶段。

1993 年 9 月，国家教育委员会和财政部联合发文，要求高校把勤工助学作为“改革的配套措施”和“学校重要的常规工作”认真对待。1994 年，国家教委发布了《关于进一步做好高等学校勤工助学工作的通知》，提出勤工助学是学生社会实践的重要方式，作为中国高校学生工作的一项重要内容，有组织地实施，逐步实现规范化、制度化。2004 年，中共中央、国务院发布了《关于进一步加强和改进大学生思想政治教育的意见》，提出高校要“积极组织学生参加社会调查、生产劳动、志愿服务、公益活动和勤工助学等社会实践活动。引导学生深入社会、了解社会、服务社会，在社会实践中成长成才并实现社会化”。

2005 年，共青团中央、教育部联合下发了《关于进一步做好大学生勤工助学的意见》，明确指出：“要挖掘校内勤工助学岗位，拓展校外勤工助学资源，强化管理体制，健全管理机构，完善管理办法，加大专项投入，维护学生权益，建立长效机制。”进一步指明了高校勤工助学工作的基本方向。2007 年，教育部、财政部联合下发了《高等学校勤工助学管理办法》，对学校职责、勤工助学管理服务组织职责、校内外岗位设置、勤工助学酬金标准及支付以及学生安全等问题作了明确规定，要求学校设置的岗位数量既要满足学生的工时需求，又要保证学生不因为参加勤工助学而影响学习，原则上每周不超过 8 小时，每月不超过 40 小时，校外勤工助学活动必须由学校学生勤工助学管理服务组织统一管理，并注重与学生学业的有机结合。2018 年，根据当前学生勤工助学工作的新特点和新需要，教育部、财政部又对 2007 年下发的《高等学校学生勤工助学管理办法》进行了修订，新修订的《高等学校学生勤工助学管理办法》对规范管理高等学校学生勤工助学工作，促进勤工助学活动健康、有序开展，保障学生合法权益，发挥勤工助学育人功能，培养学生自立自强、创新创业精神，增强学生社会实践能力发挥了重要作用。

纵观我国勤工助学发展的过程，是一个不断体制化、规范化、育人化的过程，勤工助学已成为适应我国发展、适应各类学校特点、发挥“济困”与“育人”功能的具有强大生命力的社会实践活动。

寄语

只有让学生不把全部时间都用在学习上，而留下许多自由支配的时间，他才能顺利地学习——(这)是教育过程的逻辑。

——苏霍姆林斯基

人生的最大快乐，是自己的劳动得到了成果。

——谢觉哉

体力劳动是防止一切社会病毒的伟大的消毒剂。

——马克思

二、勤工助学的内涵

勤工助学源于“济困”，通过俭学来达到完成学业的目的，随着社会的进步和对人才需求标准的提升，我国勤工助学工作已由“济困”阶段过渡到“济困与成才相结合的”社会实践阶段，越来越多的学生把勤工助学作为主动适应社会、参与社会实践、提升自身综合素质和能力的有效手段。如今勤工助学不仅发挥育人功能，还是培养学生创新创业精神、创新人才培养模式的重要方式。可见，勤工助学的内涵越来越丰富、充实，完成了从纯粹“经济功能”到“人的全面发展教育功能”的转化。

（一）功能上由单纯解困向助困育人发展

勤工助学的最初目的是以“工”助“学”，主要是为家庭经济困难学生缓解经济压力而进行的有偿劳动。如今，随着市场经济的发展和教育体制的改革，社会对复合型人才的需求不断扩大，学生价值观念和社会取向也在发生变化，成才意识日渐增强，勤工助学活动作为一项特殊的社会实践活动，其功能、内涵和作用不断得以拓展和延伸，育人功能更加突出，逐渐成为高校思想政治教育的重要载体和学生全面发展的有效途径。

（二）对象上由家庭贫困学生向全体学生发展

过去，勤工助学的参加对象主要局限于家庭经济困难学生。随着勤工助学活动的深入发展，师生对勤工助学活动的多重功能有了更深入的理解，逐渐被思想政治教育工作者普遍接受和重视，被学生群体广泛认同，一些非贫困学生从实践锻炼的角度出发，主动加入勤工助学活动。因此，参加勤工助学的学生群体也逐渐变成由贫困学生和非贫困学生共同组成。

（三）类型上由普通型向专业型发展

如今学校在开展勤工助学活动的过程中，更加注重开发学生智力，发挥专业特色和优势，提高人才培养质量，学生参加勤工助学活动由主要从事劳务型、服务型、事务型工作岗位逐渐向从事专业型、技术型、管理型工作岗位转变，实现了专业学习、能力培养和经济资助三者的有机统一。

（四）形式上由个体自发向集体组织发展

学生以往参加勤工助学往往呈现自发性、分散性特点，存在一定的安全隐患，合法权益容易受到侵害。勤工助学管理相对规范后，很多学校普遍建立了统一的管理和服务机构，制定了详细的管理规定和运行机制，同时注重勤工助学基地建设，积极拓展勤工助学市场，使勤工助学有了更加广阔的发展空间，为学生创造了良好的勤工助学环境。

知识链接

申请勤工助学的学生须具备以下条件：

（1）拥护中国共产党的领导，热爱社会主义祖国，积极践行社会主义核心价值观。

（2）遵守学校各类规章制度，日常行为考核成绩在良以上（含良）。

（3）学习态度端正，成绩合格。

（4）身体健康，生活俭朴，无抽烟、酗酒等现象。

（5）家庭经济困难的学生优先。

三、大学生勤工俭学的途径

(1)经过学校社团组织与商家洽谈参加勤工俭学。这种情况大约占勤工俭学总人数的26%。在学生宿舍以及学校教学楼等公众场所,时常张贴着学生社团组织介绍聘人参加勤工俭学的海报。

(2)通过家教中心的帮助,获得“家教”资格,这种情况约占勤工俭学人数的21%。

(3)通过学校勤工助学中心的安排而获得工作。大学勤工助学中心是统一组织、管理、协调全校大学生勤工俭学的组织机构,每年安排一定数量的贫困大学生参加勤工俭学,使他们能够完成学业。但限于条件,一般其安排的额度有限,不少大学提供的勤工俭学服务还处在初级阶段。

(4)通过招聘广告或他人的介绍,直接与用人单位联系而成为“打工一族”。随着勤工俭学在大学生中的升温,也让一些人看到了商机,出现了各种各样的针对大学生的中介所,很多个体业主或小企业愿意雇佣心灵手巧的大学生,招聘广告在校园里随处可见。

四、勤工助学的意义

由于目前生活条件的迅速提高和国力的迅猛发展,逐渐形成“勤工者未必俭学者”的转变。勤工俭学的发展继承了勤工俭学的内涵,跳出了原先陈旧的体制和形式,是结合实际、实践的一种改进。随着勤工俭学需求增加,大多学校都设置了专门管理勤工助学的部门,提供勤工助学岗位补贴贫困生。学生通过助学活动不仅能改善生活,还能得到锻炼,提高实践能力,磨砺思想境界,增强对社会的认识。对于勤工助学的勤工俭学活动及报酬,财政部、教育部对之作出一些原则性规定,以求保障学生的权利和保证学生的安全。勤工助学随发展将成为社会实践形式之一,也将原有“俭学”内涵完全更新成“助学”,帮助学生在校的学习,包括知识的学习、能力的学习、实践的学习等,还增加学生的创业活动。通过勤工助学提高学生主动适应社会的能力,磨炼学生坚韧、坚强的意志力,既要学会做事,又要学会做人。因此,勤工助学不仅可以使学生通过参加劳动取得相应报酬,帮助学生顺利完成学业,而且更加有利于学生德、智、体、美、劳全面发展。

(一)勤工助学实现了“济困”的功能

勤工助学可以获得一定的报酬,这是勤工助学最直接的现实意义,也是对贫困学生最为有效的经济支持。虽然勤工助学的收入要低于校外勤工助学的工资水平,但是在校内工作一方面能够最大限度地保证自己的学业;另一方面也避免了在校外上当受骗,对学生的工作性质、安全都有一定的保障,是许多贫困学生的首选。

(二)勤工助学是锻炼当代学生思想品格的重要途径

当下“90后”“00后”学生普遍害怕吃苦,缺乏服务精神和团队意识,责任意识不强,且对父母有依赖思想。因此,参加勤工助学工作能够让学生感受到生活的艰辛,体会到自立自强的真正内涵,帮助他们树立自信心,培养服务精神和责任意识。在团队中学会面对激烈的竞争,提高他们的心理承受能力,培养危机意识。与此同时,由于勤工助学工作基本以学期为单位，因此，在长期的工作中，能够培养学生的自我约束能力、劳动意识和职业道德。

寄语

勤工俭学的意义还在于它能够培养和发挥青年的创造性和才能。如果我们给青年安排一条轻便的道路，他们只需饭来张嘴，上课就念书，什么也不管，这样我们就会害了青年，会使聪明人也变成傻瓜。

——徐特立

一分耕耘，一分收获，要收获得好，必须耕耘得好。

——徐特立

当劳动是种快乐时，生活是美的；当劳动是一种责任时，生活就是奴役。

——高尔基

（三）勤工助学提高了学生综合能力和素质

通过勤工助学实践活动，学生的学习能力、社会能力及内省能力都得到了进一步提高。从校内岗位到校外岗位，从懵懂跟从到独立选择，从忐忑上岗到独当一面，学生的实践能力、创新意识和独立分析问题、解决问题能力等明显提升，学生提前接触社会，了解社会规则，调整自己的预期，改进自身不足，契合社会需求，团队意识、自律能力、心理素质明显提升，社会适应能力显著提高。另外，通过勤工助学，学生的学习能力和专业素质也得到了增强，学生把学到的专业知识很好地运用到实践中去，边学习边实践，不仅可以让自己的专业知识更扎实与稳健，同时还可以从专业出发去扩展专业相应的特长，增强个人能力。

（四）勤工助学增强了学生创新创业能力

勤工助学引导带动学生从课堂到课外，从学校到企业，从学生到职员，从兼职到就业创业，开阔了视野。学生在自己熟悉的领域经过长期实践已趋于理性，从创新的角度重新审视身边的各种资源，寻求资源的更佳配置，谋求更大的发展。学生在勤工助学过程中容易迸发出创新想法和创业激情，结合团队管理、项目运作、人际管理、目标管理等，进入一个融会贯通、将所学所思转化为所想所为的新境界，创新创业能力大大增强。

探讨与研究

若想知道自己是否适合参与勤工助学，可以从自己的课余时间分配进行判断。

每周的空余总时间：________________________________

每周的课下学习时间：________________________________

每周的阅读时间：________________________________

其他必须安排的时间（结合自己的长期目标和短期目标计算）：

____

每周的剩余时间：

____

____

（五）勤工助学可以促进学生就业

现在多数学生缺乏动手能力，普遍认为在校期间只要把该学的功课学好就够了，至于工作实践是毕业之后的事情。但是从近几年的就业现状来看，用人单位普遍青睐有工作经验的毕业生。这不仅是因为在他们的简历中有工作经历，更重要的是他们在长期的工作中积累了丰富的经验。勤工助学的实践能够让学生锻炼自己的语言和写作能力，提高沟通水平，学会如何与人交往，使他们提前向职业化的角色转变。

故事欣赏

心中有光，共赴成长——我与勤工助学的故事

——集美大学　何晓萍

逐梦路上，风华正茂；勤工途中，与光同尘。人生道路不总是一帆风顺，逐梦脚步或许平凡，但平凡中的闪光点却难以掩藏，逐梦之旅中勤工如照明灯，光而不耀般照亮我的未来！

11 月悄然离去，12 月早已拉开帷幕。时间无声灵动中，我在档案馆已做了两月有余。怀着为家里减轻负担的初衷，偶然间与档案馆勤工邂逅，并由此开启我与勤工的故事。面试时的紧张，入选时的激动，忙碌工作时的投入……一路走来，我在默默成长中不断学习与进步，不断付出与收获。

在其位，谋其职。身为一名档案馆学生助理，我时刻谨记档案馆的规章制度，在本职岗位上兢兢业业，把工作做得尽善尽美；作为一名勤工俭学的学生，我学会合理安排学习与工作的时间。当别人还沉浸在香甜的睡梦中时，我已起床匆匆赶去档案馆。

"宁可做得慢一点，但一定要仔细。"每当我工作时总会浮现老师们的叮咛。整理归档陈旧泛黄的资料与毕业生的学位档案是本学期我在助学岗位上的工作。老师们一次次地教授技能，一遍遍地核对材料，不厌其烦地解答着我们工作中遇到的问题。

徜徉在井然有序的校园记忆"明信片"中，也让我的内心安静了下来，聒噪的世界暂时与己无关，思考问题，积极寻找解决办法，思考得更多，亦能行得更远。

"你遇见的人都是因你而来，你历经的事都是因你而生。"何其有幸，学校的勤工助学岗位为我提供了一个展示自我的舞台，收获的不仅仅是物质上的回报，还有精神上的富足。面对工作中的各项实践让我逐渐领悟到时间的宝贵与责任的守护，锻炼了我的实际动手能力与沟通能力，从刚进行档案整理时的手足无措到对现如今设备使用得得心应手，这也为以后的工作积累了经验。老师们积极的引导也让我深刻领悟到档案工作应保持仔细认真的工作态度，要有一种沉着平和的心态和刻苦学习的精神。

感激每一次遇见，也珍惜每一次相遇。与勤工共赴成长，做自己逐梦路上的光，温暖而有力量！

第二节　高校勤工助学岗位设置

一、岗位设置原则

勤工助学岗位设置以增强学生的劳动观念,提高学生自我服务、自我管理、自我教育能力,培养学生自立、自强、自律精神,帮助家庭经济困难学生以顺利完成学业为目的,以不影响学生学习为原则,鼓励学生积极参加与专业技能相关的社会实践,实现理论与实践的有机融合。

二、勤工助学岗位选择

从岗位来源来看,勤工助学的岗位分为校内岗和校外岗,但校外岗也纳入学校管理。

从勤工助学的时间来看,勤工助学的岗位分固定岗位和临时岗位。固定岗位是指持续一个学期以上的长期性岗位和寒暑假期间的连续性岗位。临时岗位是指通过一次或几次勤工助学活动即完成任务的工作岗位。

从勤工助学的岗位工作内容来看,勤工助学的岗位主要有以下方面:

(1)教学辅助工作,如校教务信息员、学院教务助理等。

(2)科研辅助工作,如兼职实验员,参与教师科研工作,承接校内外研究项目等。

(3)院内管理工作,如党总支工作助理、学生工作助理、共青团工作助理、图书馆管理员、校园治安员等。

(4)校内生活服务、环境美化和卫生保洁,如帮厨、膳食助理,各类卫生保洁工作。

(5)临时搬运和卫生、绿化工作。

(6)家庭辅导教师。

(7)校外科技实践活动。

(8)其他适宜学生从事的工作。

三、勤工助学中的安全保护

《高等学校学生勤工助学管理办法》对学生在校期间勤工助学作了相关规定。同时,各大中专院校针对自己学校的情况也分别出台了相关的管理规定。学生在校期间如果要参加勤工助学,不仅要了解国家的政策,还要了解本学校的相关政策。

(一)勤工助学中的劳动保护

学校要加强对用人单位招聘和使用学生的过程进行监督,对有损学生合法权益的行为应予以纠正,甚至取消用人单位招聘学生勤工助学的资格。要保证学生参加勤工助学时依法享受劳动保护。

（二）勤工助学中的报酬保障

2018 年 9 月，教育部印发《高等学校学生勤工助学管理办法》修订稿。新规定调整了大学生校内勤工助学临时岗位的薪酬，由原来的原则上不低于每小时 8 元调整为每小时 12 元；参加勤工助学的时间原则上每周不超过 8 小时，每月不超过 40 小时。

学生在勤工助学过程中要切实保障自己的合理报酬，防止被克扣和拖欠。

需要注意的是，学生参加校外勤工助学的酬金标准不低于学校所在地政府或有关部门规定的最低工资标准，具体数额由用人单位、学校与学生协商确定，并写进聘用协议。

校内临时岗位按小时计酬。每小时酬金可参照学校当地政府或有关部门规定的最低小时工资标准合理确定，原则上不低于每小时 12 元人民币。

校外勤工助学酬金标准不应低于学校当地政府或有关部门规定的最低工资标准，由用人单位、学校与学生协商确定，并写入聘用协议。

（三）勤工助学中的人身安全

高校安排勤工助学岗位，应优先考虑家庭经济困难的学生。对少数民族学生从事勤工助学活动，应尊重其风俗习惯；不得组织学生参加有毒、有害和危险的生产作业以及超过学生身体承受能力、有碍学生身心健康的劳动。

寄语

志向是天才的幼苗，经过热爱劳动的双手培育，在肥田沃土里将成长为粗壮的大树。不热爱劳动，不进行自我教育，志向这棵幼苗也会连根枯死。确定个人志向，选好专业，这是幸福的源泉。

——苏霍姆林斯基

四、校内主要勤工助学岗位要求与职责

（一）教学楼楼层管理员岗位要求与职责

（1）工作认真负责，吃苦耐劳，有进取心，积极主动性强。

（2）有良好的团队合作精神和沟通能力，有较强的执行力。

（3）负责教学楼教室开关门，保障日常教学正常运行。

（4）关门时检查教室的窗、灯、教学设备仪器是否已关好。

（5）将教室的门窗等有损坏的设备及时报给教务处信息中心负责人。

（二）图书、期刊管理员（图书馆）岗位要求与职责

图书馆是学生勤工助学的重要场所，引入勤工助学模式，让学生参与图书馆管理与服务，除了为学生提供良好的实践机会和实践平台，提高他们的创新实践能力和文献资源利用能力，还能为学校提供更好的教学和科研服务。

（1）图书馆所提供勤工助学岗位，经图书馆面试、考核后聘用。勤工助学岗位隶属于流通服务科，主要协助馆员对图书、期刊等进行管理或从事其他相关工作。

（2）每天到岗后先在考勤本上签到。工作时，必须佩戴“图书馆勤工助学工作证”。

(3)服从馆员安排,尽快熟悉本岗位的业务和服务要求,不断提高服务水平。

(4)准时上下班,不迟到、早退。工作期间认真履行职责,做到眼勤、手勤、腿勤,定时巡查本区域,发现读者违规和在馆藏书刊上涂画、批点、污损、剪裁等情况要及时制止并报告当班教师。

(5)日常工作做到"五要":馆内桌椅排放要整齐,安全疏散路径要畅通,整理书刊要不错架,交接登记要不漏情,严格管理要不懒散。

(6)遇到生病或考试等特殊情况需要换班的,要向教师报告并提前办理换班手续。

探讨与研究

2020年2月,为进一步做好新冠肺炎疫情防控工作,充分发挥勤工助学的育人功能,落实"推迟开学不停学"的工作部署,某校特设立防疫宣传联络岗等四类学生线上勤工助学岗位。以下为该校对岗位的设置及要求:

防疫宣传联络岗:协助院系做好疫情期间有关通知、联络、信息汇总等工作;宣传和普及新冠病毒防控知识;收集、挖掘和整理防疫期间本单位师生的生动事迹。

在线教学联络岗:及时了解和反馈本单位线上教学开展过程中的问题和困难,重点关注湖北等疫情严重地区同学的学习需求。

心理健康支持岗:协助心理中心教师开展线上咨询预约,QQ群线上值班,收集、更新疫情期间心理支持信息,开展防疫心理健康知识宣传;协助老师做好心理健康知识、日常心理援助资源信息的宣传,发现和观察同学的心理健康状态,保持与老师、心理中心老师的沟通联系。

就业联络服务岗:(1)空中招聘会在线招聘助理。与企业做好招聘需求对接和信息传递工作;向学生宣传和发布招聘信息。(2)在线职业咨询支持。协助就业中心教师开展线上咨询预约、问卷收集与统计、职业咨询事故推送、咨询后台管理等工作;协助院系教师做好就业指导信息宣传工作。

假如你是该校的学生,你会申请哪个岗位?为什么?

五、权益保护

在勤工助学过程中,如果出现权益受到侵害的情况,学生要第一时间通知校方,而不是私自解决。学生在开始勤工助学活动前应当与有关单位签订协议,保护自身的合法权益。学生在进行校内勤工助学前,应当与学校的学生勤工助学管理服务组织签订具有法律效力的协议书。学生在进行校外勤工助学前,应当与代表学校的学生勤工助学管理服务组织、用人单位签订具有法律效力的三方协议书。协议书应当明确学校、用人单位和学生三方的权利和义务,意外伤害事故的处理办法以及争议解决方法。

在勤工助学活动中,若出现协议纠纷或学生意外伤害事故,协议各方应按照签订的协议协商解决。若不能达成一致意见,按照有关法律法规规定的程序办理。

六、勤工助学面试准备

任何面试都是面试者对求职者筛选的一个过程。对方需要从你提供的信息中判断你是否适合当前的岗位。作为求职者,无论面试何种岗位,都要注重沟通效率,在短时间内充分展示自己的特长、个性、优势、能力等,给对方留下好的印象。

准备面试时,可以从以下问题入手,作好充分准备:

(1)请描述你的基本情况。

(2)你有什么工作经验?在工作中有何体验和收获?

(3)你认为此工作岗位应当具备哪些素质?

(4)你如何描述自己的个性?你觉得你性格上最大的优点和缺点分别是什么?

(5)你为什么认为自己适合这份工作?

实践活动

"勤者自助,达者自强"主题演讲

贫困并不能打倒我们,真正能打倒我们的是我们面对贫困的态度。正所谓"勤者自助,达者自强",以开阔的心胸面对贫困,敢于吃苦,敢于流汗,敢于接受挑战,我们才能跳出命运的旋涡,成就更好的自我。

请以"勤者自助,达者自强"为主题组织一场演讲赛。

【过程记录】

讲稿思路:

写作要点:

演讲准备要点及完成情况:

心得体会:

【结果评价】

教师可参考表 10－1 对学生的演讲进行评价。

表 10－1 “勤者自助，达者自强”主题演讲评价表

评价标准	评价细则	分值	分数小计	教师评价
演讲内容	内容契合主题，见解独到	20		
语言表达	材料真实、典型、新颖	15		
	讲稿层次分明，构思巧妙	15		
形象风度	吐字清晰，声音洪亮	10		
	语速适当，表达有节奏感	10		
综合表现	举止自然得体，精神饱满	10		
	适当运用手势、表情等辅助表达	10		
	演讲效果好，富有较强的感染力	10		

第十一章　义务劳动

苏霍姆林斯基认为："一个学生在用自己的劳动挣得第一次工资之前，应该大量经历为社会创造物质财富而无报酬劳动的精神体验。"为此，学校鼓励并组织学生积极参与社会事务、志愿者服务活动、义工组织等，利用所学的劳动知识和技能，为他人、社会、国家服务，传播践行劳动最光荣、劳动最伟大、劳动最美丽的理念，展现劳动的智慧之美。

学习目标

1. 使学生积极参与义务劳动活动，并在活动中不断增强责任意识。

2. 让学生在活动中进行自我教育、自我完善、自我提高，从中体验到实现自我价值的快乐。

第一节　义务劳动概述

一、义务劳动

单从劳动二字来说，是指人们改造自然、创造物质财富的活动。从婴儿时期开始，已经可以看到一些最原始的劳动活动。义务劳动，虽然只比劳动多了义务二字，但蕴含了更大的能量与意义。

义务劳动，也称志愿劳动，是指不计定额、不要报酬、自觉自愿地为社会劳动。《劳动法》第六条是国家对劳动者提倡、鼓励行为的规定。其中首句就是："国家提倡劳动者参加社会义务劳动。"

寄语

伟大的成绩和辛勤劳动是成正比例的，有一分劳动就有一分收获，日积月累，从少到多，奇迹就能够创造出来。

——鲁迅

红糖甜,白糖甜,不如劳动果实甜。

——谚语

劳动才能给人以安乐。

——朗费罗

《现代汉语词典》对“义务劳动”一词的解释是:“自愿参加的无报酬的劳动,”而“社会义务劳动”是指社会公益活动,具体一点,就是有关卫生环境、抢险救灾、帮贫扶弱等群众性福利事业的义务劳动。这种劳动是完全建立在劳动者的主动性、自觉性的基础上,体现的是劳动者崇高的社会责任感和高尚的品德,它与劳动者在劳动关系范围内的法定劳动义务不同。对于社会义务劳动,《劳动法》在其规定中也只是提倡,并没有强制性要求。作为劳动者,可以参加,也可以不参加,这取决于劳动者本人思想境界的高低,是属于道德范畴的问题。而法定劳动义务就复杂多了,它存在于一种权利和无相互转换的关系之中,该尽什么义务,该享受什么权利,《劳动法》进行了严格的规定,是属于法律范畴的问题。后者与前者最大的区别在于,有取得劳动报酬的权利,是一种有条件的劳动。它们的区别还在于,社会义务劳动创造的是一种良好的社会风气、一种精神文明成果,而围绕与企业生产进行的劳动则纯粹是为企业创造利润。

探讨与研究

你参加过义务劳动吗?是什么形式的?动机是什么?有何收获?

二、义务劳动的意义

义务劳动总是涉及方方面面,大至国家,小至家庭。中华民族的伟大复兴以及中国梦的实现需要义务奉献牺牲精神,新时代目标任务的实现需要义务奉献牺牲精神,社会和经济发展需要义务奉献牺牲精神,做一个品德高尚的人需要义务奉献牺牲精神。

义务劳动,是一种精神文化的行为表现,它不可能像物质财富那样通过简单的购买和继承方式获得,具有不可转让性。

在社会中,凡事以利益活动为主,以经济发展为先。但社会义务劳动,其主要目的并不是创造物质财富,而是营造精神氛围,这对于社会发展更有意义。一个国家,需要人民自主自发地奉献,需要人民自愿地为国家劳动。社会义务劳动既然是一种劳动,就必然存在着各种生产要素的合理组织与利用的联系,投入与产出的比较仍然是衡量它有效与否的根本标准。近几年来,各界群众都以不同形式或多或少地参加义务劳动,为社会作出了应有的贡献。但是,也必须看到,在开展义务劳动的活动中,确有大量不讲经济效益的现象,影响了义务劳动的综合效果。因此,明确指出社会义务劳动也要讲经济效益,从而引导义务劳动的健康发展。

寄语

劳动是社会中每个人不可避免的义务。

——卢梭

正是劳动本身构成了你追求的愉悦的主要因素，任何不是靠辛勤发奋而获得的享受，很快就会变得枯燥无聊，索然无味。

——休谟

真理从辩论中来，愉悦从劳动中来。

——谚语

在学校中，教师可以引导学生思考学校义务劳动的意义，却不能代替学生体会义务劳动的含义及其劳动过程中的感受。而现在的学校义务劳动则是试图通过“成果转让”的方法将现成的学校义务劳动的内涵和劳动成果带来的种种感受，以知识的形式直接传递给学生，部分教育者甚至认为运用这样的方式进行劳动教育，学生就会自然形成对劳动的热爱，并自动转化为自觉的劳动行为。但事实上，这种办法是行不通的。他们忽略了品德形成过程的特殊性，忽略了知识是不可能自动转化为行为的客观性规律。反过来，这种观点又导致学生对义务劳动教育的错误认识，认为义务劳动是在课堂上被动地接受知识，是在教室中完成的，是在书本和教师的说教中“转让”而得的。只要学生听进去了，劳动知识和劳动情感就有了，用不着真正意义上的劳动实践，以至于学生在形式化的大扫除等活动中，马马虎虎，敷衍了事，得不到真正意义上的劳动锻炼，洗涤不了心灵，在学校中的义务劳动的教育效果也就收效甚微了。

义务劳动是学生德育实践的主要形式之一。组织学生参加各种义务劳动，这里的劳动可分为劳动课和校内及校外的适量的义务劳动。近年来，在学生中出现了厌恶劳动、鄙视劳动人民的现象。学生中出现的奢侈浪费、不珍惜粮食、大把花钱的现象，实质上是脱离劳动、脱离劳动人民的一种倾向。针对这些，加强劳动实践是十分重要的。

习近平在教育方针中强调劳动教育，丰富了教育方针的内涵，“要在学生中弘扬劳动精神，教育引导学生崇尚劳动、尊重劳动，懂得劳动最光荣、劳动最崇高、劳动最伟大、劳动最美丽的道理，长大后能够辛勤劳动、诚实劳动、创造性劳动”。这对学生的全面发展具有重大意义。

知识链接

共产主义星期六义务劳动

共产主义星期六义务劳动是指苏联劳动群众自愿为社会提供的无报酬劳动。产品不归劳动者本人所有，体现了共产主义的劳动态度。1919 年 5 月，莫斯科—喀山铁路职工为支援前线，保卫苏维埃政权，建设祖国，响应俄共(布)“用革命精神从事工作”的号召，在星期六晚上从事 6 小时义务劳动，很快得到全国工人的响应。列宁在《伟大的创举》一文中称之为“共产主义的实际开端”，并于 1920 年“五一”劳动节亲自参加劳动。于是，一个由人民群众首创发起、由共和国领袖倡导和号召的带有共产主义奉献精神的“星期六义务劳动”活动在苏维埃共和国的广袤大地上开展起来了。这一活动后形成传统，在苏联成为教育人民和青年发扬革命英雄主义精神的手段之一，一直持续到苏联解体前。

2014 年，为激发民众的爱国主义精神，俄罗斯决定恢复这一传统：每年春季开展星期六义务劳动。

第二节　高校应大力提倡义务劳动

学校是培养社会主义建设者和接班人的殿堂，劳动是财富和幸福的源泉。勤于劳动、善于创造是中华民族最为鲜明的伟大品格。当代学生应积极参加义务劳动并在实践中提升自己，学校也应大力宣传义务劳动事迹，营造良好的劳动氛围。

开展义务劳动是贯彻党的教育方针和对学生进行德育教育的重要内容，它有利于增强学生的劳动观念、集体主义观念，有利于培养学生爱护公共财产意识，有利于促进班风、校园文明建设。

义务劳动亦是学校德育教育的一个重要组成部分。义务劳动是最容易操作、最有实效意义的劳动教育途径。目前，高职生群体中独生子女所占比重比较大，生活在“6＋1”家庭模式中的他们，备受溺爱，逐渐表现出“自私”“自我”“我行我素”等消极面。针对这种情况，让学生参加义务劳动，是一个知行合一的过程，可以提高他们的文明素质和道德水平，培育“民生在勤，勤则不匮”的精神和责任意识，引导高职生树立正确的世界观、人生观和价值观，从而促进高职生的全面发展。

一、培育劳动者素质

面对日趋激烈的国际竞争，一个国家发展能否抢占先机、赢得主动，越来越取决于国民素质特别是广大劳动者素质。

素质是立身之基，技能是立业之本。高职生要勤于学习，学文化、学科学、学技能、学各方面知识，不断提高综合素质，练就过硬本领。要立足专业，向老师学，向同学学，向书本学，向实践学。三百六十行，行行出状元。劳动没有高低贵贱之分，任何一份职业都很光荣。高职生毕业后要立足本职岗位诚实劳动。无论从事什么劳动，都要干一行、爱一行、钻一行。在工厂车间，就要弘扬“工匠精神”，精心打磨每一个零部件，生产优质的产品；在田间地头，就要精心耕作，努力赢得丰收；在商场店铺，就要笑迎天下客，童叟无欺，提供优质的服务。只要踏实劳动、勤勉劳动，在平凡岗位上也能干出不平凡的业绩。

从实施科教兴国战略到作出人才强国战略、创新驱动发展战略重大决策部署，大力加强教育、着力提高劳动者素质，已经成为由“中国制造”向“中国创造”迈进的必然选择和实现转型升级的基础工程。通过学习新知识、掌握新技能，用社会主义核心价值观武装头脑，提升职业道德，坚定理想信念，增强“三个自信”，立报效祖国之志，行勤勉奋发之举，创开拓进取之业，建服务人民之功，高职生就能立足专业，成长成才，在建设国家中实现人生价值。

寄语

持续不断的劳动，是人生的铁律，也是艺术的铁律。

——巴尔扎克

劳动却是产生一切力量、一切道德和一切幸福的威力无比的源泉。

——拉·乔乃尼奥里

劳动者的组织性、纪律性、坚毅精神以及同全世界劳动者的团结一致，是取得最后胜利的保证。

——列宁

二、弘扬劳动精神

义务劳动教育对一个人的发展极其重要，是一个人得以发展的基础。

（一）义务劳动能使学生的肌体充满活力

义务劳动能使学生的肌体充满活力，改善肌体的各种生理素质，包括呼吸、血液循环、新陈代谢等机能，促进高职生的身体发育。

（二）认识义务劳动是产生财富的源泉

义务劳动，不论是体力劳动还是脑力劳动，都要作出努力、耗费精力，要取得劳动成果，需要有顽强的意志和毅力，因而可以培养高职生的自信心、责任心、情感和意志等思想品质。培养高职生的自信、自强就要从劳动教育开始。过去许多家训里讲，“黎明即起，洒扫庭院”，就是要培养高职生自己动手的习惯，养成“我能做，我会做”的自信心。

（三）认识义务劳动是产生财富的源泉

认识义务劳动是产生财富的源泉，从而培养尊重劳动、热爱劳动、尊重劳动人民的品质。劳动没有贵贱之分，只要是劳动，就能为社会增加财富，就是为社会服务，从而养成劳动光荣、不劳为耻的思想品德。

（四）义务劳动是创造的基础

高职生在劳动中既要动手，又要动脑，是一种创造性活动。如一个模具专业高职生在实训室一学期要做成一件产品，如榔头，他要自己设计、自己制作，在老师的帮助下克服困难。这就培养了他的创造意识和创新精神。

因此，义务劳动教育不仅能培养高职生的生活技能，而且能促进人的体力发展和智力发展，培养学生的创新精神和实践能力，养成尊重劳动的思想品德。义务劳动不仅能提高学生的智力，而且把教育和劳动结合起来，体脑结合能够提高学习的效力。

当今时代是创新的时代。创造新的知识、新的技术，不是凭空想出来的，而是在艰苦的劳动中创造出来的。义务劳动创造财富、创造新的思维，义务劳动也促进了人类进步，因此培养学生热爱劳动、尊重劳动，树立劳动光荣而幸福的情感十分有必要。

探讨与研究

在义务劳动的过程中，可能出现哪些问题？你该如何应对？

三、大力提倡义务劳动，提升内在生命力

（一）让义务劳动教育成为一种价值召唤

在观念层面，大力提倡义务劳动精神要凸显综合性与统领性，让义务劳动教育成为一种价值召唤。义务劳动教育不是一种独立的教育形式，而是各种教育的统领，能够把其他一切教育内容连接在实践之中。义务劳动教育不仅能够培养学生爱劳动、依靠劳动生存与创造的道德品质和人格品质，增强体质，磨炼意志，发扬志愿服务精神，促进身心健康，还能够丰富学生对人生的理解，增强学生对自我发展以及成功体验的审美意义，能够实现把知识转化为能力、增进智慧等功能，即“以劳树德、以劳增智、以劳强体、以劳育美”。

义务劳动教育并不是狭隘地指体力劳动、志愿服务或直接的生产劳动，而是基于志愿服务、体力劳动与物质生产劳动的实践活动。在家庭生活之中体现为自理、自立的独立生活活动，在职业生活中体现为通过自己力所能及的各种劳动获取物质生活资料的活动，在社会生活中体现为丰富多样的为社会作出应有贡献的公益性活动，在学校学习之中体现为与具体的学科知识相联系的实践和动手操作的、能够化知识为能力与智慧的活动。义务劳动教育不是社会、学校或家庭单方面的事情，而是这三个教育渠道相互配合、密切联系、各司其职的整体性教育。

（二）让义务劳动成为一种积极的生存方式

在实践层面，要强化激励性与基础性，让义务劳动成为一种积极的生存方式。义务劳动教育不是刻意、强制的观念和行为，而是依存于自觉意识、自觉追求和自觉行为。但是，义务劳动教育又无时不在、无处不在，它必须渗透到教育的各个环节、各个方面，成为整个教育的基础和归宿。因此，应该把义务劳动的理念和行为渗透到生活、学习、工作的各个环节中，使之成为一种生存方式。

故事欣赏

义务劳动换来正式工作

罗晶大学结业后，几次都与就业机会失之交臂。这天，他按照报纸上的信息，去了一家用人公司求职，没想到公司原定招聘 8 名员工，前去报名的却有好几百人。当罗晶填好了表格，耐心排队等候公司领导面试时，有一位员工模样的人过来对他们说：“我们的老总还有一个小时才会来这里。此刻我有点急事想请大家帮忙：公司到了几车水泥，眼看天要下雨了，我一时又找不到搬运工，我想请你们义务帮忙卸一卸水泥，好吗？”大家见他也是本公司的人，就想动身去帮忙卸水泥。可是，有的人发言：“卸水泥是工人的工作，我们没必要去替他卖苦力。”如此一来，一大半人都站着不动，罗晶却和另一小部分人走出队伍，主动跟那个人去卸水泥。待水泥卸了一半多，那人又来说话了：“诸位对不起，我们的老总刚才来了，他说

今天来不了了，真是很抱歉。”这些正在卸水泥的大学生沉不住气了，有的说：“这不是故意耍我们吗？不干了！”有的说：“咱又不是他们公司的员工，让我义务劳动，没门！”呼啦啦一下子又走了一大半。而罗晶等少数几个人却一直坚持到把水泥全部卸完。

当他们在水龙头下用手捧着水洗完了脸之后，刚才那个请他们卸水泥的人笑眯眯地对他们说：“恭喜你们，刚才是我预设的一场特殊考试，你们几个全部及格了，从此刻起，你们就是我们公司的正式职员了。”这几位通过了“特殊考试”的大学生这才明白：这位不起眼的“员工”正是他们的老总。

实践活动

“七彩假期”开展义务劳动活动

请以宿舍或者班级小组为单位，组织学生慰问社区老人院老人，表演文艺节目，帮助打扫庭院卫生、参与菜地除草、摘菜洗菜等简单劳动，开展一周的义务劳动，为老人、社区带去劳动的美，同时体验到通过自己的双手劳动，为他人创造快乐、为环境创造美的价值，养成热爱劳动、崇尚劳动、尊重劳动、践行劳动的品质和习惯，并撰写劳动报告。

【过程记录】

活动要点：

活动难点及解决方案：

心得体会：

【结果评价】

教师可参考表 11－1 对学生参与“七彩假期”暑期义务劳动实践的情况进行评价。

表 11－1 “七彩假期”暑期义务劳动活动评价表

评价标准	分值	分数小计	教师评价
提前作好活动方案的策划	20		
达到实践效果	20		
撰写完整的活动报告	20		
分工合理，各成员均积极参与	20		
活动形式有创新，且达到一定效果	10		
收获服务对象的“点赞”	10		

活动 2 校园义务维修

【活动目的】

为了丰富学生的校园生活，提高学生的实践动手能力，也用实际行动体现了学生学以致用、乐于奉献、创新思维的良好思想。

【维修范围】

手机、电脑、收音机、台灯、风扇、吹风机等电器及电子用品。

【活动安排】

（一）前期准备

1. 活动申请，准备所需维修仪器。
2. 确定维修人员人数，做好宣传工作。
3. 设计一块宣传板：围绕家电维修。
4. 准备所需要的桌椅。

（二）活动内容

1. 中心人员与维修人员应提前半小时左右到达目的地，摆放所需的桌椅，拉好横幅。
2. 在活动开始之前，各成员应穿好衣服戴好帽子，并且派出 3～5 人去进行宣传。
3. 维修当中，维修人员可了解物品有哪些故障，便于查明故障原因。
4. 活动结束后，打扫场地，所借物品，应归还。

附录　劳动法律法规

中华人民共和国劳动法

（1994 年 7 月 5 日第八届全国人民代表大会常务委员会第八次会议通过，根据 2009 年 8 月 27 日第十一届全国人民代表大会常务委员会第十次会议《关于修改部分法律的决定》第一次修正，根据 2018 年 12 月 29 日第十三届全国人民代表大会常务委员会第七次会议《关于修改〈中华人民共和国劳动法〉等七部法律的决定》第二次修正）

第一章　总则

第一条　为了保护劳动者的合法权益，调整劳动关系，建立和维护适应社会主义市场经济的劳动制度，促进经济发展和社会进步，根据宪法，制定本法。

第二条　在中华人民共和国境内的企业、个体经济组织（以下统称用人单位）和与之形成劳动关系的劳动者，适用本法。

国家机关、事业组织、社会团体和与之建立劳动合同关系的劳动者，依照本法执行。

第三条　劳动者享有平等就业和选择职业的权利、取得劳动报酬的权利、休息休假的权利、获得劳动安全卫生保护的权利、接受职业技能培训的权利、享受社会保险和福利的权利、提请劳动争议处理的权利以及法律规定的其他劳动权利。

劳动者应当完成劳动任务，提高职业技能，执行劳动安全卫生规程，遵守劳动纪律和职业道德。

第四条　用人单位应当依法建立和完善规章制度，保障劳动者享有劳动权利和履行劳动义务。

第五条　国家采取各种措施，促进劳动就业，发展职业教育，制定劳动标准，调节社会收入，完善社会保险，协调劳动关系，逐步提高劳动者的生活水平。

第六条　国家提倡劳动者参加社会义务劳动，开展劳动竞赛和合理化建议活动，鼓励和保护劳动者进行科学研究、技术革新和发明创造，表彰和奖励劳动模范和先进工作者。

第七条　劳动者有权依法参加和组织工会。

工会代表和维护劳动者的合法权益,依法独立自主地开展活动。

第八条 劳动者依照法律规定,通过职工大会、职工代表大会或者其他形式,参与民主管理或者就保护劳动者合法权益与用人单位进行平等协商。

第九条 国务院劳动行政部门主管全国劳动工作。

县级以上地方人民政府劳动行政部门主管本行政区域内的劳动工作。

第二章 促进就业

第十条 国家通过促进经济和社会发展,创造就业条件,扩大就业机会。

国家鼓励企业、事业组织、社会团体在法律、行政法规规定的范围内兴办产业或者拓展经营,增加就业。

国家支持劳动者自愿组织起来就业和从事个体经营实现就业。

第十一条 地方各级人民政府应当采取措施,发展多种类型的职业介绍机构,提供就业服务。

第十二条 劳动者就业,不因民族、种族、性别、宗教信仰不同而受歧视。

第十三条 妇女享有与男子平等的就业权利。在录用职工时,除国家规定的不适合妇女的工种或者岗位外,不得以性别为由拒绝录用妇女或者提高对妇女的录用标准。

第十四条 残疾人、少数民族人员、退出现役的军人的就业,法律、法规有特别规定的,从其规定。

第十五条 禁止用人单位招用未满十六周岁的未成年人。

文艺、体育和特种工艺单位招用未满十六周岁的未成年人,必须遵守国家有关规定,并保障其接受义务教育的权利。

第三章 劳动合同和集体合同

第十六条 劳动合同是劳动者与用人单位确立劳动关系、明确双方权利和义务的协议。

建立劳动关系应当订立劳动合同。

第十七条 订立和变更劳动合同,应当遵循平等自愿、协商一致的原则,不得违反法律、行政法规的规定。

劳动合同依法订立即具有法律约束力,当事人必须履行劳动合同规定的义务。

第十八条 下列劳动合同无效:

(一)违反法律、行政法规的劳动合同;

(二)采取欺诈、威胁等手段订立的劳动合同。

无效的劳动合同,从订立的时候起,就没有法律约束力。确认劳动合同部分无效的,如果不影响其余部分的效力,其余部分仍然有效。

劳动合同的无效,由劳动争议仲裁委员会或者人民法院确认。

第十九条 劳动合同应当以书面形式订立,并具备以下条款:

(一)劳动合同期限;

(二)工作内容;

(三)劳动保护和劳动条件;

(四)劳动报酬;

（五）劳动纪律；

（六）劳动合同终止的条件；

（七）违反劳动合同的责任。

劳动合同除前款规定的必备条款外，当事人可以协商约定其他内容。

第二十条　劳动合同的期限分为有固定期限、无固定期限和以完成一定的工作为期限。

劳动者在同一用人单位连续工作满十年以上，当事人双方同意续延劳动合同的，如果劳动者提出订立无固定期限的劳动合同，应当订立无固定期限的劳动合同。

第二十一条　劳动合同可以约定试用期。试用期最长不得超过六个月。

第二十二条　劳动合同当事人可以在劳动合同中约定保守用人单位商业秘密的有关事项。

第二十三条　劳动合同期满或者当事人约定的劳动合同终止条件出现，劳动合同即行终止。

第二十四条　经劳动合同当事人协商一致，劳动合同可以解除。

第二十五条　劳动者有下列情形之一的，用人单位可以解除劳动合同：

（一）在试用期间被证明不符合录用条件的；

（二）严重违反劳动纪律或者用人单位规章制度的；

（三）严重失职，营私舞弊，对用人单位利益造成重大损害的；

（四）被依法追究刑事责任的。

第二十六条　有下列情形之一的，用人单位可以解除劳动合同，但是应当提前三十日以书面形式通知劳动者本人：

（一）劳动者患病或者非因工负伤，医疗期满后，不能从事原工作也不能从事由用人单位另行安排的工作的；

（二）劳动者不能胜任工作，经过培训或者调整工作岗位，仍不能胜任工作的；

（三）劳动合同订立时所依据的客观情况发生重大变化，致使原劳动合同无法履行，经当事人协商不能就变更劳动合同达成协议的。

第二十七条　用人单位濒临破产进行法定整顿期间或者生产经营状况发生严重困难，确需裁减人员的，应当提前三十日向工会或者全体职工说明情况，听取工会或者职工的意见，经向劳动行政部门报告后，可以裁减人员。

用人单位依据本条规定裁减人员，在六个月内录用人员的，应当优先录用被裁减的人员。

第二十八条　用人单位依据本法第二十四条、第二十六条、第二十七条的规定解除劳动合同的，应当依照国家有关规定给予经济补偿。

第二十九条　劳动者有下列情形之一的，用人单位不得依据本法第二十六条、第二十七条的规定解除劳动合同：

（一）患职业病或者因工负伤并被确认丧失或者部分丧失劳动能力的；

（二）患病或者负伤，在规定的医疗期内的；

（三）女职工在孕期、产期、哺乳期内的；

（四）法律、行政法规规定的其他情形。

第三十条　用人单位解除劳动合同，工会认为不适当的，有权提出意见。如果用人单位违反法律、法规或者劳动合同，工会有权要求重新处理；劳动者申请仲裁或者提起诉讼的，工会应当依法给予支持和帮助。

第三十一条　劳动者解除劳动合同，应当提前三十日以书面形式通知用人单位。

第三十二条　有下列情形之一的，劳动者可以随时通知用人单位解除劳动合同：

（一）在试用期内的；

（二）用人单位以暴力、威胁或者非法限制人身自由的手段强迫劳动的；

（三）用人单位未按照劳动合同约定支付劳动报酬或者提供劳动条件的。

第三十三条　企业职工一方与企业可以就劳动报酬、工作时间、休息休假、劳动安全卫生、保险福利等事项，签订集体合同。集体合同草案应当提交职工代表大会或者全体职工讨论通过。

集体合同由工会代表职工与企业签订；没有建立工会的企业，由职工推举的代表与企业签订。

第三十四条　集体合同签订后应当报送劳动行政部门；劳动行政部门自收到集体合同文本之日起十五日内未提出异议的，集体合同即行生效。

第三十五条　依法签订的集体合同对企业和企业全体职工具有约束力。职工个人与企业订立的劳动合同中劳动条件和劳动报酬等标准不得低于集体合同的规定。

第四章　工作时间和休息休假

第三十六条　国家实行劳动者每日工作时间不超过八小时、平均每周工作时间不超过四十四小时的工时制度。

第三十七条　对实行计件工作的劳动者，用人单位应当根据本法第三十六条规定的工时制度合理确定其劳动定额和计件报酬标准。

第三十八条　用人单位应当保证劳动者每周至少休息一日。

第三十九条　企业因生产特点不能实行本法第三十六条、第三十八条规定的，经劳动行政部门批准，可以实行其他工作和休息办法。

第四十条　用人单位在下列节日期间应当依法安排劳动者休假：

（一）元旦；

（二）春节；

（三）国际劳动节；

（四）国庆节；

（五）法律、法规规定的其他休假节日。

第四十一条　用人单位由于生产经营需要，经与工会和劳动者协商后可以延长工作时间，一般每日不得超过一小时；因特殊原因需要延长工作时间的，在保障劳动者身体健康的条件下延长工作时间每日不得超过三小时，但是每月不得超过三十六小时。

第四十二条　有下列情形之一的，延长工作时间不受本法第四十一条规定的限制：

（一）发生自然灾害、事故或者因其他原因，威胁劳动者生命健康和财产安全，需要紧急处理的；

（二）生产设备、交通运输线路、公共设施发生故障，影响生产和公众利益，必须及时抢修的；

（三）法律、行政法规规定的其他情形。

第四十三条　用人单位不得违反本法规定延长劳动者的工作时间。

第四十四条　有下列情形之一的，用人单位应当按照下列标准支付高于劳动者正常工作时间工资的工资报酬：

（一）安排劳动者延长工作时间的，支付不低于工资的百分之一百五十的工资报酬；

（二）休息日安排劳动者工作又不能安排补休的，支付不低于工资的百分之二百的工资报酬；

（三）法定休假日安排劳动者工作的，支付不低于工资的百分之三百的工资报酬。

第四十五条　国家实行带薪年休假制度。

劳动者连续工作一年以上的，享受带薪年休假。具体办法由国务院规定。

第五章　工资

第四十六条　工资分配应当遵循按劳分配原则，实行同工同酬。

工资水平在经济发展的基础上逐步提高。国家对工资总量实行宏观调控。

第四十七条　用人单位根据本单位的生产经营特点和经济效益，依法自主确定本单位的工资分配方式和工资水平。

第四十八条　国家实行最低工资保障制度。最低工资的具体标准由省、自治区、直辖市人民政府规定，报国务院备案。

用人单位支付劳动者的工资不得低于当地最低工资标准。

第四十九条　确定和调整最低工资标准应当综合参考下列因素：

（一）劳动者本人及平均赡养人口的最低生活费用；

（二）社会平均工资水平；

（三）劳动生产率；

（四）就业状况；

（五）地区之间经济发展水平的差异。

第五十条　工资应当以货币形式按月支付给劳动者本人。不得克扣或者无故拖欠劳动者的工资。

第五十一条　劳动者在法定休假日和婚丧假期间以及依法参加社会活动期间，用人单位应当依法支付工资。

第六章　劳动安全卫生

第五十二条　用人单位必须建立、健全劳动安全卫生制度，严格执行国家劳动安全卫生规程和标准，对劳动者进行劳动安全卫生教育，防止劳动过程中的事故，减少职业危害。

第五十三条　劳动安全卫生设施必须符合国家规定的标准。

新建、改建、扩建工程的劳动安全卫生设施必须与主体工程同时设计、同时施工、同时投入生产和使用。

第五十四条　用人单位必须为劳动者提供符合国家规定的劳动安全卫生条件和必要的劳动防护用品，对从事有职业危害作业的劳动者应当定期进行健康检查。

第五十五条　从事特种作业的劳动者必须经过专门培训并取得特种作业资格。

第五十六条　劳动者在劳动过程中必须严格遵守安全操作规程。

劳动者对用人单位管理人员违章指挥、强令冒险作业，有权拒绝执行；对危害生命安全和身体健康的行为，有权提出批评、检举和控告。

第五十七条　国家建立伤亡事故和职业病统计报告和处理制度。县级以上各级人民政府劳动行政部门、有关部门和用人单位应当依法对劳动者在劳动过程中发生的伤亡事故和劳动者的职业病状况，进行统计、报告和处理。

第七章　女职工和未成年工特殊保护

第五十八条　国家对女职工和未成年工实行特殊劳动保护。

未成年工是指年满十六周岁未满十八周岁的劳动者。

第五十九条　禁止安排女职工从事矿山井下、国家规定的第四级体力劳动强度的劳动和其他禁忌从事的劳动。

第六十条　不得安排女职工在经期从事高处、低温、冷水作业和国家规定的第三级体力劳动强度的劳动。

第六十一条　不得安排女职工在怀孕期间从事国家规定的第三级体力劳动强度的劳动和孕期禁忌从事的劳动。对怀孕七个月以上的女职工，不得安排其延长工作时间和夜班劳动。

第六十二条　女职工生育享受不少于九十天的产假。

第六十三条　不得安排女职工在哺乳未满一周岁的婴儿期间从事国家规定的第三级体力劳动强度的劳动和哺乳期禁忌从事的其他劳动，不得安排其延长工作时间和夜班劳动。

第六十四条　不得安排未成年工从事矿山井下、有毒有害、国家规定的第四级体力劳动强度的劳动和其他禁忌从事的劳动。

第六十五条　用人单位应当对未成年工定期进行健康检查。

第八章　职业培训

第六十六条　国家通过各种途径，采取各种措施，发展职业培训事业，开发劳动者的职业技能，提高劳动者素质，增强劳动者的就业能力和工作能力。

第六十七条　各级人民政府应当把发展职业培训纳入社会经济发展的规划，鼓励和支持有条件的企业、事业组织、社会团体和个人进行各种形式的职业培训。

第六十八条　用人单位应当建立职业培训制度，按照国家规定提取和使用职业培训经费，根据本单位实际，有计划地对劳动者进行职业培训。

从事技术工种的劳动者，上岗前必须经过培训。

第六十九条　国家确定职业分类，对规定的职业制定职业技能标准，实行职业资格证书制度，由经备案的考核鉴定机构负责对劳动者实施职业技能考核鉴定。

第九章　社会保险和福利

第七十条　国家发展社会保险事业，建立社会保险制度，设立社会保险基金，使劳动者在年老、患病、工伤、失业、生育等情况下获得帮助和补偿。

第七十一条　社会保险水平应当与社会经济发展水平和社会承受能力相适应。

第七十二条　社会保险基金按照保险类型确定资金来源,逐步实行社会统筹。用人单位和劳动者必须依法参加社会保险,缴纳社会保险费。

第七十三条　劳动者在下列情形下,依法享受社会保险待遇:

(一)退休;

(二)患病、负伤;

(三)因工伤残或者患职业病;

(四)失业;

(五)生育。

劳动者死亡后,其遗属依法享受遗属津贴。

劳动者享受社会保险待遇的条件和标准由法律、法规规定。

劳动者享受的社会保险金必须按时足额支付。

第七十四条　社会保险基金经办机构依照法律规定收支、管理和运营社会保险基金,并负有使社会保险基金保值增值的责任。

社会保险基金监督机构依照法律规定,对社会保险基金的收支、管理和运营实施监督。

社会保险基金经办机构和社会保险基金监督机构的设立和职能由法律规定。

任何组织和个人不得挪用社会保险基金。

第七十五条　国家鼓励用人单位根据本单位实际情况为劳动者建立补充保险。

国家提倡劳动者个人进行储蓄性保险。

第七十六条　国家发展社会福利事业,兴建公共福利设施,为劳动者休息、休养和疗养提供条件。

用人单位应当创造条件,改善集体福利,提高劳动者的福利待遇。

第十章　劳动争议

第七十七条　用人单位与劳动者发生劳动争议,当事人可以依法申请调解、仲裁、提起诉讼,也可以协商解决。

调解原则适用于仲裁和诉讼程序。

第七十八条　解决劳动争议,应当根据合法、公正、及时处理的原则,依法维护劳动争议当事人的合法权益。

第七十九条　劳动争议发生后,当事人可以向本单位劳动争议调解委员会申请调解;调解不成,当事人一方要求仲裁的,可以向劳动争议仲裁委员会申请仲裁。当事人一方也可以直接向劳动争议仲裁委员会申请仲裁。对仲裁裁决不服的,可以向人民法院提起诉讼。

第八十条　在用人单位内,可以设立劳动争议调解委员会。劳动争议调解委员会由职工代表、用人单位代表和工会代表组成。劳动争议调解委员会主任由工会代表担任。

劳动争议经调解达成协议的,当事人应当履行。

第八十一条　劳动争议仲裁委员会由劳动行政部门代表、同级工会代表、用人单位方面的代表组成。劳动争议仲裁委员会主任由劳动行政部门代表担任。

第八十二条　提出仲裁要求的一方应当自劳动争议发生之日起六十日内向劳动争议仲裁委员会提出书面申请。仲裁裁决一般应在收到仲裁申请的六十日内作出。对仲裁裁决无异议的,当事人必须履行。

第八十三条　劳动争议当事人对仲裁裁决不服的,可以自收到仲裁裁决书之日起十五日内向人民法院提起诉讼。一方当事人在法定期限内不起诉又不履行仲裁裁决的,另一方当事人可以申请人民法院强制执行。

第八十四条　因签订集体合同发生争议,当事人协商解决不成的,当地人民政府劳动行政部门可以组织有关各方协调处理。

因履行集体合同发生争议,当事人协商解决不成的,可以向劳动争议仲裁委员会申请仲裁;对仲裁裁决不服的,可以自收到仲裁裁决书之日起十五日内向人民法院提起诉讼。

第十一章　监督检查

第八十五条　县级以上各级人民政府劳动行政部门依法对用人单位遵守劳动法律、法规的情况进行监督检查,对违反劳动法律、法规的行为有权制止,并责令改正。

第八十六条　县级以上各级人民政府劳动行政部门监督检查人员执行公务,有权进入用人单位了解执行劳动法律、法规的情况,查阅必要的资料,并对劳动场所进行检查。

县级以上各级人民政府劳动行政部门监督检查人员执行公务,必须出示证件,秉公执法并遵守有关规定。

第八十七条　县级以上各级人民政府有关部门在各自职责范围内,对用人单位遵守劳动法律、法规的情况进行监督。

第八十八条　各级工会依法维护劳动者的合法权益,对用人单位遵守劳动法律、法规的情况进行监督。

任何组织和个人对于违反劳动法律、法规的行为有权检举和控告。

第十二章　法律责任

第八十九条　用人单位制定的劳动规章制度违反法律、法规规定的,由劳动行政部门给予警告,责令改正;对劳动者造成损害的,应当承担赔偿责任。

第九十条　用人单位违反本法规定,延长劳动者工作时间的,由劳动行政部门给予警告,责令改正,并可以处以罚款。

第九十一条　用人单位有下列侵害劳动者合法权益情形之一的,由劳动行政部门责令支付劳动者的工资报酬、经济补偿,并可以责令支付赔偿金:

(一)克扣或者无故拖欠劳动者工资的;

(二)拒不支付劳动者延长工作时间工资报酬的;

(三)低于当地最低工资标准支付劳动者工资的;

(四)解除劳动合同后,未依照本法规定给予劳动者经济补偿的。

第九十二条　用人单位的劳动安全设施和劳动卫生条件不符合国家规定或者未向劳动者提供必要的劳动防护用品和劳动保护设施的,由劳动行政部门或者有关部门责令改正,可以处以罚款;情节严重的,提请县级以上人民政府决定责令停产整顿;对事故隐患不采取措施,致使发生重大事故,造成劳动者生命和财产损失的,对责任人员依照刑法有关规定追究刑事责任。

第九十三条　用人单位强令劳动者违章冒险作业，发生重大伤亡事故，造成严重后果的，对责任人员依法追究刑事责任。

第九十四条　用人单位非法招用未满十六周岁的未成年人的，由劳动行政部门责令改正，处以罚款；情节严重的，由市场监督管理部门吊销营业执照。

第九十五条　用人单位违反本法对女职工和未成年工的保护规定，侵害其合法权益的，由劳动行政部门责令改正，处以罚款；对女职工或者未成年工造成损害的，应当承担赔偿责任。

第九十六条　用人单位有下列行为之一，由公安机关对责任人员处以十五日以下拘留、罚款或者警告；构成犯罪的，对责任人员依法追究刑事责任：

（一）以暴力、威胁或者非法限制人身自由的手段强迫劳动的；

（二）侮辱、体罚、殴打、非法搜查和拘禁劳动者的。

第九十七条　由于用人单位的原因订立的无效合同，对劳动者造成损害的，应当承担赔偿责任。

第九十八条　用人单位违反本法规定的条件解除劳动合同或者故意拖延不订立劳动合同的，由劳动行政部门责令改正；对劳动者造成损害的，应当承担赔偿责任。

第九十九条　用人单位招用尚未解除劳动合同的劳动者，对原用人单位造成经济损失的，该用人单位应当依法承担连带赔偿责任。

第一百条　用人单位无故不缴纳社会保险费的，由劳动行政部门责令其限期缴纳；逾期不缴的，可以加收滞纳金。

第一百零一条　用人单位无理阻挠劳动行政部门、有关部门及其工作人员行使监督检查权，打击报复举报人员的，由劳动行政部门或者有关部门处以罚款；构成犯罪的，对责任人员依法追究刑事责任。

第一百零二条　劳动者违反本法规定的条件解除劳动合同或者违反劳动合同中约定的保密事项，对用人单位造成经济损失的，应当依法承担赔偿责任。

第一百零三条　劳动行政部门或者有关部门的工作人员滥用职权、玩忽职守、徇私舞弊，构成犯罪的，依法追究刑事责任；不构成犯罪的，给予行政处分。

第一百零四条　国家工作人员和社会保险基金经办机构的工作人员挪用社会保险基金，构成犯罪的，依法追究刑事责任。

第一百零五条　违反本法规定侵害劳动者合法权益，其他法律、行政法规已规定处罚的，依照该法律、行政法规的规定处罚。

第十三章　附则

第一百零六条　省、自治区、直辖市人民政府根据本法和本地区的实际情况，规定劳动合同制度的实施步骤，报国务院备案。

第一百零七条　本法自 1995 年 1 月 1 日起施行。

中华人民共和国劳动合同法

（2007年6月29日第十届全国人民代表大会常务委员会第二十八次会议通过，根据2012年12月28日第十一届全国人民代表大会常务委员会第三十次会议《关于修改〈中华人民共和国劳动合同法〉的决定》修订）

第一章　总则

第一条　为了完善劳动合同制度，明确劳动合同双方当事人的权利和义务，保护劳动者的合法权益，构建和发展和谐稳定的劳动关系，制定本法。

第二条　中华人民共和国境内的企业、个体经济组织、民办非企业单位等组织（以下称用人单位）与劳动者建立劳动关系，订立、履行、变更、解除或者终止劳动合同，适用本法。

国家机关、事业单位、社会团体和与其建立劳动关系的劳动者，订立、履行、变更、解除或者终止劳动合同，依照本法执行。

第三条　订立劳动合同，应当遵循合法、公平、平等自愿、协商一致、诚实信用的原则。

依法订立的劳动合同具有约束力，用人单位与劳动者应当履行劳动合同约定的义务。

第四条　用人单位应当依法建立和完善劳动规章制度，保障劳动者享有劳动权利、履行劳动义务。

用人单位在制定、修改或者决定有关劳动报酬、工作时间、休息休假、劳动安全卫生、保险福利、职工培训、劳动纪律以及劳动定额管理等直接涉及劳动者切身利益的规章制度或者重大事项时，应当经职工代表大会或者全体职工讨论，提出方案和意见，与工会或者职工代表平等协商确定。

在规章制度和重大事项决定实施过程中，工会或者职工认为不适当的，有权向用人单位提出，通过协商予以修改完善。

用人单位应当将直接涉及劳动者切身利益的规章制度和重大事项决定公示，或者告知劳动者。

第五条　县级以上人民政府劳动行政部门会同工会和企业方面代表，建立健全协调劳动关系三方机制，共同研究解决有关劳动关系的重大问题。

第六条　工会应当帮助、指导劳动者与用人单位依法订立和履行劳动合同，并与用人单位建立集体协商机制，维护劳动者的合法权益。

第二章　劳动合同的订立

第七条　用人单位自用工之日起即与劳动者建立劳动关系。用人单位应当建立职工名册备查。

第八条　用人单位招用劳动者时，应当如实告知劳动者工作内容、工作条件、工作地点、职业危害、安全生产状况、劳动报酬，以及劳动者要求了解的其他情况；用人单位有权了解劳动者与劳动合同直接相关的基本情况，劳动者应当如实说明。

第九条　用人单位招用劳动者，不得扣押劳动者的居民身份证和其他证件，不得要求劳动者提供担保或者以其他名义向劳动者收取财物。

第十条　建立劳动关系，应当订立书面劳动合同。

已建立劳动关系，未同时订立书面劳动合同的，应当自用工之日起一个月内订立书面劳动合同。

用人单位与劳动者在用工前订立劳动合同的，劳动关系自用工之日起建立。

第十一条　用人单位未在用工的同时订立书面劳动合同，与劳动者约定的劳动报酬不明确的，新招用的劳动者的劳动报酬按照集体合同规定的标准执行；没有集体合同或者集体合同未规定的，实行同工同酬。

第十二条　劳动合同分为固定期限劳动合同、无固定期限劳动合同和以完成一定工作任务为期限的劳动合同。

第十三条　固定期限劳动合同，是指用人单位与劳动者约定合同终止时间的劳动合同。

用人单位与劳动者协商一致，可以订立固定期限劳动合同。

第十四条　无固定期限劳动合同，是指用人单位与劳动者约定无确定终止时间的劳动合同。

用人单位与劳动者协商一致，可以订立无固定期限劳动合同。有下列情形之一，劳动者提出或者同意续订、订立劳动合同的，除劳动者提出订立固定期限劳动合同外，应当订立无固定期限劳动合同：

（一）劳动者在该用人单位连续工作满十年的；

（二）用人单位初次实行劳动合同制度或者国有企业改制重新订立劳动合同时，劳动者在该用人单位连续工作满十年且距法定退休年龄不足十年的；

（三）连续订立二次固定期限劳动合同，且劳动者没有本法第三十九条和第四十条第一项、第二项规定的情形，续订劳动合同的。

用人单位自用工之日起满一年不与劳动者订立书面劳动合同的，视为用人单位与劳动者已订立无固定期限劳动合同。

第十五条　以完成一定工作任务为期限的劳动合同，是指用人单位与劳动者约定以某项工作的完成为合同期限的劳动合同。

用人单位与劳动者协商一致，可以订立以完成一定工作任务为期限的劳动合同。

第十六条　劳动合同由用人单位与劳动者协商一致，并经用人单位与劳动者在劳动合同文本上签字或者盖章生效。

劳动合同文本由用人单位和劳动者各执一份。

第十七条　劳动合同应当具备以下条款：

（一）用人单位的名称、住所和法定代表人或者主要负责人；

（二）劳动者的姓名、住址和居民身份证或者其他有效身份证件号码；

（三）劳动合同期限；

（四）工作内容和工作地点；

（五）工作时间和休息休假；

（六）劳动报酬；

（七）社会保险；

（八）劳动保护、劳动条件和职业危害防护；

（九）法律、法规规定应当纳入劳动合同的其他事项。

劳动合同除前款规定的必备条款外，用人单位与劳动者可以约定试用期、培训、保守秘密、补充保险和福利待遇等其他事项。

第十八条　劳动合同对劳动报酬和劳动条件等标准约定不明确，引发争议的，用人单位与劳动者可以重新协商；协商不成的，适用集体合同规定；没有集体合同或者集体合同未规定劳动报酬的，实行同工同酬；没有集体合同或者集体合同未规定劳动条件等标准的，适用国家有关规定。

第十九条　劳动合同期限三个月以上不满一年的，试用期不得超过一个月；劳动合同期限一年以上不满三年的，试用期不得超过二个月；三年以上固定期限和无固定期限的劳动合同，试用期不得超过六个月。

同一用人单位与同一劳动者只能约定一次试用期。

以完成一定工作任务为期限的劳动合同或者劳动合同期限不满三个月的，不得约定试用期。

试用期包含在劳动合同期限内。劳动合同仅约定试用期的，试用期不成立，该期限为劳动合同期限。

第二十条　劳动者在试用期的工资不得低于本单位相同岗位最低档工资或者劳动合同约定工资的百分之八十，并不得低于用人单位所在地的最低工资标准。

第二十一条　在试用期中，除劳动者有本法第三十九条和第四十条第一项、第二项规定的情形外，用人单位不得解除劳动合同。用人单位在试用期解除劳动合同的，应当向劳动者说明理由。

第二十二条　用人单位为劳动者提供专项培训费用，对其进行专业技术培训的，可以与该劳动者订立协议，约定服务期。

劳动者违反服务期约定的，应当按照约定向用人单位支付违约金。违约金的数额不得超过用人单位提供的培训费用。用人单位要求劳动者支付的违约金不得超过服务期尚未履行部分所应分摊的培训费用。

用人单位与劳动者约定服务期的，不影响按照正常的工资调整机制提高劳动者在服务期期间的劳动报酬。

第二十三条　用人单位与劳动者可以在劳动合同中约定保守用人单位的商业秘密和与知识产权相关的保密事项。

对负有保密义务的劳动者，用人单位可以在劳动合同或者保密协议中与劳动者约定竞业限制条款，并约定在解除或者终止劳动合同后，在竞业限制期限内按月给予劳动者经济补偿。劳动者违反竞业限制约定的，应当按照约定向用人单位支付违约金。

第二十四条　竞业限制的人员限于用人单位的高级管理人员、高级技术人员和其他负有保密义务的人员。竞业限制的范围、地域、期限由用人单位与劳动者约定,竞业限制的约定不得违反法律、法规的规定。

在解除或者终止劳动合同后,前款规定的人员到与本单位生产或者经营同类产品、从事同类业务的有竞争关系的其他用人单位,或者自己开业生产或者经营同类产品、从事同类业务的竞业限制期限,不得超过二年。

第二十五条　除本法第二十二条和第二十三条规定的情形外,用人单位不得与劳动者约定由劳动者承担违约金。

第二十六条　下列劳动合同无效或者部分无效:

(一)以欺诈、胁迫的手段或者乘人之危,使对方在违背真实意思的情况下订立或者变更劳动合同的;

(二)用人单位免除自己的法定责任、排除劳动者权利的;

(三)违反法律、行政法规强制性规定的。

对劳动合同的无效或者部分无效有争议的,由劳动争议仲裁机构或者人民法院确认。

第二十七条　劳动合同部分无效,不影响其他部分效力的,其他部分仍然有效。

第二十八条　劳动合同被确认无效,劳动者已付出劳动的,用人单位应当向劳动者支付劳动报酬。劳动报酬的数额,参照本单位相同或者相近岗位劳动者的劳动报酬确定。

第三章　劳动合同的履行和变更

第二十九条　用人单位与劳动者应当按照劳动合同的约定,全面履行各自的义务。

第三十条　用人单位应当按照劳动合同约定和国家规定,向劳动者及时足额支付劳动报酬。

用人单位拖欠或者未足额支付劳动报酬的,劳动者可以依法向当地人民法院申请支付令,人民法院应当依法发出支付令。

第三十一条　用人单位应当严格执行劳动定额标准,不得强迫或者变相强迫劳动者加班。用人单位安排加班的,应当按照国家有关规定向劳动者支付加班费。

第三十二条　劳动者拒绝用人单位管理人员违章指挥、强令冒险作业的,不视为违反劳动合同。

劳动者对危害生命安全和身体健康的劳动条件,有权对用人单位提出批评、检举和控告。

第三十三条　用人单位变更名称、法定代表人、主要负责人或者投资人等事项,不影响劳动合同的履行。

第三十四条　用人单位发生合并或者分立等情况,原劳动合同继续有效,劳动合同由承继其权利和义务的用人单位继续履行。

第三十五条　用人单位与劳动者协商一致,可以变更劳动合同约定的内容。变更劳动合同,应当采用书面形式。

变更后的劳动合同文本由用人单位和劳动者各执一份。

第四章　劳动合同的解除和终止

第三十六条　用人单位与劳动者协商一致,可以解除劳动合同。

第三十七条　劳动者提前三十日以书面形式通知用人单位，可以解除劳动合同。劳动者在试用期内提前三日通知用人单位，可以解除劳动合同。

第三十八条　用人单位有下列情形之一的，劳动者可以解除劳动合同：

（一）未按照劳动合同约定提供劳动保护或者劳动条件的；

（二）未及时足额支付劳动报酬的；

（三）未依法为劳动者缴纳社会保险费的；

（四）用人单位的规章制度违反法律、法规的规定，损害劳动者权益的；

（五）因本法第二十六条第一款规定的情形致使劳动合同无效的；

（六）法律、行政法规规定劳动者可以解除劳动合同的其他情形。

用人单位以暴力、威胁或者非法限制人身自由的手段强迫劳动者劳动的，或者用人单位违章指挥、强令冒险作业危及劳动者人身安全的，劳动者可以立即解除劳动合同，不需事先告知用人单位。

第三十九条　劳动者有下列情形之一的，用人单位可以解除劳动合同：

（一）在试用期间被证明不符合录用条件的；

（二）严重违反用人单位的规章制度的；

（三）严重失职，营私舞弊，给用人单位造成重大损害的；

（四）劳动者同时与其他用人单位建立劳动关系，对完成本单位的工作任务造成严重影响，或者经用人单位提出，拒不改正的；

（五）因本法第二十六条第一款第一项规定的情形致使劳动合同无效的；

（六）被依法追究刑事责任的。

第四十条　有下列情形之一的，用人单位提前三十日以书面形式通知劳动者本人或者额外支付劳动者一个月工资后，可以解除劳动合同：

（一）劳动者患病或者非因工负伤，在规定的医疗期满后不能从事原工作，也不能从事由用人单位另行安排的工作的；

（二）劳动者不能胜任工作，经过培训或者调整工作岗位，仍不能胜任工作的；

（三）劳动合同订立时所依据的客观情况发生重大变化，致使劳动合同无法履行，经用人单位与劳动者协商，未能就变更劳动合同内容达成协议的。

第四十一条　有下列情形之一，需要裁减人员二十人以上或者裁减不足二十人但占企业职工总数百分之十以上的，用人单位提前三十日向工会或者全体职工说明情况，听取工会或者职工的意见后，裁减人员方案经向劳动行政部门报告，可以裁减人员：

（一）依照企业破产法规定进行重整的；

（二）生产经营发生严重困难的；

（三）企业转产、重大技术革新或者经营方式调整，经变更劳动合同后，仍需裁减人员的；

（四）其他因劳动合同订立时所依据的客观经济情况发生重大变化，致使劳动合同无法履行的。

裁减人员时，应当优先留用下列人员：

（一）与本单位订立较长期限的固定期限劳动合同的；

（二）与本单位订立无固定期限劳动合同的；

（三）家庭无其他就业人员，有需要扶养的老人或者未成年人的。

用人单位依照本条第一款规定裁减人员，在六个月内重新招用人员的，应当通知被裁减的人员，并在同等条件下优先招用被裁减的人员。

第四十二条　劳动者有下列情形之一的，用人单位不得依照本法第四十条、第四十一条的规定解除劳动合同：

（一）从事接触职业病危害作业的劳动者未进行离岗前职业健康检查，或者疑似职业病病人在诊断或者医学观察期间的；

（二）在本单位患职业病或者因工负伤并被确认丧失或者部分丧失劳动能力的；

（三）患病或者非因工负伤，在规定的医疗期内的；

（四）女职工在孕期、产期、哺乳期的；

（五）在本单位连续工作满十五年，且距法定退休年龄不足五年的；

（六）法律、行政法规规定的其他情形。

第四十三条　用人单位单方解除劳动合同，应当事先将理由通知工会。用人单位违反法律、行政法规规定或者劳动合同约定的，工会有权要求用人单位纠正。用人单位应当研究工会的意见，并将处理结果书面通知工会。

第四十四条　有下列情形之一的，劳动合同终止：

（一）劳动合同期满的；

（二）劳动者开始依法享受基本养老保险待遇的；

（三）劳动者死亡，或者被人民法院宣告死亡或者宣告失踪的；

（四）用人单位被依法宣告破产的；

（五）用人单位被吊销营业执照、责令关闭、撤销或者用人单位决定提前解散的；

（六）法律、行政法规规定的其他情形。

第四十五条　劳动合同期满，有本法第四十二条规定情形之一的，劳动合同应当续延至相应的情形消失时终止。但是，本法第四十二条第二项规定丧失或者部分丧失劳动能力劳动者的劳动合同的终止，按照国家有关工伤保险的规定执行。

第四十六条　有下列情形之一的，用人单位应当向劳动者支付经济补偿：

（一）劳动者依照本法第三十八条规定解除劳动合同的；

（二）用人单位依照本法第三十六条规定向劳动者提出解除劳动合同并与劳动者协商一致解除劳动合同的；

（三）用人单位依照本法第四十条规定解除劳动合同的；

（四）用人单位依照本法第四十一条第一款规定解除劳动合同的；

（五）除用人单位维持或者提高劳动合同约定条件续订劳动合同，劳动者不同意续订的情形外，依照本法第四十四条第一项规定终止固定期限劳动合同的；

（六）依照本法第四十四条第四项、第五项规定终止劳动合同的；

（七）法律、行政法规规定的其他情形。

第四十七条　经济补偿按劳动者在本单位工作的年限，每满一年支付一个月工资的标准向劳动者支付。六个月以上不满一年的，按一年计算；不满六个月的，向劳动者支付半个月工资的经济补偿。

劳动者月工资高于用人单位所在直辖市、设区的市级人民政府公布的本地区上年度职工月平均工资三倍的，向其支付经济补偿的标准按职工月平均工资三倍的数额支付，向其支付经济补偿的年限最高不超过十二年。

本条所称月工资是指劳动者在劳动合同解除或者终止前十二个月的平均工资。

第四十八条　用人单位违反本法规定解除或者终止劳动合同，劳动者要求继续履行劳动合同的，用人单位应当继续履行；劳动者不要求继续履行劳动合同或者劳动合同已经不能继续履行的，用人单位应当依照本法第八十七条规定支付赔偿金。

第四十九条　国家采取措施，建立健全劳动者社会保险关系跨地区转移接续制度。

第五十条　用人单位应当在解除或者终止劳动合同时出具解除或者终止劳动合同的证明，并在十五日内为劳动者办理档案和社会保险关系转移手续。

劳动者应当按照双方约定，办理工作交接。用人单位依照本法有关规定应当向劳动者支付经济补偿的，在办结工作交接时支付。

用人单位对已经解除或者终止的劳动合同的文本，至少保存二年备查。

第五章　特别规定

第一节　集体合同

第五十一条　企业职工一方与用人单位通过平等协商，可以就劳动报酬、工作时间、休息休假、劳动安全卫生、保险福利等事项订立集体合同。集体合同草案应当提交职工代表大会或者全体职工讨论通过。

集体合同由工会代表企业职工一方与用人单位订立；尚未建立工会的用人单位，由上级工会指导劳动者推举的代表与用人单位订立。

第五十二条　企业职工一方与用人单位可以订立劳动安全卫生、女职工权益保护、工资调整机制等专项集体合同。

第五十三条　在县级以下区域内，建筑业、采矿业、餐饮服务业等行业可以由工会与企业方面代表订立行业性集体合同，或者订立区域性集体合同。

第五十四条　集体合同订立后，应当报送劳动行政部门；劳动行政部门自收到集体合同文本之日起十五日内未提出异议的，集体合同即行生效。

依法订立的集体合同对用人单位和劳动者具有约束力。行业性、区域性集体合同对当地本行业、本区域的用人单位和劳动者具有约束力。

第五十五条　集体合同中劳动报酬和劳动条件等标准不得低于当地人民政府规定的最低标准；用人单位与劳动者订立的劳动合同中劳动报酬和劳动条件等标准不得低于集体合同规定的标准。

第五十六条　用人单位违反集体合同，侵犯职工劳动权益的，工会可以依法要求用人单位承担责任；因履行集体合同发生争议，经协商解决不成的，工会可以依法申请仲裁、提起诉讼。

第二节　劳务派遣

第五十七条　经营劳务派遣业务应当具备下列条件：

（一）注册资本不得少于人民币二百万元；

（二）有与开展业务相适应的固定的经营场所和设施；

（三）有符合法律、行政法规规定的劳务派遣管理制度；

（四）法律、行政法规规定的其他条件。

经营劳务派遣业务，应当向劳动行政部门依法申请行政许可；经许可的，依法办理相应的公司登记。未经许可，任何单位和个人不得经营劳务派遣业务。

第五十八条　劳务派遣单位是本法所称用人单位，应当履行用人单位对劳动者的义务。劳务派遣单位与被派遣劳动者订立的劳动合同，除应当载明本法第十七条规定的事项外，还应当载明被派遣劳动者的用工单位以及派遣期限、工作岗位等情况。

劳务派遣单位应当与被派遣劳动者订立二年以上的固定期限劳动合同，按月支付劳动报酬；被派遣劳动者在无工作期间，劳务派遣单位应当按照所在地人民政府规定的最低工资标准，向其按月支付报酬。

第五十九条　劳务派遣单位派遣劳动者应当与接受以劳务派遣形式用工的单位（以下称用工单位）订立劳务派遣协议。劳务派遣协议应当约定派遣岗位和人员数量、派遣期限、劳动报酬和社会保险费的数额与支付方式以及违反协议的责任。

用工单位应当根据工作岗位的实际需要与劳务派遣单位确定派遣期限，不得将连续用工期限分割订立数个短期劳务派遣协议。

第六十条　劳务派遣单位应当将劳务派遣协议的内容告知被派遣劳动者。

劳务派遣单位不得克扣用工单位按照劳务派遣协议支付给被派遣劳动者的劳动报酬。

劳务派遣单位和用工单位不得向被派遣劳动者收取费用。

第六十一条　劳务派遣单位跨地区派遣劳动者的，被派遣劳动者享有的劳动报酬和劳动条件，按照用工单位所在地的标准执行。

第六十二条　用工单位应当履行下列义务：

（一）执行国家劳动标准，提供相应的劳动条件和劳动保护；

（二）告知被派遣劳动者的工作要求和劳动报酬；

（三）支付加班费、绩效奖金，提供与工作岗位相关的福利待遇；

（四）对在岗被派遣劳动者进行工作岗位所必需的培训；

（五）连续用工的，实行正常的工资调整机制。

用工单位不得将被派遣劳动者再派遣到其他用人单位。

第六十三条　被派遣劳动者享有与用工单位的劳动者同工同酬的权利。用工单位应当按照同工同酬原则，对被派遣劳动者与本单位同类岗位的劳动者实行相同的劳动报酬分配办法。用工单位无同类岗位劳动者的，参照用工单位所在地相同或者相近岗位劳动者的劳动报酬确定。

劳务派遣单位与被派遣劳动者订立的劳动合同和与用工单位订立的劳务派遣协议，载明或者约定的向被派遣劳动者支付的劳动报酬应当符合前款规定。

第六十四条　被派遣劳动者有权在劳务派遣单位或者用工单位依法参加或者组织工会,维护自身的合法权益。

第六十五条　被派遣劳动者可以依照本法第三十六条、第三十八条的规定与劳务派遣单位解除劳动合同。

被派遣劳动者有本法第三十九条和第四十条第一项、第二项规定情形的,用工单位可以将劳动者退回劳务派遣单位,劳务派遣单位依照本法有关规定,可以与劳动者解除劳动合同。

第六十六条　劳动合同用工是我国的企业基本用工形式。劳务派遣用工是补充形式,只能在临时性、辅助性或者替代性的工作岗位上实施。

前款规定的临时性工作岗位是指存续时间不超过六个月的岗位;辅助性工作岗位是指为主营业务岗位提供服务的非主营业务岗位;替代性工作岗位是指用工单位的劳动者因脱产学习、休假等原因无法工作的一定期间内,可以由其他劳动者替代工作的岗位。

用工单位应当严格控制劳务派遣用工数量,不得超过其用工总量的一定比例,具体比例由国务院劳动行政部门规定。

第六十七条　用人单位不得设立劳务派遣单位向本单位或者所属单位派遣劳动者。

第三节　非全日制用工

第六十八条　非全日制用工,是指以小时计酬为主,劳动者在同一用人单位一般平均每日工作时间不超过四小时,每周工作时间累计不超过二十四小时的用工形式。

第六十九条　非全日制用工双方当事人可以订立口头协议。

从事非全日制用工的劳动者可以与一个或者一个以上用人单位订立劳动合同;但是,后订立的劳动合同不得影响先订立的劳动合同的履行。

第七十条　非全日制用工双方当事人不得约定试用期。

第七十一条　非全日制用工双方当事人任何一方都可以随时通知对方终止用工。终止用工,用人单位不向劳动者支付经济补偿。

第七十二条　非全日制用工小时计酬标准不得低于用人单位所在地人民政府规定的最低小时工资标准。

非全日制用工劳动报酬结算支付周期最长不得超过十五日。

第六章　监督检查

第七十三条　国务院劳动行政部门负责全国劳动合同制度实施的监督管理。

县级以上地方人民政府劳动行政部门负责本行政区域内劳动合同制度实施的监督管理。

县级以上各级人民政府劳动行政部门在劳动合同制度实施的监督管理工作中,应当听取工会、企业方面代表以及有关行业主管部门的意见。

第七十四条　县级以上地方人民政府劳动行政部门依法对下列实施劳动合同制度的情况进行监督检查:

(一)用人单位制定直接涉及劳动者切身利益的规章制度及其执行的情况;

(二)用人单位与劳动者订立和解除劳动合同的情况;

（三）劳务派遣单位和用工单位遵守劳务派遣有关规定的情况；

（四）用人单位遵守国家关于劳动者工作时间和休息休假规定的情况；

（五）用人单位支付劳动合同约定的劳动报酬和执行最低工资标准的情况；

（六）用人单位参加各项社会保险和缴纳社会保险费的情况；

（七）法律、法规规定的其他劳动监察事项。

第七十五条　县级以上地方人民政府劳动行政部门实施监督检查时，有权查阅与劳动合同、集体合同有关的材料，有权对劳动场所进行实地检查，用人单位和劳动者都应当如实提供有关情况和材料。

劳动行政部门的工作人员进行监督检查，应当出示证件，依法行使职权，文明执法。

第七十六条　县级以上人民政府建设、卫生、安全生产监督管理等有关主管部门在各自职责范围内，对用人单位执行劳动合同制度的情况进行监督管理。

第七十七条　劳动者合法权益受到侵害的，有权要求有关部门依法处理，或者依法申请仲裁、提起诉讼。

第七十八条　工会依法维护劳动者的合法权益，对用人单位履行劳动合同、集体合同的情况进行监督。用人单位违反劳动法律、法规和劳动合同、集体合同的，工会有权提出意见或者要求纠正；劳动者申请仲裁、提起诉讼的，工会依法给予支持和帮助。

第七十九条　任何组织或者个人对违反本法的行为都有权举报，县级以上人民政府劳动行政部门应当及时核实、处理，并对举报有功人员给予奖励。

第七章　法律责任

第八十条　用人单位直接涉及劳动者切身利益的规章制度违反法律、法规规定的，由劳动行政部门责令改正，给予警告；给劳动者造成损害的，应当承担赔偿责任。

第八十一条　用人单位提供的劳动合同文本未载明本法规定的劳动合同必备条款或者用人单位未将劳动合同文本交付劳动者的，由劳动行政部门责令改正；给劳动者造成损害的，应当承担赔偿责任。

第八十二条　用人单位自用工之日起超过一个月不满一年未与劳动者订立书面劳动合同的，应当向劳动者每月支付二倍的工资。

用人单位违反本法规定不与劳动者订立无固定期限劳动合同的，自应当订立无固定期限劳动合同之日起向劳动者每月支付二倍的工资。

第八十三条　用人单位违反本法规定与劳动者约定试用期的，由劳动行政部门责令改正；违法约定的试用期已经履行的，由用人单位以劳动者试用期满月工资为标准，按已经履行的超过法定试用期的期间向劳动者支付赔偿金。

第八十四条　用人单位违反本法规定，扣押劳动者居民身份证等证件的，由劳动行政部门责令限期退还劳动者本人，并依照有关法律规定给予处罚。

用人单位违反本法规定，以担保或者其他名义向劳动者收取财物的，由劳动行政部门责令限期退还劳动者本人，并以每人五百元以上二千元以下的标准处以罚款；给劳动者造成损害的，应当承担赔偿责任。

劳动者依法解除或者终止劳动合同，用人单位扣押劳动者档案或者其他物品的，依照前款规定处罚。

第八十五条　用人单位有下列情形之一的，由劳动行政部门责令限期支付劳动报酬、加班费或者经济补偿；劳动报酬低于当地最低工资标准的，应当支付其差额部分；逾期不支付的，责令用人单位按应付金额百分之五十以上百分之一百以下的标准向劳动者加付赔偿金：

（一）未按照劳动合同的约定或者国家规定及时足额支付劳动者劳动报酬的；

（二）低于当地最低工资标准支付劳动者工资的；

（三）安排加班不支付加班费的；

（四）解除或者终止劳动合同，未依照本法规定向劳动者支付经济补偿的。

第八十六条　劳动合同依照本法第二十六条规定被确认无效，给对方造成损害的，有过错的一方应当承担赔偿责任。

第八十七条　用人单位违反本法规定解除或者终止劳动合同的，应当依照本法第四十七条规定的经济补偿标准的二倍向劳动者支付赔偿金。

第八十八条　用人单位有下列情形之一的，依法给予行政处罚；构成犯罪的，依法追究刑事责任；给劳动者造成损害的，应当承担赔偿责任：

（一）以暴力、威胁或者非法限制人身自由的手段强迫劳动的；

（二）违章指挥或者强令冒险作业危及劳动者人身安全的；

（三）侮辱、体罚、殴打、非法搜查或者拘禁劳动者的；

（四）劳动条件恶劣、环境污染严重，给劳动者身心健康造成严重损害的。

第八十九条　用人单位违反本法规定未向劳动者出具解除或者终止劳动合同的书面证明，由劳动行政部门责令改正；给劳动者造成损害的，应当承担赔偿责任。

第九十条　劳动者违反本法规定解除劳动合同，或者违反劳动合同中约定的保密义务或者竞业限制，给用人单位造成损失的，应当承担赔偿责任。

第九十一条　用人单位招用与其他用人单位尚未解除或者终止劳动合同的劳动者，给其他用人单位造成损失的，应当承担连带赔偿责任。

第九十二条　违反本法规定，未经许可，擅自经营劳务派遣业务的，由劳动行政部门责令停止违法行为，没收违法所得，并处违法所得一倍以上五倍以下的罚款；没有违法所得的，可以处五万元以下的罚款。

劳务派遣单位、用工单位违反本法有关劳务派遣规定的，由劳动行政部门责令限期改正；逾期不改正的，以每人五千元以上一万元以下的标准处以罚款，对劳务派遣单位，吊销其劳务派遣业务经营许可证。用工单位给被派遣劳动者造成损害的，劳务派遣单位与用工单位承担连带赔偿责任。

第九十三条　对不具备合法经营资格的用人单位的违法犯罪行为，依法追究法律责任；劳动者已经付出劳动的，该单位或者其出资人应当依照本法有关规定向劳动者支付劳动报酬、经济补偿、赔偿金；给劳动者造成损害的，应当承担赔偿责任。

第九十四条　个人承包经营违反本法规定招用劳动者，给劳动者造成损害的，发包的组织与个人承包经营者承担连带赔偿责任。

第九十五条　劳动行政部门和其他有关主管部门及其工作人员玩忽职守、不履行法定职责，或者违法行使职权，给劳动者或者用人单位造成损害的，应当承担赔偿责任；对直接负责的主管人员和其他直接责任人员，依法给予行政处分；构成犯罪的，依法追究刑事责任。

第八章　附则

第九十六条　事业单位与实行聘用制的工作人员订立、履行、变更、解除或者终止劳动合同，法律、行政法规或者国务院另有规定的，依照其规定；未作规定的，依照本法有关规定执行。

第九十七条　本法施行前已依法订立且在本法施行之日存续的劳动合同，继续履行；本法第十四条第二款第三项规定连续订立固定期限劳动合同的次数，自本法施行后续订固定期限劳动合同时开始计算。

本法施行前已建立劳动关系，尚未订立书面劳动合同的，应当自本法施行之日起一个月内订立。

本法施行之日存续的劳动合同在本法施行后解除或者终止，依照本法第四十六条规定应当支付经济补偿的，经济补偿年限自本法施行之日起计算；本法施行前按照当时有关规定，用人单位应当向劳动者支付经济补偿的，按照当时有关规定执行。

第九十八条　本法自 2008 年 1 月 1 日起施行。

参考文献

[1]袁国,徐颖,张功.新时代劳动教育教程[M].北京:航空工业出版社,2020.

[2]何卫华,林峰.大学生劳动教育理论与实践教程[M].厦门:厦门大学出版社,2019.

[3]中华人民共和国国务院.国务院关于印发国家职业教育改革实施方案的通知(国发〔2019〕4号)[Z].北京:中华人民共和国国务院,2019.

[4]吴晶,胡浩.习近平在全国教育大会上强调坚持中国特色社会主义教育发展道路培养德智体美劳全面发展的社会主义建设者和接班人[N].光明日报,2018-09-11(01).

[5]蒋丽君.高职院校劳动教育理念辨析与实践刍议[J].中国高教研究,2019(2):78-81.

[6]王生雨,吴玉剑.工匠精神视域下高职学生劳动教育策略论析[J].职业教育研究,2018(10):18-22.

[7]2012中国中等职业学校学生发展与就业报告编写组.2012中国中等职业学校学生发展与就业报告[M].北京:外语教学与研究出版社,2013.

[8]李雨燕.准确把握新时代劳动教育的育人导向[N].光明日报,2020-04-17(06).

[9]钟飞燕,高德胜.劳动教育与时代新人塑造的价值取向研究[N].中国教育报,2020-04-16(07).

[10]马开剑.新时代劳动教育的新境界[N].中国教育报,2019-04-11(07).

[11]王定华.试论新时代劳动教育的意蕴与方略[J].课程·教材·教法,2020(5):4-10.

[12]郭薇.新时代劳动教育的新担当、新要求、新使命[N].中国教育报,2020-06-30(10).

[13]陈超凡.深刻理解新时代劳动教育的三重逻辑[EB/OL].(2020-05-01)[2021-10-25].http:theory.people.com.cn/n1/2020/0501/c40531-31695396.html.

[14]陈云龙,吴艳玲.新时代劳动教育的内涵、特征与价值[J].人民教育,2020(7):35-38.

[15]李忠华.劳动教育——筑牢高职人才培养的底色[EB/OL].(2019-02-01)[2021-10-24].https://www.sohu.com/a/292850187_497872.

[16]吴瑞清.劳动精神的教育内蕴[N].中国教育报,2019-04-25(06).

[17]李珂.新时代劳模精神的崭新意蕴与当代价值[J].红旗文稿,2020(8):33-35.

[18]张润君,张晓蓉.弘扬工匠精神的时代意义[N].中国社会科学报,2018-09-13.

[19]陈文,蒲清平.志愿服务育人功能如何实现[J].人民论坛,2020(19):68-69.

[20]王虹.劳动教育对人才培养具有重要价值[EB/OL].(2020-04-30)[2021-10-24].http://m.cssn.cn/zx/zx_bwyc/202004/t20200430_5120791.htm.